教育部中外语言交流合作中心2020年科研项目 中国传媒大学孔子学院处资助

日本国立国语研究所成果社会转化机制研究

刘海燕 著

日本语言·文化·传播丛书 第3辑

中国传媒大学出版社
·北京·

图书在版编目（CIP）数据

日本国立国语研究所成果社会转化机制研究 / 刘海燕著 . -- 北京 : 中国传媒大学出版社 , 2024.7
ISBN 978-7-5657-3547-9

Ⅰ . ①日… Ⅱ . ①刘… Ⅲ . ①日语—文化语言学—研究 Ⅳ . ① H36

中国国家版本馆 CIP 数据核字 (2024) 第 021696 号

日本国立国语研究所成果社会转化机制研究

RIBEN GUOLI GUOYU YANJIUSUO CHENGGUO SHEHUI ZHUANHUA JIZHI YANJIU

著　　者 刘海燕
策划编辑 张　笛
责任编辑 张　笛
特约编辑 张　嵘
责任印制 李志鹏
封面设计 大鹏设计

出版发行 中国传媒大学出版社
社　　址 北京市朝阳区定福庄东街 1 号　　**邮　　编** 100024
电　　话 86-10-65450528　65450532　　**传　　真** 65779405
网　　址 http://cucp.cuc.edu.cn
经　　销 全国新华书店

印　　刷 唐山玺诚印务有限公司
开　　本 710mm × 1000mm　1/16
印　　张 17
字　　数 292 千字
版　　次 2024 年 7 月第 1 版
印　　次 2024 年 7 月第 1 次印刷

书　　号 ISBN 978-7-5657-3547-9/H · 3547　　**定　　价** 78.00 元

本社法律顾问：北京嘉润律师事务所　郭建平

序　言

史有为

一

日本的国立国语研究所（日语简称“国语研”），记得我曾去过。那时我已经从大阪来到东京圈的明海大学任教。2002年，我接到日本井上优教授的邀请，去参加一次关于量词的四人小会。会议在3月11日举行，地点就是国语研。与会的另外两位是北师大日语专家翟东娜教授，以及早稻田大学的杨达教授。我们以这种微型交谈的形式各自阐述了对汉日两种语言量词的看法。这次会议没有任何的仪式，像朋友间的聚会，并不是为了得出结论，而是开拓每个参与者的思路，把窗户开得更大些。为了帮助我这个日语“跛脚者”理解，举办方还临时从东京大学请来了在读博士生雷桂林，作为义务翻译。记得我当时的发言还有些新意，想整理出来发表，但没有顾得上，不久就找不到了，只得作罢。翟东娜老师很认真，她的论文后来发表了。她还把电子版发给了我，这让我觉得很惭愧。

这次访问，没有好好参观。我的足迹仅限于那间会议室。那是一间普通得不能再普通的屋子，甚至算不上会议室。国语研所在的楼，我记得也只是一所极平常的矮楼房，跟许多日本的小公寓差不多。门侧有一块不起眼的木牌，上面竖着写有研究所的大名。过路人大概没有谁会多看它一眼。（听说，后来搬家了。新居应该有更好的设备）

第二次与日本国立国语研究所打交道，那是几年以后的2004年。井上优教授托人跟我联系，说准备开一次关于“术语”的交流会，问我有没有可以推荐的人。我立刻想到了冯志伟兄，记得他写了《现代术语学引论》一书。我很快就把冯志伟老师介绍给他们，告诉他们冯老师在哪个单位。那年3月的一天，志伟兄来到了东京，准备参加会议。他打电话给我，要来看我。我告诉他，我不在东京（我所在的明海大学在千叶县，我也住在大学的附近），不方便，让他安心开会。后来据志伟兄说，那次会议范围很小，除了他和日本的两位学者外，还有冰岛与坦桑尼亚的三位学者，此外还有日本的几位行政管理人员列席，还不到十个人。会议没有仪式。各方都用英语交流，主要讨论如何处理日语引进外来语时遇到的困扰。由于片假名音译英语术语，造成许多日本人看不懂，猜都没法猜，因此希望找到一个良方来解决这个头疼的难题。

术语是科学研究的重要工具，外来术语不但关系到国内百姓能否理解，也涉及国际间的交流。量词是汉语的重要特点之一，日语中也有许多。汉日两个民族语言间的量词有同有异，有可能影响交流。就这两件事，我大约猜到了日本国语所的一个特点。这就是请进来，跟日本学者小范围深入探讨，低调研究，不大事声张，不大张旗鼓，但求实效，达到应用的目的即可。事实也确实如此。后来日本各大报刊就开始不定期发布国语研审议外来语后的建议。由于片假名全音译妨碍了大众理解，建议片假名全音译词中较为难理解的部分，改为日语固有语素构成的意译词，还有个别改用汉字组成的意译汉字词。这当然是功德无量的好事。至于中日量词的差异，除了理论兴趣外，主要还是用在日语的二语教学上，是国别化教学研究的具体化。

除此以外，我对国语研一无所知。当时我也不关心，只管自己的教学。直到看了刘海燕教授这部《日本国立国语研究所成果社会转化机制研究》[①]（以下简称《社会转化机制研究》），我才对国语研有了全面的了解。

二

《社会转化机制研究》一书希望通过分析国语研的有关资料，总结并提取

① 《社会转化机制研究》是2020年度语合中心的一个国别化项目的成果。该项目在语合中心的“国际中文教育研究课题指南”里属于第20项“国际语言文化机构最新动态研究”，是该项的具体化研究之一，目的是借鉴国外研究机制，来促进中国的相关研究。

其社会转化的规律性、制度性因素，并关联到“产学研”间的相互转化。书中提到该所的两种成果转化途径：一是功能转化，通过建设语料库数据库服务社会，落实研究成果；二是范围转化，通过各种研讨会向专家同仁与社会大众宣讲成果，并提供研究素材，由小范围向大范围转化。如果没有转化，研究成果就永远停留在研究所里，那这研究所还办它干什么？

另外书中还总结出该所的学术交流和学术传承两个任务。其实这两个任务是转化机制中的必要成员。交流是为了获得更好的研究成果，传承则是为了研究可以持续。如果没有这两个任务，那成果转化就可能降级，可能会中断。这些都是对社会科学职责的一种理论解释，对本国研究机构具有启发价值。

从学术交流方面看，国语研显然比较注重与欧美的学术交流，而与东南亚国家的交流则侧重（对外）日语教学，以国别教学研究带动语言学研究的交流。从中可以看到日本的语言学研究的国际化程度较高。

书中还关注日本文化厅在语言方面的工作，包括语言政策以及实施（行政管理、事业预算、行业会议），与国语研的研究项目的交集（教学参考框架、教师培养、教学资源、学习群体调研）。其中的日语二语教学工作主要面向定居日本的外国人，并且以推广“简易日语”为其主要特点。

从这些方面看，中日两国的语言研究机构在成果的社会转化机制方面，可能有很多不同。转化涉及历史传统。明治维新之后，日本在天皇主导下全盘西化，导致语言研究也受到西方的影响，政府设立的国语研根据分担的任务，更面向实用性。国语研在官网上表示，强调研究机构的工作主要是做资料工作和服务工作，其实就是实用，要拿出可以对得起财政支出的实用成果。

该书有多个特点。

特点之一是资料详备，介绍全面而客观。

特点之二是利用图像与图形工具，将有关国语研等单位的设置架构，具体而形象地传达了出来，使人一目了然。

特点之三是很少评论，而是端出一盘原汁原味的“日本料理”。这样做的好处是尊重对方，尽量避免不恰当的主观言辞。这并不表示所介绍的情况完美无缺，而是不越俎代庖。让事实说话，让读者自行判断与取舍。当然其中也与中国有关机构（语言文字应用研究所、社科院语言研究所以及语合中心）

进行了简单而必要的对比。那也是让事实说话。目的是让扶桑之水，借为镜鉴，以促进中国相关事业的发展。这其中就可能有评论的影子了。

也许有人会说，这里怎么没有看到“理论”？的确，作者没有大侃抽象的理论，而是务实求实。但理论却是有的，只是隐而不发。赵元任先生在1970年发表的《理论和方法之间关系的若干方面》一文里，曾列了一个单子，把建构理论所遇到的因素分成五类：东西、集、符号、方法、理论。他说：

“很明显，我们研究第一类单纯东西时，理论和方法最少，当我们按顺序逐项逐类往下研究时，理论的成分就逐渐增多，到第五类的末尾评价和理论时，理论的涉及面就最大。”

赵先生对理论的看法完全超越了当下的传统。理论并非抽象深奥的语句，理论是人所注入的思考。第一类“东西”，是指各种考察研究的材料，在语言学里就是实例语料。当“东西”在视野外静悄悄待着的时候，它没有任何理论因素，但当我们关注它们时，就注入了思考。那搜集到的“东西”就不再是纯粹客观的东西，而是带有主观意向的东西，也就有了理论的因素。个别的一个个“东西”经过爬罗剔抉后汇聚到“集”（set）时，主观的意志、思考的成分、理论的要求，就开始突显。第三类的“符号”，并非简单的δ π∑或@%√，而是指术语以及术语所用的代符。术语是理论思考的一种凝聚，已经满满地承载了理论的思考。至于第四类的“方法”，不仅指排比法、直接成分分析法、历史比较法等方法，还包括所使用的表示工具，例如矩阵、声韵表。所以，李荣先生曾说，什么叫理论水平，你把声韵表排列一下就知道了。这个声韵表就是方法，就是工具。如何排列有序，其中就有深刻的理论在指导着，就能显示出理论水平。理论也是有程度和形态区别的。赵先生指出的这五个类别都有理论因素参与，只是形态各异或多少不同而已，越到最后，理论因素越多、越外显，它们共同组成了一个程度递增的连续性过程。

至于“机制”，就是原因或全过程的归纳，也就是理论的一种提取结果。归纳成几种转化机制，就说明作者在做理论分析。这样的理论并非抽象的、形而上的，而是实用的。而这正是我们需要的。理论应该是简洁的，市面上有时出现的花里胡哨的那套，肯定注水了，或者根本就不是理论。

日本国语研与国内的语言研究机构当然会有不少共同点，但似乎又都不大相像。看到该书对日本国语研体制与活动的完备记述，又联想到国内的情形，不禁有了些另外想说的话。

三

“成果社会转化机制”这个提法很新鲜。

“转化”，在古代的意思是“变易，改变”，例如《国语·越语下》:“得时无怠，时不再来，天予不取，反为之灾，赢缩转化，后将悔之。”到了近代，出现了哲学上的用法，例如毛泽东:“矛盾着的对立的双方互相斗争的结果，无不在一定条件下互相转化。在这里，条件是重要的。没有一定的条件，斗争着的双方都不会转化。”(《关于正确处理人民内部矛盾的问题》)说的是两种对立形态或矛盾的相互对换位置，也可以理解为矛盾主次位置的相互变换。

今天“转化”又可以用在两种不同的物质形态间的变换上，例如蔗糖经过一些化学过程变为一种可以涂抹糕点的混合物。这也是一种转化，转化所得到的称为“转化糖”。

“转化”现在也用在理工科研究成果向实业的转变的语境里。也就是由书面的设计或发明，即思想形式，变成具体的物质形式。

但是在社会科学里，“转化”一直没有这种用法。对于社会科学得到的研究成果，通常只用“传播”“推广”“落实”几个词来描写其后续步骤，好像没有统一的用语。过去我们总以“为人民服务”来要求各个公职机构。“服务”确实是一个很好的名称。然而，这个词略略泛了些，没有办法让人抓得紧，也很难体制化。沉下心来想想，传播、推广、落实，虽然不是物质形态，但也是另一种社会形态。它们之间的关系当然也可以视为广义的“转化”。“落实”就是上面所说的“功能转化”，由书面表达转向实际应用，功能完全改变了。“传播、推广”则是上面说的“范围转化”，由研究所几个或十几个人的研究者范围转变为更多受众的范围。从语言角度看，这样的理解的确是开辟了“转化”的一个新用法，也可以说是它语义的总括型的发展。而从哲学与管理学角度看，应该是认识的一种提升，即将研究或小范围看成一个社会形态，而将与研究和小范围相对的另一阶段视为另一种社会形态。这样就便于统一起来观察和管理。

加上“机制”的“成果社会转化机制”，则让人觉得有一种“职责”的意思在其中。机制，对于机械或生物体就是构造或活动、变化的原理，例如“计算机工作机制”“大熊猫繁育机制”“高血压形成机制”。对于一种社会组织，也可以指它们内部的运作方式或运作过程。社会科学的研究成果的社会转化机制，应该就是指后面的这一种。运作方式或运作过程，就包括了人在其中的主导因素，因此也就意味着一种“服务”，一种社会职责。

有了职责，接着而来的就是“问责”。社会科学研究是不产出物质成果的，是无法转化为物质的。研究活动都是由国家或纳税人出了钱支持的（国家出的钱说到底还是纳税人的钱）。因此，研究机构对国家或纳税人就负有一种责任。成果社会转化就是他们的应有之义，而提出机制也意味着研究机构有了向纳税人交代成果的义务，而纳税人也可以有问责的权利。

如果这个理解没有大错，那么我们再来阅读这本书时就会有不同的感受，会有更深一层的认识。

四

日本的“国语”即日本人对母语日本语的国内称呼。中国的汉语也是中国的“国语”，是主体民族的母语。对母语的研究可以有两种，一种是纯粹探讨母语内部机制或特点的本体与理论研究，另一种就是母语应用性研究。前者可以关起门来研究，只求同行、同事了解即可。后者则必须将成果投放社会，让成果转化为行动。当然语言本体的研究，也有向应用转化的责任。因此，任何研究机构都应该承担一定的转化职责。社会科学研究机构有了转化职责，就如同赋予他们嘴巴和手脚。有了它们就有了权和责。嘴巴当然是要去宣传什么。手是要干活的，要搬运，要落实的，或者要阻止什么的。脚是要走动的，跑基层，跑应用点。不给你手、脚和嘴巴，或不使用它们，这研究机构就仿佛不存在，或没有什么存在价值。语言研究机构必须重视成果的社会转化，这才是自身生存发展的关键。

语言是每个人都拥有的生存工具。每个人都有权了解纳税人出钱设立的语言研究机构到底做了些什么，如何为纳税人的社会服务。如果一个语言研究机构关起门来，对外封闭，那么人们就会质疑它存在的价值。因此，研究机构的负责人必须具备这种被人民授权、向人民交代的意识；他们也必须定时向人民述职，说明为母语做了些什么，是怎么来保护并发展母语的。

日本的国语研，显然有这样的意识。他们通过官网不断发布工作信息；他们不断有实效地走出去，请进来；他们不断干预社会的语言应用，不玩应付人的花样。其中包括日语外来术语的文字调整，包括二语教学，等等。

中国的语言研究机构是有责任心的，在语言文字规范化的研究与工作中，做了不少有实效的工作。如果没有这些工作，那么今天全社会就不可能通行普通话，人们就不可能在手机上使用拼音输入来交流，辞书的排序和检索就不可能有如此秩序。

汉字确实具有拼音无法替代的功能，但其困扰是数量过于巨大，给人带来的负担可想而知。我看到有朋友给自己的孩子起名用“夔一足”的“夔”，有人给自己的企业起名用“曌”，心中实在不是滋味。许多老师常常会在课堂上遇到无法读出的名字，让他们很下不了台。有些孩子的名字也让登记户口的民警十分为难。

二战后日本多次从法制上限制汉字使用数量。经过多次变动，到 1981 年颁发“常用汉字表”，稳定下来，确定为 1945 字。同时追加“人名用汉字”284 字，共 2229 字。人名用字表扩大了汉字的范围，同时又限定汉字的使用范围，利于日本百姓的认读与使用。中国经过多年的调整，2013 年也发布了《通用规范汉字表》。该表共收录汉字 8105 个，分为三级。但其中却缺少“人名用字”的限制，也没有社会实体名称用字的限制。这是很大的遗憾。如果能对此做一番研究，根据用字参与因子制订出一份“人名与社会实体用字原则”，圈定一个范围，并“转化”为行动，那就功德无量了。

五

中日两国的研究机构是不完全对等的，例如二语教学，在中国就不归语用所管。但道理是一样的。

国语研的一项重要任务是研究“日语二语教学”，其中的一个项目是研制“简易日语”。在中国，对外汉语教学及其研究，由专门机构管辖。至于“简易汉语”，听说曾有多位中文教师编写过“应急汉语”的教材。另外在 2020

年曾研制过《疫情防控“简明汉语”》。该项目比较复杂，涉及一些基本理论，这里暂先按下。我只谈一个自身所遇的真事。我初到日本时，不会日语，半年之后，才知道日本的许多地方政府都提供免费学习日语的机会，条件是在日本长期工作或居住。在我所居住的小小的箕面市（相当于中国的一个小区县）的图书馆就可以申请。我申请后，市里很快就指派佐藤女士为我授课。每周一个半小时，教材是复印的。我就在佐藤老师的帮助下，逐渐学会一些基本的日语。后来我还了解到，佐藤老师是志愿者，不取分文。像这样的志愿者很多。他们都是全职操持家务的。这让我终生难忘。这是一种让外国人更容易亲近自己国家的制度。中国是否也可以有这样的制度呢？这样的事务虽不归国语研管辖，但却实实在在，值得我们考虑。我们能否也设立这样的汉语教学的创新机制，让外国侨民更加亲近中国？

诗曰：“他山之石，可以攻玉。”（《诗经 · 小雅 · 鹤鸣》）

子曰：“见贤思齐焉，见不贤而内自省也。”（《论语 · 里仁》）

是为序。

2023 年国庆定稿，时年八六

目 录

第一章　日本国语研成果社会转化研究概述

第一节　研究缘起

国际中文教育事业发展势头迅猛，我们身处其中，为这项事业的发展感到欣喜，自然也要思考语言学研究成果如何转化为国际中文教育实践。国际中文教育研究是新兴的学科，既是跨学科研究又是跨文化研究。这项工作需要“眼观六路，耳听八方”，因此我们想通过全面观察和分析日本国立国语研究所的相关工作成果，来回视我们工作中已有的思考和成就。

日本国立国语研究所（日语简称“国语研”，英文名：National Institute for Japanese Language and Linguistics，NINJAL），成立于 1948 年 12 月，是日本的语言学研究最高机构。这家典型的学术象牙塔于1974年设置日语教育部，开始了日语作为第二语言的教学专项研究。日本国语研的语言学和语言教学研究，体量和成就不能跟大国匹敌，但是麻雀虽小，五脏俱全。我们想了解这家研究机构科学研究工作的项目是如何从实践中来，如何根据社会的需要回到实践去验证，又是如何指导实践的，尤其是日语二语教学工作，如何与社会互动有无。这种“技术路线”可否拆解和类推，供我们借鉴参考?

对日本国立国语研究所的一系列研究，既具有理论意义，也具有现实意义。2020 年教育部中外语言交流合作中心成立，与原有的“孔子学院”“孔子课堂”一道，重视发动与利用全社会力量，重视与社会、社区的接触与交流。该中心成立后首批年度项目课题尤其重视“国家行为”与“社会需求”的接轨，课题指南的 91 项中，第 20 号选题即国际语言文化机构最新动态研究。本课题是这个选题的国别化研究，希望通过分析日本国语研的有关资料，总结和提取其社会转化环节的规律性、制度性因素。这就是本书写作的缘起。

第二节 何为科研成果的社会转化以及转化机制?

检索中国知网可知，早在1980年，《科学学与科学技术管理》期刊就有“怎样促使科研成果转化为直接生产力”的专题讨论，体现了改革开放后邓小平“科学技术是第一生产力”的思想。1996年5月15日，第八届全国人民代表大会常务委员会第十九次会议通过《中华人民共和国促进科技成果转化法》，从立法高度确立“转化”工作的重要性。2015年8月29日，第十二届全国人民代表大会常务委员会第十六次会议通过修订案，进一步体现新时期对科技成果社会转化的重视。2016年由中央文献出版社出版的《习近平关于科技创新论述摘编》一书，摘录2012年12月7日至2015年12月18日期间的讲话、文章、贺信、批示等50多篇重要文献，分8个专题，共计188段论述，多次谈及科研成果转化问题。党的二十大又进一步提出科学研究创新驱动发展战略。上述讨论内容更多地从组织实施、保障措施、技术权益和法律责任等方面谈及“科技”“生产力”等物质形态的科学研究的社会转化。

语言学不属于自然科学范畴的“科学技术”，它的研究成果如何向社会转化呢？本书就是想通过介绍日本国语研的运作机制来提供一个转化实例，借以反观中国，促进中国的研究。

语言学研究成果如何向社会转化？

打开日本国语研官网，映入眼帘的是各种各样的学术活动。语言学科的发展经历了较长的历史时期，一直存在较为深厚的学术传承，日本国语研的学术活动记载分门别类，跟我们日常所见的资料室、图书馆一样井井有条。现阶段所谓“普遍语法”（Universal Grammar）的探索影响力大，尤其是冷战结束以后，语言（外语）教学研究随社会思潮变迁，全球范围内教学法流派也在频繁的交流中不断迭代更新。语言学研究成果社会转化逻辑如图1-1所示：

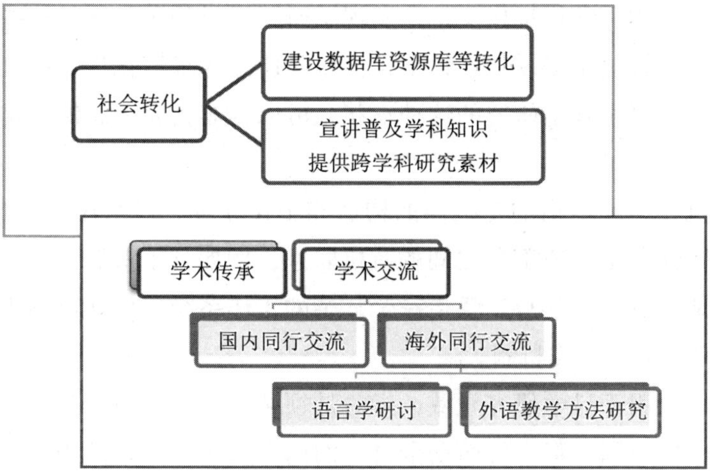

图 1-1　语言学研究成果社会转化逻辑示意

我们用图 1-1 表现语言学研究的学术传承、学术交流与社会转化的逻辑。下方的图框是语言研究学术活动，上方的图框是研究成果的社会转化。日本国语研官网呈现的强大的语料库让我们印象深刻。数字技术、智能技术等渗透到人文领域，全面开放数据服务功能是语言学研究成果的功能转化。建设数据库资源库是比较直接的功能转化，面向中小学生的科普讲座、公民馆活动是比较直接的成果推广，语言学和语言教学研究为文学、哲学、民俗学等提供研究素材也是研究成果扩大化的表现。上下两个图框关系紧密，很难截然分开。

中国的情况可以用来对照说明。《光明日报》2008 年 12 月 8 日刊登的文章《高校哲学社会科学成果占全国近九成——2008 年高校哲学社会科学研究经费达两亿元》（作者李玉兰）显示，高校在哲学社会科学的队伍、项目、经费、成果、获奖等方面的数量均占全国的 85% 以上，高校教师和科研人员与政府决策部门联系不紧密，大量的社会科学成果束之高阁。但是近年来这种状况已经有所转变：根据中国知网的数据，1992 年“研学研”（Cooperation between the Colleges and the Industries in Research）一词开始出现，政府决策部门、各级各类社会机构调研项目增加，高校人才培养联动“业界导师”，哲学社会科学的产学研联动得到推进。国际中文教育本身就是一种通识教育，“纯”语言学研究与新手汉语教师培养、国家的汉语教学工作三者联动，语言学为相关学科提供支持，实现了研究成果的扩大化。这些都说明研究成果的社会转化是必须的。哲学社会科学研究成果转化界定没有现成的标准，语言学和语言教学研究的这种现状，可以为非物质形态的转化界定提供借鉴。

所谓机制，原本指的是机器的构造和工作原理，后来用于生物学研究，指的是生物体各个组成部分之间的有机联系，例如分子机制、发病机制。后来又广泛地用到多个学科，泛指一个复杂的工作系统，例如市场机制、运行机制、管理机制、工作机制。

转化机制用于科学研究领域，指的是领域、范畴之间相互联系和相互制约的关系，即所谓“牵一发而动全身”的内在规律性。我们用“机制”一词时，也在使用它的比喻意义，就是语言学研究成果让政府、企业以及社会大众受益的途径、渠道等蕴含的规律性。就我们搜到的教育学领域谈及的转化机制研究而言，有的是探讨“A”到“B”的转化机制，例如大学生网络知识和网络学习能力的有效转化机制（赵文文 2021），教学理念向教学行为转化机制（段作章，卢艳春 2012），科研成果向本科教学内容的转化机制（李蓉芳 2020）等；有的是探讨“A”和“B”的双向转化机制，例如生活问题与数学问题的双向转化机制（赵科林 2020）等；有的是探讨“X”的转化机制，即探讨机制的构建及其实践，例如产教融合的科研成果的转化机制（张迪，王琦 2022；鲍艳 2018），教师专业信念的内部转化机制（何声清 2022），教育培训成果的转化机制（高江 2021），专业学位研究生案例教学的知识转化机制（张学敏，侯佛钢 2020；段忠贤，黄月又 2019），商务英语习得过程中的隐性技能转化机制（刘刚 2012）等；还有的是构建某种转化机制的结构维度与动力模型（李栋 2022），探讨如何用组织变革推动转化机制（杨培明 2021），或者是高校科技成果转化机制的比较研究（欧阳迪 2010）。转化机制研究注定是跨学科、跨行业、跨领域的研究。目前转化机制的研究还不太多，可供参考的文献不多，可供借鉴的研究模式也比较少。

近些年来，语言学领域的语法研究中也开始用到转化机制，探讨某种语法化的诱发动因是什么，在历时进程中采用何种路径，得到何种结果。简言之，转化机制探讨的是事物之间的联系和转化的规律性。无论是自然科学成果还是社会科学的研究成果，都需要面向社会需求，得到及时高效的转化，语言学研究和语言教学理论研究也不例外。日本国立国语研究所是日本国家级语言学研究高端机构，相较于各个大学的专业研究，日本国语研的工作更加专门化，可以说代表了学界一流水准。这样一家“纯”科研机构一直体现学术研究（包括文科研究）的实用主义传统。进入 20 世纪 70 年代，该机构根据社会需求创设“对外日语教学”部门，至今一直是整个研究所的核心组成部分。我们可以重点观察其科研成果社会转化机制，即，经过实践检验证明有效的、较为固定的方法，可以作为系统化、理论化的模式指导实践的机制。

第三节　研究素材

日本国语研官网非常完备，可以自由浏览。网站最新版本更新日期是 2022 年 4 月。

如图 1-2 所示，最上方一栏动图是研究所最新动态。

图 1-2　日本国语研 2022 年 4 月后官网主页动图

第二栏的两列是研究所新闻和最近活动公示，都是动态更新的（见图 1-3）。

第三栏是 4 项资料文献链接图标，方便读者进入查询（见图 1-4）。

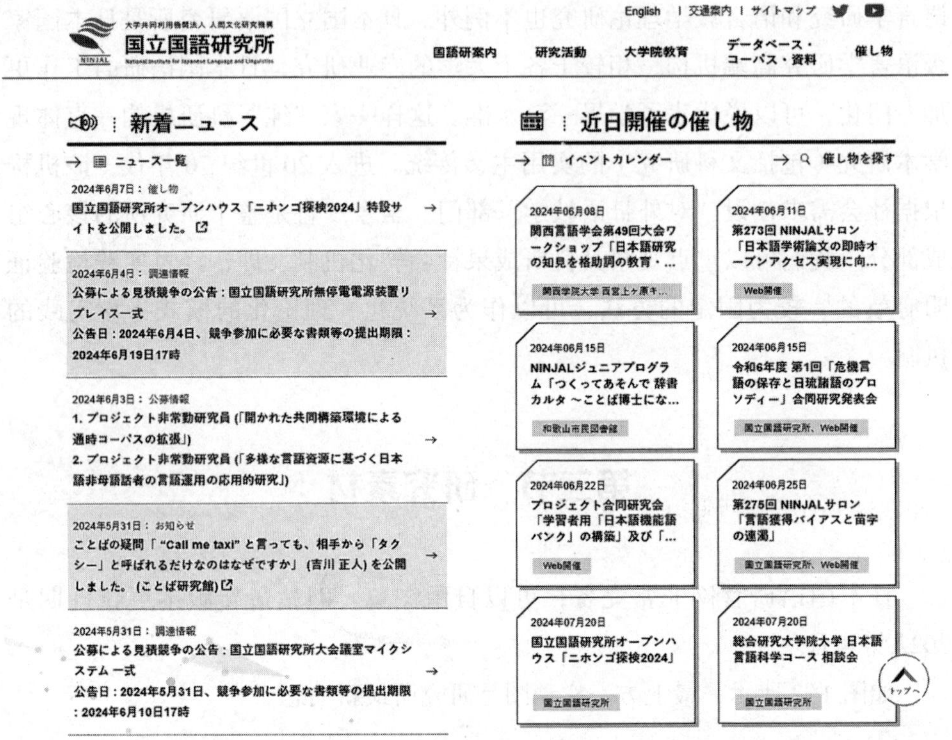

图 1–3　日本国语研 2022 年 4 月后官网主页第二栏

图 1–4　日本国语研 2022 年 4 月后官网主页第三栏

第四栏是日本国语研机构和研究者简介，以及语言学数字博物馆（见图 1–5）。

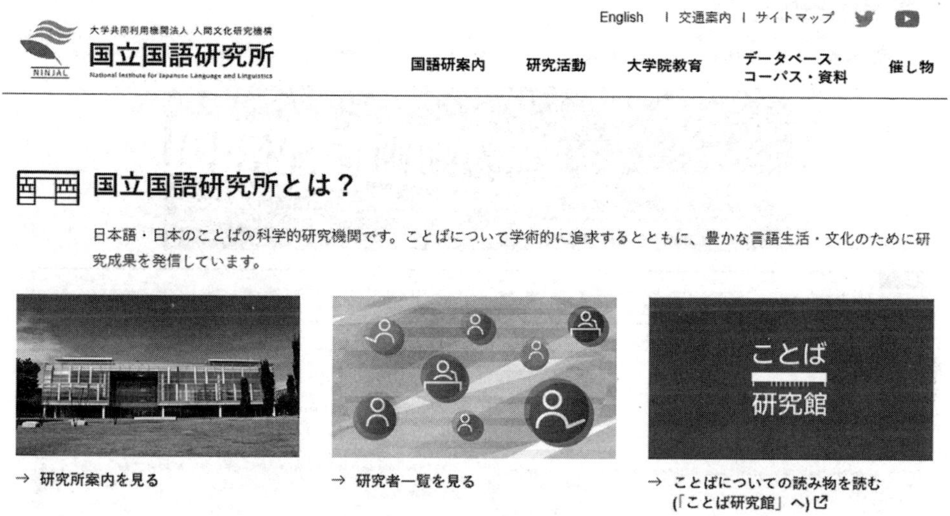

图 1–5　日本国语研 2022 年 4 月后官网主页第四栏

第五栏是研究资料室检索链接、招聘信息、联系方式等。最下方是网站地图，还有日本国语研在各个社交媒体的站点链接（见图 1–6）。

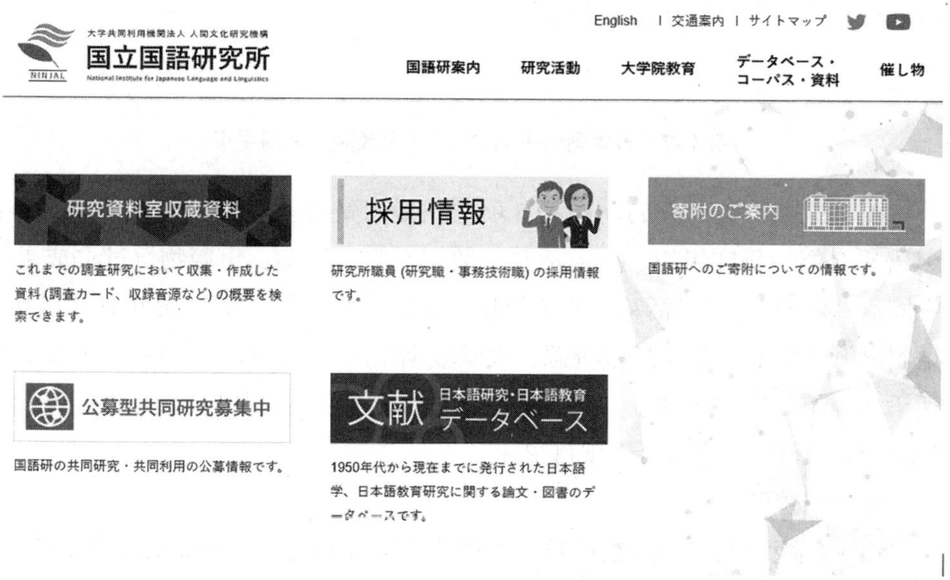

图 1–6　日本国语研 2022 年 4 月后官网主页第五栏

此前一版如图 1-7 所示，新旧对比可以看出国语研的变化趋势。

图 1-7　日本国语研 2022 年 4 月改版前官网主页

图 1-7 中，最上方的动图是 5 项网站最新链接。动图上方列 7 个栏目：国语研介绍、研究组织、研究活动、数据空间、活动、出版物、过去成果。中间有“新闻”“近日活动”两个板块，即日更新。最下方有 10 项常用链接：语料库开发中心、学术情报资源、文献数据空间、国语研藏书检索、（线上）话语研究馆、国语研推特、招聘信息、国语研视频油管频道、国语研上级单位国家人文研究院基金会、项目招标。

通过比较可知：

（1）新版官网竖向篇幅拉长，字体放大，容易浏览。例如最近发生的新闻、近期活动告示都更加清晰。

（2）原来的7个栏目变成5个，因为研究组织已经调整，相关内容并入国语研介绍；出版物并入数据空间。

（3）原来的10项常用链接变成所内的4个大链接，是对原来的语料库开放中心和学术情报报告的全新扩充。

（4）新版4大链接下面的3个小链接，是把旧版中的国语研介绍、专职研究员介绍和话语博物馆都单独做成了链接。

（5）新版国语研推特改成横栏，增加了“YouTube”（油管）。

（6）新版横栏下面有5个专项链接，原来的国家人文研究院基金会不变。原来的文献数据空间改为日语教学文献数据空间。

（7）原来的藏书检索改为研究室收藏专项链接。原来的“藏书检索”链接可以直接查询书籍，例如日本的社会语言学家井上史雄的著作《日语的价格》（日本語の値段），就可以在这里搜索到，显示的信息包括书名、作者名、出版社出版时间和版权号等。同时可以看到这本书的汉语翻译版本，由李斗石翻译、延边大学出版社于2016年出版。

（8）新增了招聘和项目申报专项链接。

从国语研官网改版，可知国语研研究工作重点的转变。这种转变延续并强化了研究所面向社会服务的姿态，即在社会政治经济文化发展的需求下，现阶段国语研对数据资源平台建设和社会活动两个方面进行了强化。我们将在国语研自创立之初至今官网公开资料的基础上，重点分析2016年部门调整后科研成果的社会转化方式，分数据资源平台和社会活动两大部分进行论述，同时对比中国的社会科学院语言研究所和教育部中外语言交流合作工作，论述国语研的研究社会转化机制可供借鉴的要素。

第四节　研究思路和方法

本书对日本国立国语研究所的研究工作进行了全面观察，重点分析其研究成果社会转化的途径，研究框架如图1–8所示。

第一章介绍研究缘起以及框架思路。第二章介绍日本国语研的历史沿革，对以往研究工作的总体回顾。第三章和第四章介绍日本国语研的研究成果社会转化的两大特点——开放数据资源和宣讲研究成果。第五章介绍与科研成果转化相关的其他学术活动。第六章介绍2022年4月日本国语研大调整之后，研究工作全面进入第四期以后的新动作及其预示的发展方向。第七章是与国际中文教育相关的比较分析。第八章通过对中日相关的学者、教师的访谈，提炼对科研成果转化的相关思考。

其中第二章是背景和基础，第三、四、五、六章是主体介绍的内容，第七章主要针对国际中文教育的需求进行比较分析。

相比较来说，理工科学习、自然科学研究的社会转化是看得见摸得着的东西，容易看清整个过程。文科的教学内容、社会科学人文科学的成果转化，转化的边界是模糊的，不同转化之间的界限有时也是模糊的。人文科学研究是文化传承、知识共享、思维交流的方式，发表方、收受方从中获益。非物质形态的转化是不是研究成果的转化？转化的准备步骤、矛盾的转化等算不算转化？第八章是希望通过问卷调查提取科研成果转化机制的相关理论思考，对未来发展做出展望。

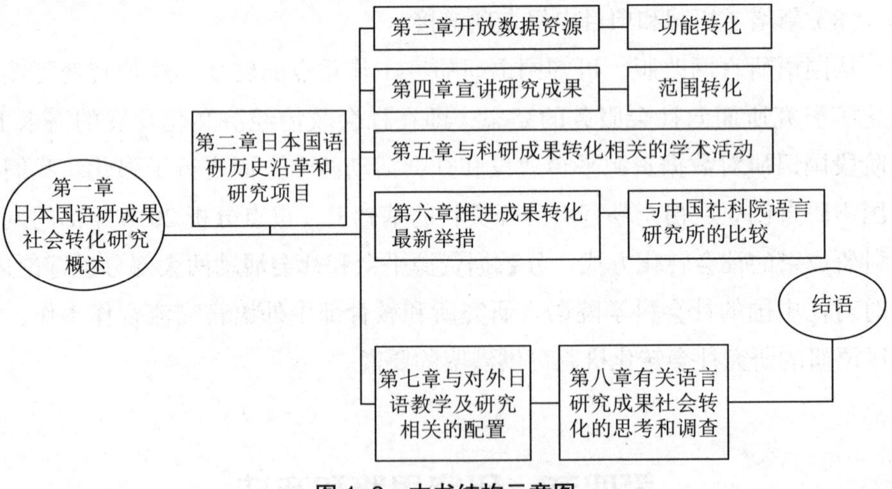

图 1–8　本书结构示意图

本研究的主要方法有：（1）案头资料查询，即检索国语研网站及下属数字化资源平台网站。（2）实地调查，寒暑假赴日本探访国语研工作人员、利用国语研资料的研究人员等。（3）问卷调查和深入访谈。

第二章　日本国语研历史沿革和研究项目

这一章是背景内容，将对日本国语研的科研工作进行全面介绍。这一章共有四节。

第一节介绍发展分期与组织架构。1948 年到 1973 年为初建期，1974 年到 2005 年是发展期，2005 年至今是完备期。组织架构包括领导层、研究系和中心、研究者和环境设施。领导层施行所长负责制。国语研官网的所长致辞体现了国语研的研究理念，现任所长的专业背景体现了现阶段国语研研究的主导方向。研究所运营会和外部评价委员会负责学术伦理把关。研究系和中心在 2022 年再次调整，分研究系、语言资源开发中心和共同利用推进中心三大块，国语研官网也随之全面改版，更新研究者介绍。环境设施主要是资料室。

第二节分 4 个阶段介绍国语研研究项目。国语研官网保留的早期研究项目是：日语现状、通用电子信息交流环境维护、医疗用语通俗易懂的提案、外来语整理提案、语汇调查数据、鹤冈调查数据库、国际视野下的日语综合研究。2009—2015 年为第三期前期项目，包括基干型（19）、领域指定型（8）、独创发展型（8）、萌芽发掘型（9）和跨机构研究项目。2016—2021 年为第三期项目，其中有 1 项机关基干项目，下设基干型项目 6 项，以及国语研管理的领域指定招标型（5）、创新招标型（6）、资料利用型（22）、登录利用型（5）和语言资源利用型（3），此外还有与所外合作的跨学科合作型项目（2）、网络基础项目（1）和语料库基础研究项目（1）。2022 年至今是第四期项目，同样是 1 项机关基干项目和 7 项基干型项目。共同利用研究有跨学科共同利用型研究（3）、共同利用 A 型（8）、B 型（6）和 C 型（6），此外还有与所外合作的跨学科合作型项目（2）和共同先导促进型项目（3）。

第三节是聚焦日语二语教学研究的项目分析。第一部分是日语教学网络资源介绍，包括改版前的网络资源和现有网络资源，第二部分是日语教学组织机构概况介绍，第三部分是早期研究项目——日语教学等级大纲和海内外日语教学机构和学习手段的调查介绍，第四部分是现阶段主要项目介绍。

第四节整理了基于国语研官网日英对译的汉英日术语对译。日语中大量使用片假名直接拼写英文术语，但是汉字术语透明度更高。现阶段有些汉字术语意义不容易把握，国语研官网的英日翻译可以提供佐证。国语研官网展示的日英语言学教材、主要学者研究领域描述都集中展示了术语，此外项目名也是确立术语的依据。通过术语整理，我们希望提出三级术语管理的原则：国际学科级管理、尽量使用汉字术语的管理、非国际学科级的柔性管理。我们整理了语言学和语言教学术语、其他学科术语、学术论文常见表述。

第一节　发展分期与组织架构

一、发展分期

日本国语研成立于1948年，图2-1是早年国语研的图像。根据国语研网站资料，整理研究所时间变迁脉络，如表2-1所示。

图2-1　日本国语研旧址之一

表 2–1　日本国语研大事和分期

<table>
<tr><th>时间和地址</th><th>日本政府组织条例</th><th>研究所内部调整</th><th>负责人</th><th>分期节点</th></tr>
<tr><td>1948 年 12 月 20 日明治纪念馆内</td><td>宣布成立</td><td>设总务科和 2 个研究部</td><td rowspan="2">西尾实
（1949—1960）</td><td rowspan="4">初建期</td></tr>
<tr><td>1954 年</td><td>修改组织条例</td><td>设总务部和 3 个研究部</td></tr>
<tr><td>1958 年迁址千代田区神田一桥大学
1962 年迁址北区稻付西山町</td><td></td><td>改制为 4 个研究部</td><td rowspan="3">岩渊悦太郎
（1960—1976）</td></tr>
<tr><td>1968 年</td><td>文化事务厅成立，附属于文化事务厅</td><td></td></tr>
<tr><td>1974 年</td><td>修改组织条例</td><td>设总务部、5 个研究部和日语教育部</td><td rowspan="5">发展期</td></tr>
<tr><td>1981 年</td><td></td><td>设日语教育中心日语教育指导普及部</td><td>林大
（1976—1982）</td></tr>
<tr><td>1983 年
1984 年</td><td>日本《国家政府组织法》修订停止设立国语研。
日本文部省重新修订法令，建立国语研</td><td></td><td rowspan="2">野元菊雄
（1982—1990）</td></tr>
<tr><td>1988 年</td><td></td><td>新设国语词典编辑室</td></tr>
<tr><td>1989 年</td><td></td><td>新设情报资料研究部并重组 2 个研究室</td><td>水谷修
（1990—1998）</td></tr>
<tr><td>1999 年</td><td>宣布成立独立法人机构</td><td></td><td rowspan="4">甲斐睦朗
（1998—2005）</td><td rowspan="4"></td></tr>
<tr><td>2001 年</td><td>正式成立行政事业部</td><td>设管理部和 3 个研究部与政策研究院、国际交流基金日语国际中心一起开始研究生教育</td></tr>
<tr><td>2002 年</td><td></td><td>在北京设立日本学研究中心</td></tr>
<tr><td>2003 年</td><td></td><td>与韩国签署合作协议</td></tr>
</table>

续表

时间和地址	日本政府组织条例	研究所内部调整	负责人	分期节点
2005 年迁址立川市		与一桥大学合作招收研究生 与中国华东师范大学签署合作协议	杉户清树（2005—2009）	完备期
2006 年		日语教育科改组为日语教育学术信息服务中心		
2009 年	日本制定有关教育文化、体育、科学和技术研究部的法律，改革法人组织，成立国家人文研究院	重组为行政部和 4 个研究部、3 个研究中心	影山太郎（2009—2017）	
2016 年	随着第 3 期中期目标进行系统开发	重组为管理部和 5 个研究区域、2 个中心		现阶段
2017 年			田洼行则（2017—）	
2022 年	随着第 4 期中期目标进行系统开发	重组为管理部和 1 个研究系、2 个中心		

从以上表格可以看出，1948 年 12 月建立的国语研发展至今可以划分为 3 个时期：初建期（也称作草创期）、发展期和完备期。如表 2-2 所示，这个分期跟二战后日本社会经济恢复和发展紧密相关，中日关系的变迁也显示在其间。

表 2-2　日本国语研各个分期的主要工作和中日语言研究交流

时期	日本社会发展	国语研工作发展	中日关系
初建期 1948—1973	随着二战结束，经济恢复和发展	日语语言生活研究起步	较少互动
发展期 1974—1994	大量外国人涌入日本，需要学习日语	根据对外日语教学需求拓展研究工作	有所发展
完备期 1994—2009	经济停滞萎缩，科学研究工作强调服务性	隶属大学共同利用机关法人人类文化研究机构，强化基础性研究，为高校和社会服务	主要局限在日语教学界

下面进行具体说明。

（一）1948 年到 1973 年为初建期

初建期也称作草创期、起步期。这期间国语研条件比较简陋，两次搬家。1973 年 12 月号《语言生活》出版研究所 25 周年特集，南不二男在《国立国语研究所二十五周年》中，认为过去的 25 年分为 3 个时期：前 15 年为语言生活研究期，第二期 5 年为日语语系的研究期，第三期 5 年为彷徨期。有意思的是，所谓彷徨期是指 20 世纪 70 年代大批外国人涌入日本之前。随着（对外）日语教育发展的需要，研究所的组织和项目得到大幅调整。

（二）1974 年到 2005 年是发展期

20 世纪 70 年代大批遗留孤儿回到日本，使得日语教学任务猛增。1976 年原日语教学研究中心负责人林大先生担任所长。林大先生对词汇学很有研究，曾制定《分类词汇表》。他在 1978 年 12 月号《语言生活》上发表的文章《国立国语研究所三十周年》和 1979 年 3 月号《文化厅月报》发表的文章《第三十个年头》阐述了日本国立国语研究所的工作主旨。日本国语研在林大先生的带动下，开始了日语二语教学研究、外来词整理研究，拓展与海外（尤其是中国）的合作。1980 年 9 月 22 日林大先生曾来我国语言研究所做学术报告。

林大先生主持的研究所设立 5 个研究部，如图 2-2 所示：

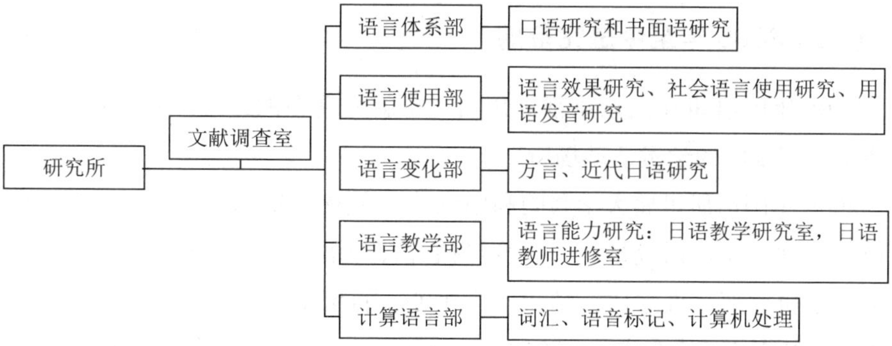

图 2-2　20 世纪 70 年代日本国语研组织架构示意图

1988年国立国语研究所设立国语辞典编辑室，1999年成为独立法人机构。

2001 年调整除了管理机构的三大组成部门：研究开发部、日本语教育部和情报资料部。2001 年后的日本国立国语研究所开始注重与各个大学的研究机构合作、与日本政府（对外）日语教学机构合作，与中国、韩国等国家和地区的语言研究机构合作。

2002 年设计了徽标。日语中“话语”的意思用汉字“言叶”表示。如图 2-3 和图 2-4 所示，徽标是“言”字的变形，“言”字下面的“口”是一片叶子，也就是“叶”。柔和新鲜的“叶”在清新的微风中飘荡。这个徽标用于印刷品、网站主页、信封、信笺、名片等处。

图 2-3　日本国语研徽标

大学共同利用機関法人 人間文化研究機構
国立国語研究所

图 2-4　用于日本国语研官网主页的徽标

从 2002 年 12 月起，国语研启用这个徽标。

（三）2005 年至今是完备期

2005 年国语研迁入东京都立川市，也就是现在的地址。新场地是一幢 4 层建筑，有专门的学术活动场所。

2009 年国语研隶属大学共同利用机关法人国家人文研究院，除了管理部，又设立了理论句法研究部、语言变异研究部、语言资源研究部和语言对比研究部 4 个研究部，设立研究情报资料中心、自然语言处理开发中心、日语教育研究和情报中心 3 个中心。2016 年 4 月调整为现在的 5 个研究系和 2 个中心。改组后的组织架构见图 2-5。

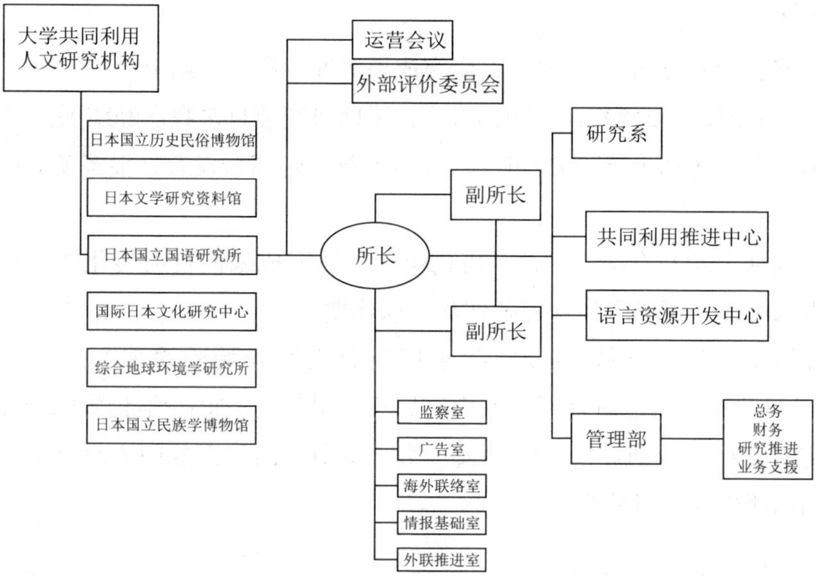

图 2–5　日本国语研 2022 年 4 月改组后的组织架构

2009 年之后的研究成果都已经发布于官网，可以查询。

2018 年 12 月国语研迎来创立 70 周年纪念，2019 年 10 月迎来国语研隶属大学共同利用机关法人人类文化研究机构的纪念。国语研的所长致辞说：

> 迄今为止国语研已经积累了不少研究素材，与日本国内外的大学和研究机构联合进行大规模的理论和实证研究，为国际研究打下基础。有关日语特性的研究，对于学习语言和加深对人类语言的认知有理论和实用价值。国语研向社会提供上述联合研究成果和相关研究文献信息，可以为日语教学、自然语言处理等各种应用领域提供服务，国语研以此为使命。

2016 年至 2021 年是国语研的第三个发展时期，核心研究项目是“基于多语资源开发的日语全方位研究”。国语研拥有的日语研究基础数据和大量语言资源持续与社会大众和所有研究人员共享使用，例如现代日语 / 古代日语、标准语 / 方言、书面语 / 口语以及日语二语习得者中介语等各类语料库。国语研在语言资源研究方面保持领先水准，并扩大联合研究规模，与日本国内和海外的大学和研究机构合作，形成一个涉及国际研究的国家级网络。

2022 年是国语研第四期计划的第一年。国语研的研究工作以及社会活动可分为四个时期：

早期（1994 年到 2009 年），研究成果概况发布在网站上；

第三期前期（2009 年到 2016 年），早期研究项目多数已经结项；

第三期（2016 年至 2022 年），开始了新一轮项目设置，很多项目影响到第四期研究；

第四期（2022 年 4 月—），机构重组，研究成果向社会转化的意旨与措施都更加明确，可以看作从完备期步入深化期。

如图 2-6 所示，从 2009 年起数据资源已经开始着手建立。1994 年到 2009 年间发布于国语研官网上的内容属于“早期”。2016 年起数据资源已经比较完备，社会活动规模不断扩大。第二章中我们将根据国语研官网分期来整理国语研研究项目的内容。

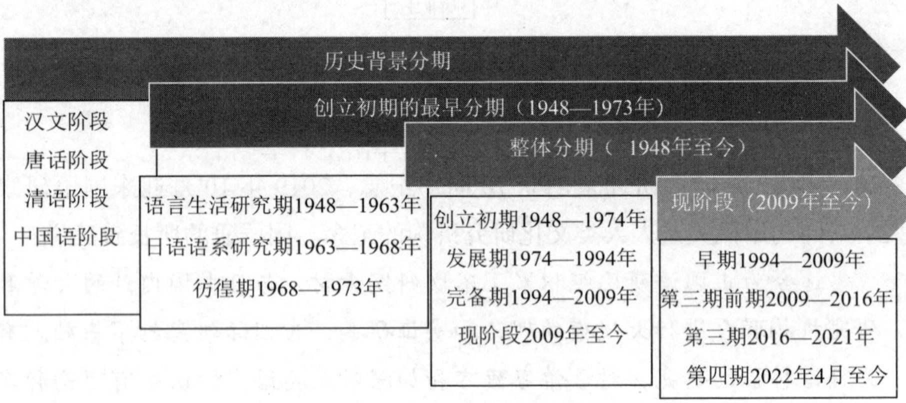

图 2-6 不同分期示意图

二、组织架构

（一）领导层

1. 所长负责制

（1）国语研研究理念

现任国语研所长田洼行则自 2017 年 10 月起担任所长。国语研官网的所长致辞体现了国语研的研究理念：国语研自1948年成立以来专门进行日语研究工作，一直注意观察和记录日语在不同历史时期和各个地区的表现方式，为各种研究人员提供研究素材，提供数据库。国语研的工作人员自身也进行科学研究，希望在很多前沿项目中承担起领导者和协调者的责任，例如为年轻的研究人员提供各种培训。2009年国语研转入国家人文研究院，更注意自身在整个国家人文研究院中的基础学科性质，也注意跟进国际上的语言学研究，开始大规模建设语料库，服务语言研究，满足社会大众对语言研究的需求。

田洼行则指出，今后会继续完善基础建设，去支撑未来数十年甚至数百年的研究工作。除了现代日语的语料库，国语研还建设了古代日语、日本各地方言等数据库，记录濒危语言和方言，此外还创建了日语教材资源库等。国语研期待与其他国家的研究机构合作，适应互联网时代的语言传播和语言研究的交流方式。

（2）现任所长专业背景

现任所长（第9任所长）田洼行则1950年出生，毕业于京都大学文学部，博士。曾担任韩国东国大学校庆州分校日语日文科招聘专任讲师，神户大学教养部专任讲师、助教授，九州大学文学部助教授和教授、人文科学研究院教授，京都大学大学院文学研究科教授、名誉教授，国语研客员教授、运营会议委员。国语研官网对所长以及各位研究者的研究专长，都以主题词形式呈现。所长的研究专长涉及21个主题词，我们将在第二章第四节具体说明。这21个关键词可以归纳为三方面，即人文社科下属的语言学的三个领域：人文・社会/语言学、人文・社会/语言学/语用学/语义学/保护濒危语言、人文・社会/语言学/语用学/语义学/句法理论/琉球等地方言。

三个分支的链接中有相同领域的学者链接，分别都有4000余人，每一位学者的介绍同样包含如下12项内容：基本情况（所属单位，学位，邮件，网页地址，自我简介，照片等），研究主题词，研究分支，履历，论文（部分可下载），主持项目，论著，演讲，主讲课程，所属学会，参与项目，学会兼职。

通过网络链接，学者的论著以及研究项目都条理清晰。这些学者中有土生土长的日本学者，也有不少外籍学者，包括来自中国的学者。他们有的已经定居日本，在日本的大学任职，有的是在日本留学的外国人。

国语研所长和副所长负责 4 个部门，除了“管理部”，其他三者分别进行说明。

2. 研究所运营会

国语研领导层有运营会和外部评价委员会两大部分。运营会包括外聘专家和所内专家。

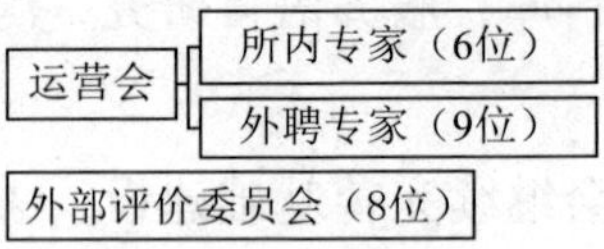

图 2–7　运营会和外部评价委员会专家人数

运营会议两年改选一次，2021 年 10 月 1 日，国语研新的运营会议委员产生，现任国语研所长田洼行则将自己的任期工作划分了几个阶段，2022 年开始是第四个中期计划的第一年。因此，国语研架构于 2021 年末至 2022 年初大幅调整。图 2–7 是 2022 年 4 月 4 日更新的信息。运营会的 9 位外聘专家有：国际教养大学教授伊东祐郎，东京大学名誉教授上野善道，放送大学大阪学习中心所长、特任教授金水敏，富山大学人文学部教授呉人惠，青山学院大学文学部教授近藤泰弘，中央大学理工学部経营系工学科教授樋口知之，上智大学大学院言语科学研究科教授 / 国际言语情报研究所所长福井直树，关西外国语大学外国语学部教授益冈隆志，理化学研究所脑神经科学研究中心主任马塚れい子。

运营会内部委员即各个部门的负责人，共 6 位。两位副所长是小矶花绘教授和松本曜教授，研究系主干是小木曽智信教授，语言资源开发中心主任是山崎诚教授，共同利用推进中心主任是石黑圭教授，广告室主任横山诏一。

3. 外部评价委员会

任期为 2020 年 10 月 1 日至 2022 年 9 月 30 日的外部评价委员会委员有 8 位：九州大学文学部教授上山あゆみ、信州大学名誉教授沖裕子、明治大学文学部教授小野正弘、公立はこだて未来大学学长片桐恭弘、东京大学名誉教授坂原茂、国际交流基金日语国际中心所长砂川裕一、东京大学大学院情报理工学系研究科教授桥田浩一、早稻田大学文学学术院教授森山卓郎。

任期为2023年4月1日至2025年3月31日的外部评价委员会委员有8位，上山あゆみ、片桐恭弘、坂原茂、砂川裕一、桥田浩一仍然留任，其中几位所属机构名有变。新增的专家有陈力衡、日比谷润子、米田信子。

（二）研究系和中心

日本社团管理法则几经调整，说到底都是经费来源和管理的问题。国家人文研究院全名是“大学共同利用机关法人人间文化研究机构”，从这个名称可以得知国语研跟其他5个部门一道，学术研究成果为大学以及全社会利用。其他5个部门分别从文学（日本文学研究资料馆）、文化（国立历史民俗博物馆）、民族学（国立民族学博物馆）、跨文化（国际日本文化研究中心）、环境学（综合地球环境学研究所，主要是地球环境灾难的社会学研究）角度关照人文社会科学研究。

国语研管理部门有外设的学术委员会，保证学术研究的公正；有内部运营，考虑研究所“创收”途径；管理部则负责具体事务。

1. 研究系

改组前的国语研研究部门有5个系所，先说日语二语教学研究（JSL Research Division）。原则上说，二语教学部成立之后的国语研的研究都跟二语教学研究有关。日语二语教学研究的专职学者5人，其中教授2人，准教授2人，特任助教1人。项目研究员22人，除了日本学者，还有来自中国、韩国、泰国等地的学者。

再说国语研的研究所长挂帅的理论对照研究（Theory & Typology Division），近年的主要成就是认知语言学研究。此外，语言变异研究（Language Change Division）是历史语言学的研究；语音研究（Spoken Language Division）也是口语研究，着重实验研究。两个中心研究资源中心（Center for Research Resources）和语料库开发中心（Center for Corpus Development）是语言研究的技术支持。语言变化研究（Language Variation Division），与日语二语教学研究一道，是面向社会需求的研究的重要领域（见图2-8）。

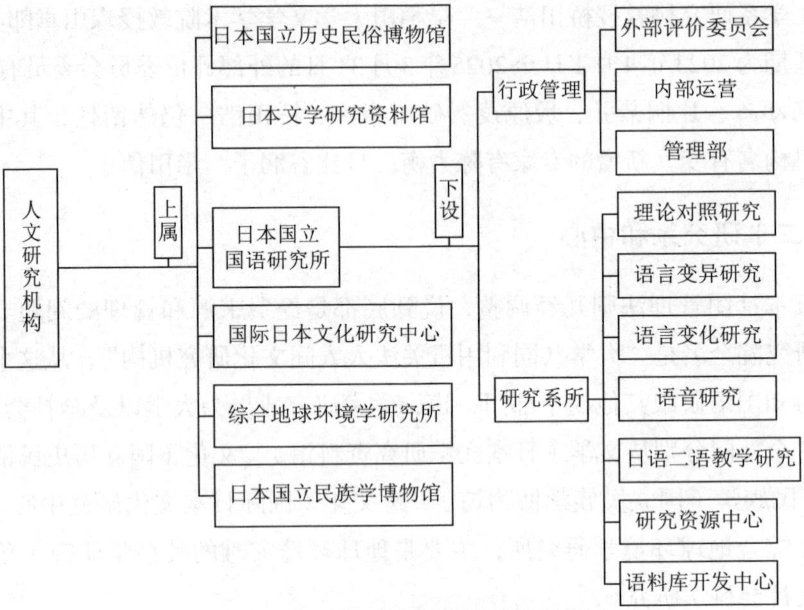

图 2-8　日本国语研改组前的组织架构

2022 年 4 月调整后的研究系（Research Department）较改组前各个专业越来越呈现“交叉”“综合”趋势，更新后的架构中方向领域已经取消，研究系、语言资源开发中心，与共同利用推进中心三者并立起来（见图 2-9）。

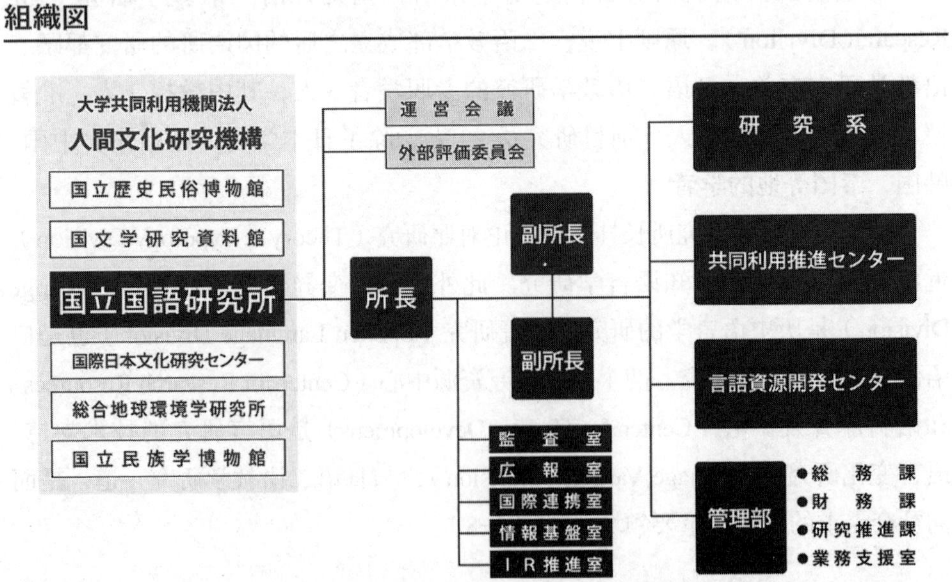

图 2-9　日本国语研改组后的组织架构（汉语翻译见图 2-5）

除却所长直辖的监察室、广告室、海外联络室、情报基础室和外联推进室，以及副所长管辖的管理部，直接体现研究系变化。

研究系针对项目进行研究活动。各研究项目围绕的主题是“通过开放语言资源对日语进行实证和应用研究”。

2. 语言资源开发中心

改组前的国语研有研究资源中心和语料库开发中心。

其中，研究资源中心包括研究资源、信息整合与传播的相关研究和开发。研究成果、研究资料都得到系统地整理，供学者以及其他感兴趣的人查询。这个中心还发布与日语、语言学、日语教育相关的各种数据，维护机构资源库，整理出版国语研研究报告、论文集，与各部门研究项目和语料库开发中心合作，在互联网发布研究资料和信息。各部门可以把用于发布的信息资料汇集到这里。

语料库开发中心主要负责开发和维护语料库，提高语言资源共享使用的便利性。这个中心开发了用于形态分析的电子词典和语料库搜索工具。

改组后两个中心合并为语言资源开发中心（见图 2-10），英文名为 Center fo Language Resource Department。

图 2-10　日本国语研语言资源开发中心网站主页

语言资源开发中心与研究部合作开发语料库，标准化处理语料信息，为研究者提供相关技术。

3. 共同利用推进中心

共同利用推进中心是纯学术的研究机构，重视研究成果的应用价值，即研究成果的社会转化。共同利用推进中心有 9 位成员。负责人石黑圭教授 2015 年开始在国语研任职，主要负责日语二语教学研究，改组前担任研究情报交流中心主任。从这些材料可以看到共同利用推进中心有日语二语教学背景，也是数字化技术、市场推进等领域的多面手。

（三）研究人员

改组后的研究人员，多数都可以在改组前的研究人员名单上看到。新的机构组成如表 2-3 所示：

表 2-3　研究人员数目

所属部门	研究人员数
研究系	教授 13 人
	准教授 9 人
	助教 2 人
共同利用推进中心	教授 7 人
	准教授 1 人
	助教 1 人
语言资源开发中心	教授 6 人
	准教授 2 人
	助教 1 人

上述研究人员首先都是研究系学者，共 24 人。兼职共同利用推进中心和语言开发中心的有 3 人，兼职两个部门的有 6 人，只属于研究系的有 19 人。与改组前的研究人员（见表 2-4）比较，总体人数下降。

表 2-4　日本国语研 2022 年 4 月前研究人员数目

单位：人

领域	专任研究者	客员教授	项目研究员
理论对照研究	4	8	15
语言变异研究	10	9	9
语言变化研究	7	3	6
语音研究	4	3	9
日语二语教学研究	6	2	16
研究资源中心	4	0	5
语料库开发中心	9	0	7
合计	44	25	67

作为研究系客员教员的有洼薗晴夫和前川喜久雄教授。此外研究系有项目研究员 48 人，共同利用推进中心有 6 人，语言资源开发中心有 5 人，广告室有兼职研究员 2 人。学者的姓名、学术背景以及相关项目，我们将在后面具体介绍。

（四）环境设施

国语研现在位于东京西部郊区的立川市，拥有独立四层建筑（见图 2-11 和图 2-12）。国语研对民众开放。民众可以预约借书，查资料，也可以来这里参加公开研讨会。这里的会议室利用率非常高。在开放日、儿童活动日等特殊的日子，公众可以来这里参加活动。

图 2-11　日本国语研外观图（一）

图 2-12　日本国语研外观图（二）

第二节　各阶段研究项目

国语研以研究所基干项目为主导，力求全面描绘日语整体面貌。以项目为抓手是国语研研究工作的主要特点，可以说项目是国语研立所之本。本节分四部分介绍国语研项目。

一是早期研究项目，即2009年以前的研究项目。当时留下了很多录音、卡片等，后来者对其进行了二度开发。

二是第三期前期研究项目，时间是从2009年到2015年。

三是第三期研究项目，时间是从2016年到2021年，2016年是重要的时间节点。这一阶段的项目是现阶段研究项目的雏形。

四是2022年开始的第四期研究项目。

本章我们会介绍这些项目的名称，为了保证汉语翻译的准确性，我们把项目的英文名附在后面，读者可以直观地看到项目的主要内容。本章第四节我们专门根据项目名进行汉英日术语对译。

一、早期研究项目

（一）日语现状

“日语现状”的英文是“The Current State of the Japanese Language”，实施时间是2003年到2004年。该项目针对日语的变化，对外来语大量涌入的问题提出解决方案。

该项目的调查部分分为“意识调查”和“实态调查”。2003年实施意识调查，了解民众对日本变化和日语现状的态度和认识，主要对行政部门公文写作人员进行调查，例如地方政府官员、办公室职员等，了解国民对外来语的看法。调查具体有三个方面：

（1）有关自治体的行政公文措辞通俗易懂的看法；

（2）对外来语的看法；

（3）外来语的定型问题。

2004 年实施第二次全国调查，对外来语选择英语音译还是汉字翻译征求看法。此外还增加了调查问题，例如医疗领域术语如何通俗易懂，外来语、缩略语的学习和理解等问题。

（二）通用电子信息交流环境维护

“通用电子信息交流环境维护”的英文是“General-Purpose Program for Maintaining an Electronic Information Exchange Environment”。为了推进电子政务，2002 年到 2008 年，经济产业省委托国语研进行包括汉字信息的日语输入的研究。地址、姓名、公司名称等所需的字符支持电子政务的需要。国语研、日本信息处理学会和日本标准协会三家联合建立汉字信息数据库。2002 年至 2005 年处理了法务部《户籍统一字》约 5.5 万字、总务省《居民基本台账网统一字》约 2 万字。2006 年至 2008 年，对登记用的统一字形进行审查。

（三）医疗用语通俗易懂的提案

“医疗用语通俗易懂的提案”的英文是“Suggestions for Paraphrasing Clinical Terminology”。2008 年国语研开始了“语言生活：改善医疗用语”的研究。以病患为中心，医护人员需要选择病人容易理解的语言，非常清楚地说明病情和治疗方法，使病人不会困惑或者误解。2009 年这项研究收集了病患对医疗用语不理解的各类问题，然后对数十名医生进行访谈，对 57 则医用用语进行分类统计，寻找容易理解的表达方式，进而对医护人员提出使用建议。

（四）外来语整理提案

“外来语整理提案”的英文是“Suggestions for Paraphrasing Loanwords”。该项目在 2002 年到 2008 年共提交了 4 次报告，时间分别是 2003 年 4 月、2003 年 11 月、2004 年 10 月和 2006 年 3 月。报告可以在网上阅读和下载。

（五）语汇调查数据

“语汇调查数据”的英文是“Vocabulary Survey”。2004 年该项目在网站上向研究者和教学人员公开语汇调查数据，数据格式有文本版、Excel 表格版、

PDF 版，很多已经用于二次开发（见表 2-5）。

表 2-5 语汇调查成果

名称	可查询报告	时间
中学 - 高校教材语汇调查	国语研语言处理数据集 6	1994 年出版软盘
分类语汇表	国语研语言处理数据集 5	1994 年出版软盘
90 种现代杂志的用语用字全语汇——标记	国语研语言处理数据集 7	1997 年出版软盘
电视节目语汇调查（附语汇表）/ 中学 - 高校教材语汇调查（附语汇表）	国语研语言处理数据集 8	2001 年出版
现代杂志的汉字调查	国语研报告 119	2002 年刊行
分类语汇表——增补改订版数据库		2004 年发布
现代杂志的语汇调查——1994 年发行的 70 种杂志	国语研报告 121	2005 年刊行
现代杂志 200 万字语言调查语汇表		2006 年发布
现代杂志语料标记——1994 年发行的 70 种杂志	国语研报告 125	2006 年刊行

国语研从 1955 年开始用 10 年时间对 2400 个方言点进行 285 项统计调查，再花 10 年时间绘制《日本语言地图》，全书共 6 册，每册 50 页。国语研对学龄前幼儿语言发展过程、小学六年学生语言的成长情况、初中三年掌握汉字情况、高等学校学生的词汇量等进行追踪记录，利用实验仪器结合心理学、生理学、工程学等进行视觉试验和发音机制试验。

（六）鹤冈调查数据库

“鹤冈调查数据库”的英文是“Real-Time Language Change Study on Honorifics”。这项研究是国语研井上史雄主持的基干型研究项目“有关日语变化的大规模综合研究”的成果，存储了历时数十年完成的“鹤冈调查”“冈崎敬语调查”的数据和报告。鹤冈调查是于 1950 年、1971 年、1991 年和 2011 年在鹤冈市实施的调查，冈崎敬语调查是于 1953 年、1972 年、2008 年在冈崎市实施的调查。

国语研于 1948 年在福岛县白河市、山形县鹤冈市、三重县上野市调查了敬语使用状况，于 1950 年在上野市和冈崎市调查了敬语使用状况，于 1953 年在冈崎市等地调查了敬语使用状况。1971 年、1972 年国语研又对鹤冈、冈崎两地做了同样的调查。“社会结构与语言关系的基础研究”项目组进行了

“因所属集团的差异而产生的语言行为的比较研究”，认为人的语言行为因年龄和性别而不同，更因血缘（如家族）、地缘（所居地）和社会阶层、学历与职业不同而不同。

“各地方言亲族词汇的语言社会学研究”项目组收集与日本全国各地亲族词汇有关的方言词典及有关资料，编纂《分类词汇表》《冲绳语词典》，整理全国亲属词汇、明治初期的汉语词汇。2008 年和 2011 年该项目组再次调查福岛市周围老幼不同辈分语言变异的记录，在岛根县松江市重点调查了家庭内部的语言表达手段，形成“大规模日本老龄化研究综合研究”。

（七）国际视野下的日语综合研究

文部省科学研究基金项目“国际视野下的日语综合研究”的英文是“Comprehensive Study on the Japanese Language in the International Community”。该项目包含 4 个子项目，如表 2-6 所示：

表 2-6　国际视野下的日语综合研究子项目

项目名	英文名
国际日语人口普查与行动计量学的研究	Implementation of the International Census on the Status of the Japanese Language and Quantitative Behavioral Research
以语言事件为中心的日本语言文化冲突研究	Research on Language-based Cultural Conflicts Facing Japan
日语文字符号和语音的实验语言学研究	Experimental Studies on Japanese Orthography and Phonetic Aspects
面向信息传播的语言资源研究	Research on the Provision of Linguistic Materials for Data Transmission

值得注意的是，上述早期项目成果用于再度开发。资料如表 2-7 所示：

表 2-7　国际视野下的日语综合研究成果的再度开发

利用资料资源名称	项目名	项目所属类型
阅读写作能力调查 鹤冈市语言调查	语言社会调查史料的利用研究	第三期资料利用型
	语言社会调查史料的利用研究	第四期共同利用 A 型

续表

利用资料资源名称	项目名	项目所属类型
国语研原所长林大捐赠资料 中村通夫捐赠资料 东京以及各地方言调查 白河市以及附近农村语言调查	从国语研创设期研究者笔记追踪日语研究的历史	第三期资料利用型
	从国语研创设期研究者笔记追踪日语研究的历史	第四期共同利用 A 型
北海道语言的实况与北海道语言与日语共同语趋同过程（第一次北海道调查）	利用北海道调查数据阐明语言变化实时过程的研究	第三期资料利用型
	利用北海道调查数据对个人语言终身变化的研究	第四期共同利用 A 型
方言谈话资料：日语语音韵律特征和有关教学综合研究的录音音频文件	多种声学指标对日语语音对比的影响	第三期登录利用型
	多种声学指标对日语语音对比的影响	第四期共同利用 B 型
鹤冈调查数据 北海道调查、白河调查、松江调查有关资料	日本东北方言地理与跨代的动态研究	第三期资料利用型
	LVC（Live“真实”、Virtual“虚拟”、Constructive“构造”三种资源联合）研究中显象时间和真实时间的证据整合	第四期共同利用 A 型
《尚书》（古活字版第三种版本）	训点资料结构化数据的可用性评估	第三期资料利用型
	训点资料结构化数据的可用性评估	第四期共同利用 A 型
第一至第三次冈崎敬语调查问卷以及调查员记录本	第一至第三次冈崎敬语调查调查问卷以及调查员记录本分析	第三期资料利用型
鹤冈调查有关资料	方言语音和共同语语音根据场合分别使用变化的研究	第三期资料利用型
	方言语音和共同语语音根据场合分别使用变化的研究	第四期共同利用 A 型
白河市以及附近农村语言调查 东京以及各地方言调查 山形县鹤冈市以及附近农村的语言生活调查（第一次鹤冈调查） 谈话实况 有关“日本”发音的调查	战前和战后日语研究：国语研草创期研究人员揭示的日语研究史	第三期资料利用型

续表

利用资料资源名称	项目名	项目所属类型
方言录音转文本资料的有关研究 方言录音转文本（电子版）补充 日语各地方言语料库（COJADS）	利用国语研“语音谈话资料”进行的大分方言60年变化的研究	第三期资料利用型
各地方言手机紧急调查的报告 日语各地方言语料库（COJADS）	利用国语研“各地方言紧急调查”资料进行的感谢表达研究	第三期资料利用型
外来词替换提案 外来词替换提案补充 白皮书、海报等语言外来语使用实况 医院用语平易化提案	难解术语的替换建议的应用和验证以及有关的语言问题	第三期资料利用型
外来语替换提案有关资料 外来语接纳程度调查有关资料（外来语熟知程度数据）	语言接触中英语的影响：词汇英语化相关的福利语言学视角	第三期资料利用型
现代日语书面语平衡语料库图书馆子语料库的文体信息 BCCWJ-DVD版1.1光盘中的图书馆子语料库数据	“词语的文体特征”数据库创建和发布	第三期登录利用型
日语语音韵律特征和有关教学的综合研究	日语语音韵律特征中停顿和语速的实证研究	第三期资料利用型
山形县鹤冈市方言向共同语趋同的多人数年追踪调查（鹤冈调查）	语音个体变化假设的队列分析有效性的实证研究	第三期资料利用型
《尚书》（古活字版）3册	训点资料精细解读的数字存档验证	第三期资料利用型
小学生命题作文“朋友”“老师”“学校”（1982年开始的调查）	词汇和汉字使用为重点的儿童写作能力经年变化实态调查	第三期资料利用型
国语研图书室收藏的海外语言地图	从国语研藏书看海外语言地理学和语言地图的历史与现状	第三期资料利用型

本节第四部分我们还要再强调这一点。

二、第三期前期项目（2009—2015年45项）

早期研究的资料需要去资料室和图书馆借阅，2009年之后的研究成果基本上都能在网上找到。从2009年开始，国语研设立本所核心项目，有基干型、领域指定型，还有独创发展型、萌芽发掘型。2015年以后的项目除了基干型、领域指定型，还有新领域创出型、共同利用型。国语研项目的名称、完成年限、负责人、简介等信息都可以在国语研网站查询。

国语研与学界联合科研攻关，促进对日语、语言学和日语教学的研究。日本的大学教师等都可以提出申请，国语研对申请的项目一年中组织两次笔试，还要进行学术规范考核。获批的项目没有项目经费，但是获批项目的研究人员可以使用国语研研究材料、语言资源、分析工具等，还可以跟国语研专职研究员交流。

结项后，项目负责人必须举办一次研究成果报告会。研究期内负责人必须发表一篇论文，标明“国语研共享研究项目成果”。国语研将把项目论文结成论文集。第三期前期项目各种类型的关系如图 2–13 所示。

图 2–13　第三期前期项目类型示意

（一）基干型

基干型项目即主干项目，英文是 Core Research Projects，具体名称如表 2–8 所示。除了基干型项目，其他的领域指定招标项目属于中小型项目。

表 2–8　基干型项目 19 项

项目名	时间	英文名
日语词汇的音韵特征	2009.10–2016.3	Phonological Characteristics of the Japanese Lexicon
日语词汇的语法、语义和形态特征	2009.10–2016.3	Syntactic，Semantic，and Morphological Characteristics of the Japanese Lexicon
写作生态建模及其在社会语言科学中的应用	2009.10–2016.3	Modeling of the Ecology of Writing and Its Application to Sociolinguistics
浊音连读音变词典的编写	2010.11–2016.3	The Japanese Lexicon：A Rendaku Encyclopedia

续表

项目名	时间	英文名
濒危方言调查保护的综合研究	2009.10–2016.3	General Research for the Study and Conservation of Endangered Dialects in Japan
解明方言形成过程的全国方言调查	2009.10–2016.3	Field Research Project to Analyze the Formation Process of Japanese Dialects
日语发展变化的多角度解析	2009.10–2016.3	Exploring Variation in Contemporary Japanese: Multiple Approaches
日语变异的克里奥尔语 / 民族混合语的形成过程	2009.10–2013.9	Formation Processes of Japanese Language Varieties and Creoles
日语大规模常年跟踪调查的综合研究	2012.4–2016.3	Comprehensive Research Based on Large-Scale, Long-Term Studies of Japanese
日语疑问词的历时对比研究	2013.4–2016.3	A Diachronic Contrastive Study of Japanese Interrogatives
语料库标注的基础研究	2009.10–2016.3	Basic Research on Corpus Annotation
历时语料库设计	2009.10–2016.3	Design of a Diachronic Corpus
语料库日语研究的创立	2009.10–2016.3	Foundations of Corpus Japanese Linguistics
修饰语和动词性名词短语：名词的语法化	2009.10–2012.3	Adnominal Clauses and the Mermaid Construction: Grammaticalization of Nouns
从句链接的模态和言语行为约束	2009.10–2012.3	Modal and Speech-Act Constraints on Clause-Linkage
述语结构的语义范畴的普遍性和多样性	2009.10–2016.3	Universals and Crosslinguistic Variations in the Semantic Structure of Predicates
日本列岛及其周围语言的类型学和历时比较研究	2012.4–2016.3	Typological and Historical/Comparative Research on the Languages of the Japanese Archipelago and Their Environs
多元文化社会日语教学研究	2010.4–2016.3	Study on Teaching and Learning Japanese as a Second Language in a Multicultural Society
面向交际的语言和教学的研究	2013.4–2016.3	Research on Language and Education for Communication

（二）领域指定型

领域指定型项目的英文是 Topic-specific Projects，是一种合作项目，即 Collaborative Research Projects。具体名称如表 2-9 所示。

表 2-9　领域指定型项目 8 项

项目名	时间	英文名
敬语和敬语意识的半世纪变迁：爱知县冈崎市调查数据分析	2010.11-2012.3	Half a Century of Honorifics Usage and Attitudes toward Honorifics：Focusing on the Analysis of Survey Data from Okazaki City，Aichi Prefecture
语言普遍性以及多样性生成的制约：基于日语口语习得的句法参数实证研究	2010.11-2013.10	Linguistic Variations within the Confines of the Language Faculty：A Study in Japanese First Language Acquisition and Parametric Syntax
基于语料库编写面向日语教学的在线有声日语口语辞书	2010.11-2013.10	Corpus-based Online Japanese Accent Dictionary for Japanese Language Education
句末语调和表达意图关联的标注：以日语不同方言的同意要求表达为例	2010.11-2013.10	Annotation of Sentence-ending Tones and the Speaker's Intention：Expressions of Speaker's Expectation of Hearer's Agreement in Different Japanese Dialects
副语言以及非语言信息研究中的基本概念的系统化	2010.11-2013.10	Identifying Fundamental Concepts Involved with Paralinguistic/Nonlinguistic Information Studies
日语和运动事件表达的类型语言学研究：以指示词为重点的跨语言实验研究	2010.11-2013.10	Japanese and the Typology of Linguistic Expressions for Motion Events：A Crosslinguistic Experimental Study with a Focus on Deixis
基于由学习者语料库得出的日语习得难易度构建词汇和语法教学大纲	2011.10-2014.9	Constructing Vocabulary and Grammar Syllabi Based on the Difficulty of Japanese Acquisition Documented in Learners' Corpora
日语母语者与日语二语习得者互动行为的综合研究	2011.10-2014.9	Studies of Interaction by Speakers of Japanese as a First or Second Language

（三）独创发展型

独创发展型的英文是 Original/Developing-Type，是原创、开发型合作研究，涉及新颖且富有原创性的项目。具体项目如表 2-10 所示。

表 2-10　独创发展型项目 8 项

项目名	时间	英文名
日语复句的形式和含义	2010.11-2013.10	Form and Meaning in Japanese Complex Sentence Constructions
大规模方言数据的多角度分析	2009.10-2012.9	Analyzing Large-Scale Dialectal Survey Data from Multiple Perspectives
接触方言学“语言变异类型理论”的构建	2009.10-2012.9	Contact Dialectology and Sociolinguistic Typology
面向近代语语料库设计的元语言研究	2010.11-2013.10	Study on Documents and Meta-languages for Designing a Corpus of Modern Japanese
日语语法的历史研究	2009.10-2012.9	Historical Research on Japanese Grammar
不同风格与设置的对话语料库分享	2011.11-2014.10	Sharing of Conversation Corpora that Cover Diverse Styles and Settings
面向日语学习者的基本动词使用手册编写	2009.10-2012.9	Compilation of a Handbook of Usage of Japanese Basic Verbs for JFL Learners
定居日本的外国人日语习得和语言生活实态的跨学科研究	2009.10-2012.9	Interdisciplinary Study on Learning Japanese and the Reality of Language Life of Foreign Permanent Residents in Japan

（四）萌芽发掘型

萌芽发掘型的英文是 Incubation/Discovery-Type，是孵化、发现型合作研究，希望在未来带来新的研究维度。具体项目如表 2-11 所示。

表 2-11　萌芽发掘型项目 9 项

项目名	时间	英文名
训点资料的结构化描述	2009.10-2012.9	Structured Description of Kunten-Shiryo（Documents Written in Chinese with Marks for Rendering into Japanese）
韵律特征在会话中的作用的实证研究	2010.11-2013.10	Empirical Study on the Role of Prosodic Features in Conversations
东京片语言实态与变化相关研究	2010.11-2013.10	The Current States and Changes in the Japanese Spoken in the Metropolitan Area

续表

项目名	时间	英文名
方言会话的地区与跨代差异相关研究	2010.11-2013.10	A Study of Regional and Generation Differences in Discourse Pattern
近现代日语的新词语以及新用法的研究	2010.11-2013.10	A Study of Ongoing Changes in Modern Japanese
文本中词汇的分布与句子结构	2009.10-2012.9	Distribution of Vocabulary and Sentence Structures in Texts
制定分类指标处理多样化文本	2009.10-2012.9	Development of Classification Indices to Treat a Variety of Texts
基于上下文信息的组合语言要素合成的语义表述研究	2009.10-2012.9	A Study of Compositional Semantic Representation Based on Contextual Information
用统计学和机器学习来研究日语历史	2010.11-2013.10	Study of the History of the Japanese Language Using Statistics and Machine-Learning

（五）跨机构研究项目

跨机构研究项目从属于国家人文研究院的项目，将在第四章第二节详细介绍。

三、第三期项目（2016—2021 年 55 项）

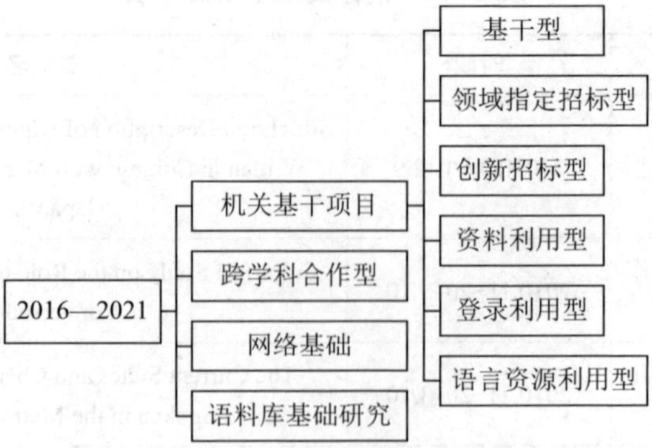

图 2-14　第三期项目类型示意

第三期项目的时间为2016年到2021年，以机关基干项目为主，同时有多种合作项目（Collaborative Research Projects），包括跨学科合作型项目、网络基础项目、语料库基础研究项目。

（一）机关基干项目

第三期机关基干项目是基于多样化语言资源的日语研究新整合。从这个项目设置可以看出，第三期研究重视语言资源建设的做法。相对于第三期前期（2009年到2015年）的做法，第三期研究希望从语言事实出发，打破日语研究因为深化而出现的狭隘、琐碎的研究壁垒。国语研学者们希望向世界各地的大学和学者提供开放数字化资源，从而促进日语研究的全球化，提高日语研究和日语本身的国际存在感。

1. 基干型（见表2–12）

表2–12 基干型项目6项

项目名	时间	英文名
从对比语言学的角度看日语韵律和语法	2016.4–2022.3	Cross–linguistic Studies of Japanese Prosody and Grammar
语法和语义分析语料库的发展与语言研究	2016.4–2022.3	Development of and Linguistic Research with a Parsed Corpus of Japanese
日本濒危语言/方案的记录和归档	2016.4–2022.3	Endangered Languages and Dialects in Japan
历时语料库的构建和日语历史研究的进展	2016.4–2022.3	The Construction of Diachronic Corpora and New Developments in Research on the History of Japanese
基于大规模日常日语的会话语料库的口语多角度研究	2016.4–2022.3	A Multifaceted Study of Spoken Language Using a Large–scale Corpus of Everyday Japanese Conversation
日语学习者交际的多角度分析	2016.4–2022.3	Multiple Approaches to Analyzing the Communication of Japanese Language Learners

2. 领域指定招标型（见表 2–13）

表 2–13　领域制定招标型项目 5 项

项目名	时间	英文名
日语的生成语法理论研究：语法理论与语言习得	2016.10–2019.9	Generative Perspectives on the Syntax and Acquisition of Japanese
利用国会会议记录研究日语风格突变	2016.10–2019.9	Stylistic Variation in Minutes of the Assemblies
利用古代日语语料库开发古文教学教材以及学习指导方法的研究	2016.10–2019.9	Research on Education in Classical Literature Using the Corpus of Historical Japanese
对话中插入结构的调查与类型分析	2016.10–2019.9	Investigation and Typification of Emergent Participation Framework in Conversation
设定情境的日语写作教材开发	2016.10–2019.9	Learning in Context：Developing Situation-Based Writing Materials

3. 创新招标型（见表 2–14）

表 2–14　创新招标型项目 6 项

项目名	时间	英文名
语用推理比较的认知神经科学研究	2016.10–2019.9	Cognitive Neuroscience of Linguistic Variation in Pragmatic Inference
使用和发展 All-Words WSD 系统构建分类词汇表和岩波国语词典对应表	2016.10–2018.3	Development of All-Words WSD Systems and Construction of a Correspondence Table between WLSP（Word List by Semantic Principles）and IJD（Iwanami Japanese Dictionary）by These Systems
日语会话中间接话语理解：第一语言、第二语言、人工智能习得机制比较的认知科学研究	2016.10–2019.9	Comprehension of Indirect Utterances in Japanese Conversation：Comparison among Japanese Children，Foreign Learners of Japanese and Artificial Intelligence
现代日语的语义变化的计算和统计力学的探讨	2019.4–2022.3	Statistic and Statistical Mechanics Approach to Semantic Drift of Words in Modern and Contemporary Languages

续表

项目名	时间	英文名
消除日语的语言障碍朝向多文化共生社会发展的相关研究	2019.4-2022.3	Lowering Linguistic Barriers in Japanese to Achieve a Sustainable Multicultural Society in Japan
发育障碍儿童的听力理解困难原因探寻的实证研究	2019.4-2022.3	Investigation of Listening Comprehension Difficulties in Children with Developmental Disorders

4. 资料利用型（见表 2-15）

表 2-15　资料利用型项目 22 项

项目名	时间	英文名
NPCMJ 语料库的日语语义功能标记	2019.4-2020.3	Annotating Semantic Role Labels and Frames of NPCMJ
语音个体变化假设的队列分析有效性的实证研究	2019.4-2022.3	Empirical Study of the Validity of a Cohort Analysis of Presuming Individual Sound Change
训点资料精细解读的数字存档验证	2019.4-2022.3	An Evaluation of Digitized Glossed Manuscripts Through a Precise Investigation of Source Material
语言接触中英语的影响：词汇英语化相关的福利语言学视角	2019.4-2022.3	The Social Impact of the Influx of English Words in Language Contact in Japan: The Perspective of Welfare Linguistics
词汇和汉字使用为重点的儿童写作能力经年变化实态调查	2019.4-2020.3	Diachronic Evaluation of School Children's Writing Skill by Vocabulary and Character Type Rate
第一至第三次冈崎敬语调查调查问卷以及调查员记录本分析	2019.4-2020.3	Analysis of the Survey Questionnaire and Visit Record from the Okazaki Survey on Honorifics Ⅰ - Ⅲ
基于大规模语料库的语言处理的计算心理学研究	2019.4-2022.3	Computational Psycholinguistics of Language Processing with Large Corpora
日本东北方言地理与跨代的动态研究	2019.4-2022.3	Geographical and Cross-generational Studies Regarding the Tohoku Dialects
难解术语的替换建议的应用和验证以及有关的语言问题	2019.4-2022.3	Verification and Application of Paraphrase Proposal for the Improvement of Language Problems Caused by Difficult Terms

续表

项目名	时间	英文名
日语语音韵律特征中停顿和语速的实证研究	2019.4-2020.3	Empirical Studies of Pause and Speech Rate in Prosodic Features of Japanese Speech
战前和战后日语研究：国语研草创期研究人员揭示的日语研究史	2019.4-2021.3	Research on the Initial Project of the National Language Research Institute
利用北海道调查数据阐明语言变化实时过程的研究	2019.4-2022.3	Reutilizing Hokkaido Real-time Survey Data to Unravel the Processes of Language Change
利用国语研“各地方言紧急调查”资料进行的感谢表达研究	2020.4-2022.3	The Use of Data from the Urgent Pan-Dialectal Data Collection Survey in Gratitude Expression Research
利用国语研“语音谈话资料”进行的大分方言 60 年变化的研究	2020.4-2022.3	Discourse Analysis in Oita Dialects—Changes over the Last 60 Years
日语自然谈话中凸显认知的有关研究	2020.4-2022.3	A Study of Prominence in Japanese Spontaneous Speech
从国语研藏书看海外语言地理学和语言地图的历史与现状	2020.4-2022.3	The Past and Present of World Geolinguistics and Linguistic Maps as Seen from the NINJAL Library
第二语言学习中语音感知能力对提高语音生成能力的影响	2020.4-2022.3	The Effects of Speech Production Improvement on Speech Perception in Second Language Learning
从国语研创设期研究者笔记追踪日语研究的历史	2021.4-	History of Research at the National Language Institute：Based on an Analysis of Research Notes from the 1940s to the 1950s
方言语音和共同语语音根据场合分别使用变化的研究	2021.4-	Research on the Change of Proper Usage of Dialect Sounds and Standard Language Sounds According to Speaking Situations
通过比较单个词表现和嵌入上下文的表现发掘词汇嵌入语义	2021.4-	Building Word Sense Embeddings by Using Distributed Representations and Contextual Embeddings
训点资料结构化数据的可用性评估	2021.4-	An Availability Evaluation of a Structured Data for the Kunten Material
语言社会调查史料利用研究	2021.4-	A Study on the Use of Historical Documents of Social Surveys on Language

5. 登录利用型（见表 2–16）

表 2–16　登录利用型项目 5 项

项目名	时间	英文名
多种声学指标对日语语音对比的影响	2021.9–	Effects of Multiple Acoustic Cues to Japanese Voicing Contrast
《现代日语助词 / 助动词》的电子化处理	2021.10–2022.3	Organizing and Digitizing "Bound Form（‘Zyosi’ and ‘Zyodosi’）in Modern Japanese：Uses and Examples"
国语研 UniDic 电子词典的古今日本歌曲处理	2021.11–	Development and Research of UniDic Dictionary for Waka Poems and Imayo Songs
“词语的文体特征”数据库创建和发布	2021.11–2022.3	Creation and Publication of "Data for Word Stylistic Degree"
现代日语语境欧化过程：无生命主语后加视觉感知动词“見る”（看）的例子	2022.2–	The Process of Contextualizing European Language–based Pre–Modern Japanese Expressions in Modern Japanese：With Special Attention to a Japanese Visual Perception Verb "/miru/" with the Inanimate Subject

6. 语言资源利用型（见表 2–17）

表 2–17　语言资源利用型 3 项

项目名	时间	英文名
从指示符号的角度描写日语	2022.1–	Describing Japanese from an Indexicality–based Perspective
利用句法从属信息阐明日语母语人士信息处理过程的基础研究	2022.1–	A Basic Study for Clarifying Online Information Processing by Native Speakers of Japanese Focusing on Syntactic Dependencies
使用 BCCWJ 语料库创建日语句法信息和名词搭配词典的基础研究	2022.1–	A Basic Study for Creating a Dictionary for Learners of Japanese Mainly Composed of Information of Syntactic Information and Noun Collocation Using BCCWJ

（二）跨学科合作型项目

该项目从属于国家人文研究院的项目，将在第四章第二节详细说明。

（三）网络基础项目

网络基础项目的英文名是 Network-based Projects。第三期网络基础项目是“北美日本相关文献和文物的调查、研究与使用——‘现代海外材料信息学’的社会历史方法”，由日本与美国学者合作研究，项目的英文名是 A Survey，Study，and Use of the Japan-related Documents and Artifacts in North America：Socio-historical Approaches to “Modern Overseas Material Informatics”。通过整理和研究遗失在北美的与日本人有关的海外素材、遗失海外的假名手稿调查，包括美国国会图书馆《源氏物语》的音译文字、图像等，收集在欧美等地的有关日本的资料，建构基于语言生活史研究的现代海外素材理论，通过当时移民生活的状况，重新构建语言生活史研究的理论框架。该项目于 2016 年 4 月开始，2022 年 3 月结束。

（四）语料库基础研究项目

语料库基础研究项目的英文名是 Basic Research for Corpus Development。第三期语料库基础研究项目是“语料库标注的基础研究：扩展、集成和机器辅助方法”，英文名是 Basic Research on Corpus Annotation-Extension，Integration and Machine-aided Approaches。语料库开发中心组织了“语法”“语义”和“语音”研究，以探索如何扩展注释，如何集成多个注释，以及如何将机器辅助技术纳入其中。该项目于 2016 年 10 月开始，2022 年 3 月结项。

四、第四期项目（2022 年 48 项）

2022 年开始的第四期项目将拓展新的语料库，比如濒危语言和方言语料库。所有数据和资源都是开放的，国语研的学者在开放的环境中与日本国内外合作者一起进行日语实证研究，希望将来这些研究成果在世界范围内广泛传播，为多元社会文化发展做贡献，应用于语言教学和词典编纂等领域。这些项目从 2023 年开始面向研究生设置课程。

2022 机关基干项目是“基于开放语言资源的日语实证与应用研究

（Empirical and Applied Research on the Japanese Language Based on Open Language Resources）”。国语研重新整合已经建立的研究资源、语料库，包括濒危语言 / 方言档案等语言资源，全体科研人员的联合研究建立在开放的数据和开放的思想之上，包括开放环境与国内外联合研究合作，开展日语实证研究活动。这个项目由 7 个基干型项目和 23 个合作项目协力完成。这些项目根据社会需求开放，整合各个大学研究资源，研究成果向各个大学和教学机构。这个项目同时也是国语研上级单位国家人文研究院（NIHU）的机构核心研究项目之一，与其他核心研究项目合作。

第四期项目类型如图 2-15 所示。

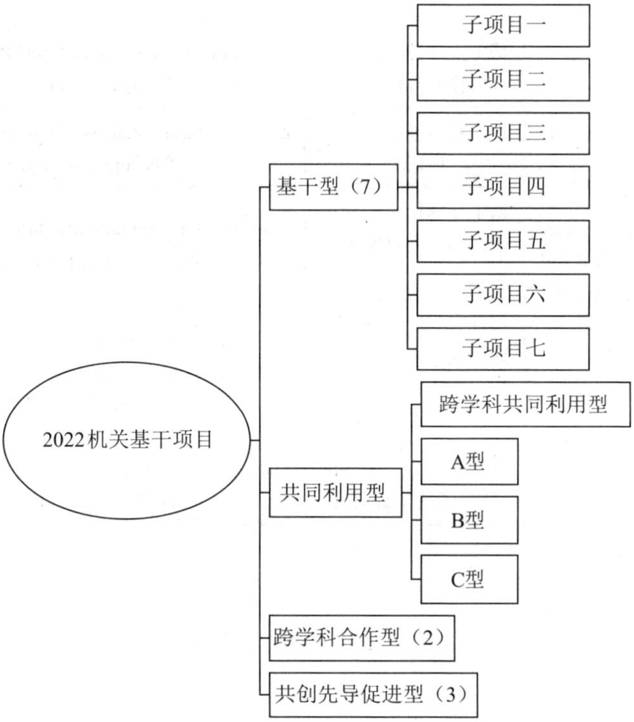

图 2-15　第四期项目类型示意图

（一）基干型项目子项目

基干型项目包括 7 个子项目（Core Research Projects），如表 2-18 所示。

表 2-18　基干型项目子项目 7 项

项目名	英文名	下属子项目	英文名
1. 整合多种词汇资源创建用于综合研究的基础	Co-creation of Research Infrastructure Through the Integration of Diverse Lexical Resources	日语学习者的辞书资源使用实态调查	A Survey on the Use of Online Dictionary Resources by Japanese Language Learners
		语言资源的空间	Spatial Imformation Addition to Language Resource
		学习者辞书资源建设	Building Lexical Resources for Learner Dictionaries
		词汇网站资源扩展	Extended Development of the Database on Japanese Word History and Frequency
		面向日语学习者的日语功能语集合	Development of a Japanese Function Expression Wordbank for Japanese Language Learners
2. 基于实证的理论研究推进类型语言学	Evidence-based Theoretical and Typological Linguistics	基于实证的标注数据计算心理语言学	Evidence-based Computational Psycholinguistics Using Annotation Data
		日语和琉球语语调实证研究	Evidence-based Study on the Intonational Diversity of Japanese and Ryukyuan
		基于计算信息的理论语言学：一种实证方法	Toward a Computationally-Informed Theoretical Linguistics：An Empirical Approach
		名词化类型学的实证研究——理论、田野、历史和方言的角度	Empirical Study of the Typology of Nominalization— from Theoretical，Fieldwork，Historical and Dialectal Perspective
		有关谓词语义和语法类型学的实证研究	Data-oriented Typological Study of the Semantics and Grammar of Predicates
3. 濒危语言保护研究	Research on the Conservation of Endangered Languages	无	
4. 日本多语种和多元文化社会相关的语言问题研究	A Multifaceted Study of Language Problems in Multilingual and Multicultural Japan	无	

续表

项目名	英文名	下属子项目	英文名
5. 基于跨世代口语语料库的口语综合研究	A Comprehensive Study of Spoken Language Using a Multi-Generational Corpus of Japanese Conversation	无	
6. 基于各种语言资源的日语非母语人士语言应用研究	Applied Research on Japanese Language Use by Non-Native Speakers Based on Diverse Language Resources	日语学习者书面语历时追踪语料库研究	A Longitudinal Corpus Study of Written Japanese by L2 Learners
		日语学习者口语历时追踪语料库研究	A Longitudinal Corpus Study of Spoken Japanese by L2 Learners
		日语书面语习得辅助研究	A Study on Learning Support for Written Japanese
		定居日本的外国人日语口语历时追踪研究	A Longitudinal Study of Spoken Japanese by Long-term Resident L2 Learners
		定居日本的外国人移民识字率研究	Research on the Literacy of Immigrants in Japan
7. 开放的共建环境拓展历时语料库	Extending the Diachronic Corpus through an Open Co-construction Environment	无	

从以上项目名可以看出，第四期研究项目朝着综合、融合的方向发展，有的在原有研究内容基础上进行综合，有的在新方法新范式下统筹，有的解决新问题……最终国语研的各项研究形成合力，达成研究目标。

子项目六的 5 个小项目与子项目一的 3 个小项目是日语二语教学研究，我们将在本章第三节进一步说明。

（二）共同利用型

共同利用型项目的英文名是 Core Research Projects。该项目分为跨学科共同利用型以及 A、B、C 型。A 型的研究人员原则上是各个大学或教学科研机构的专职研究人员。B 型原则上是各个大学和机构所属的研究者，包括博士后。C 型的研究人员是等同于 B 的社会人研究者。

1. 跨学科共同利用型

该类型项目包括 3 项，如表 2-19 所示。

表 2-19　跨学科共同利用型项目 3 项

项目名	英文名
开发开放语料库系统和 AI 语音恢复技术建立历史音频数字档案	Development of Open Corpus and AI-based Speech Restoration System for Archiving Historical Audio
文本转语音读取技术所需的阅读歧义类型的范畴化和阅读预期任务的数据集构建	Categorisation of Reading Ambiguity Type and Building a Dataset of Reading Estimation Tasks for Text-To-Speech Technology
包括日本旅游观光宣传资料的综合归档框架的建立和实证研究	Framework Establishment and Empirical Research for Comprehensive Archiving of Tourism Ephemera Materials in Japan

2. 共同利用 A 型

共同利用研究，英文名 Joint Resource-use Projects，有 A、B、C 三种类型，资助金额、期限等有所不同。

原则上日本国内的大学（国立和私立大学）、大学共同利用机关、短期大学，以及其他研究机构所属的专任研究者（教授、副教授）都可以申请该项目。承担项目的研究者可以使用国语研图书室、资料室的收藏资料和国语研分析实验装置，例如急速眼球运动解析装置“EyeLink”，可以使用国语研的各种语料库数据库。

A 型有 8 项，如表 2-20 所示。

表 2-20　共同利用 A 型 8 项

项目名	英文名
从国语研创设期研究者笔记追踪日语研究的历史	History of Research at the National Language Institute: Based on an Analysis of Research Notes from the 1940s to the 1950s

续表

项目名	英文名
方言语音和共同语语音根据场合分别使用变化的研究	Research on the Change of Proper Usage of Dialect Sounds and Standard Language Sounds According to Speaking Situations
通过比较单个词表现和嵌入上下文的表现发掘词汇嵌入语义	Building Word Sense Embeddings by Using Distributed Representations and Contextual Embeddings
训点资料结构化数据的可用性评估	An Availability Evaluation of a Structured Data for the Kunten Material
语言社会调查史料的利用研究	A Study on the Use of Historical Documents of Social Surveys on Language
LVC（Live“真实”、Virtual“虚拟”、Constructive“构造”三种资源联合）研究中显象时间和真实时间的证据整合	Integrating Apparent-time and Real-time Evidence in the LVC Study
语速变化时发音动程和声学特征的变化观察	Observation of Articulatory Movements and Acoustic Characteristics in Changing Speech Rate
利用北海道调查数据对个人语言终身变化的研究	The Reutilization of Hokkaido Real-time Survey Data for Accounting for Lifespan

其中前五项研究是第三期项目的延续。

后三项研究与第三期研究相比的进展，如表 2-21 所示：

表 2-21　第四期项目与第三期项目相比的进展

第四期项目		第三期项目	
方言语音和共同语语音回复话语的多种方式选择的调查数据和分析	Transcription and Analysis of an Utterance Reply Data Collected by the Survey on Selection of Dialect Sound and Standard Language Sound	方言语音和共同语语音根据场合分别使用变化的研究	Research on the Change of Proper Usage of Dialect Sounds and Standard Language Sounds According to Speaking Situations
语速变化时发音动程和声学特征的变化观察	Observation of Articulatory Movements and Acoustic Characteristics in Changing Speech Rate	日语语音韵律特征中停顿和语速的实证研究	Empirical Studies of Pause and Speech Rate in Prosodic Features of Japanese Speech

续表

第四期项目		第三期项目	
利用北海道调查数据对个人语言终身变化的研究	The Reutilization of Hokkaido Real-time Survey Data for Accounting for Lifespan	利用北海道调查数据阐明语言变化实时过程的研究	Reutilizing Hokkaido Real-time Survey Data to Unravel the Processes of Language Change
日语有关的社会调查资料的系统化整理与当下的重新阐释	Systematic Organization and Contemporary Reinterpretation of Data on Japanese Linguistic Surveys	语言的社会调查史文献的利用研究	A Study on the Use of Historical Documents of Social Surveys on Language

2023 年新增 A 型 8 项，如表 2-22 所示。

表 2-22　2023 年新增 A 型 8 项

项目名	英文名
训点资料片假名字形达到清晰化数据库构建手法研究	A Study on Development of Katakana Glyph Database in Kunten Materials
方言语音和共同语语音回复话语的多种方式选择的调查数据和分析	Transcription and Analysis of an Utterance Reply Data Collected by the Survey on Selection of Dialect Sound and Standard Language Sound
日语社会调查资料的系统整理与当代再阐释	Systematic Organization and Contemporary Reinterpretation of Data on Japanese Linguistic Surveys
现代“汉字”的各种异形词“Kanji”“Hanzi”“Hanja”	Various Aspects of Variants in Kanji，Hanzi，and Hanja
《日语地图》绘图卡片资料的价值和利用	Significance and Utilization of “Linguistic Atlas of Japan” Card Image Materials
从国语研原所长林大先生寄赠资料明晰战后日本语言政策的发展	Development of Japanese Language Policy as Read from Notes by HAYASHI Ooki
有关札幌市发音方音的年代变化的调查研究	Studies on Changes of the Sound and Accent in Sapporo
旧书点图集（古代手写本记载的“ヲ”“コ”“ト”点图）数据化的方法检验和实施	Exploration and Implementation of Techniques for Digitizing Wokototen-zu in Ancient Manuscript Collections

3. 共同利用 B 型

原则上日本国内大学（国立和私立大学）、大学共同利用机关、短期大学、其他研究机构所属的研究者（不包括兼职）以及博士后期课程学生，包括国语研认可的研究机构退职研究者和同等水平的研究人员，都可以申请该项目。

承担项目的研究者可以使用国语研图书室、资料室的收藏资料和国语研分析实验装置，例如急速眼球运动解析装置“EyeLink”，可以使用国语研的各种语料库数据库。项目随时可以申请，期限为一年。

B 型有 6 项，如表 2–23 所示。

表 2–23　共同利用 B 型 6 项

项目名	英文名
多种声学指标对日语语音对比的影响	Effects of Multiple Acoustic Cues to Japanese Voicing Contrast
国语研 UniDic 电子词典的古今日本歌曲处理	Development and Research of UniDic Dictionary for Waka Poems and Imayo Songs
现代日语语境欧化过程：无生命主语后加视觉感知动词“見る”（看）的例子	The Process of Contextualizing European Language-based Pre-Modern Japanese Expressions in Modern Japanese：With Special Attention to a Japanese Visual Perception Verb "/miru/" with the Inanimate Subject
全国护理人员 EPA 考试（护理工作者国家考试）中阅读理解解题过程和出错原因分析	Clarifying the Reading Process of the National Examination for Care Workers by EPA Candidates：Why Do They Read Incorrectly?
动词形成的历史变化的文献研究	Literature Research on Development of Verb Formation
利用磁性传感器（EMA）的声学—语音反转研究	Electromagnetic Articulography Based Acoustic-to-Articulatory Inversion Research

4. 共同利用 C 型

C 型以 B 型为标准，可使用国语研的“现代日语书面语平衡语料库”“日语自然会话语料库”“日语日常会话语料库”“日语各方言语料库”，研究期限最长 3 年。

表 2–24　共同利用 C 型 6 项

项目名	英文名
从指示符号的角度描写日语	Describing Japanese from an Indexicality-based Perspective
利用句法从属信息阐明日语母语人士信息处理过程的基础研究	A Basic Study for Clarifying Online Information Processing by Native Speakers of Japanese Focusing on Syntactic Dependencies
使用 BCCWJ 语料库创建日语句法信息和名词搭配词典的基础研究	A Basic Study for Creating a Dictionary for Learners of Japanese Mainly Composed of Information of Syntactic Information and Noun Collocation Using BCCWJ
BCCWJ/CSJ 语料库生理指标标注的添加	Annotation of Physiological Indices on the Balanced Corpus of Contemporary Written Japanese and the Corpus of Spontaneous Japanese
基于词汇功能语法的日英搭配翻译	Lexical Function Based Japanese-English Translation of Collocations
日语文本的定量研究与统计分析	Quantitative Studies of Japanese Text with Statistical Analysis

其中前三项与第三期相同。

（三）跨学科合作型

跨学科合作型项目，英文名 NIHU Multidisciplinary Collaborative Projects，共 2 项。

（1）现阶段区域的公民科学文化再发现，英文名 Rediscovery of Citizen Science Culture in the Regions and Today。

这是国语研跨学科区域文化研究领域的发展，为建设新型社会关注区域公民科学。公民科学是由普通人科研活动、区域文化、方言文化、跨学科交流等综合而成的在日常语言表达中体现出来的“公民科学文化”。这项研究弥合专业研究人员与普通人之间的差距，涉及文化传承，是一个长期的持续的研究。

（2）基于古辞书资源的综合性图书扩展研究，英文名 Expansion of Vocabulary Resources Based on Old Dictionaries and Historical Transition of Vocabulary and Notation。

这也是跨学科综合图书学的扩展研究。国语研承担的部分是基于古辞书资源的词汇表述的历史变迁研究。基于旧词典的词汇资源扩展以及词汇和符号的历史过渡除了古辞书（包括经史典籍）内容的训诂工作，还可以通过书目和对纸张质量、墨水和装订线的分析来获得各种信息。这项研究旨在对历史书籍的各个方面进行跨学科研究。

（四）共同先导促进型

共同先导促进型研究，英文名 NIHU Knowledge Co-creation Projects，共有 3 项。该类项目是多学科交叉融合的创新研究，原则上由各个大学和教学科研机构的专任研究者、所属研究者以及拥有国语研认定资质的退休研究者等担任研究人员，由国语研委托契约单位管理。申请者在国语研提供的选题指南中选择申报。

（1）环球交际共生科学的创立，英文名 Establishing Science for Universal Communication。

该项目由国语研与国立民族学博物馆联合研究。生活中除了方言，人们还会使用手语、外国语等进行交流。这项研究希望重新评估各种语言的社会参与情况，关注少数群体、残疾人和族裔群体语言传播不足的问题，尤其关注代际沟通，包括老年人和有小孩的父母的沟通。

（2）人文学术数字图书馆构建，英文名 Digital Library for Humanities。

该项目由国语研与国立民族学博物馆联合研究，希望把以往宝贵的研究资料数字化，以便让更多人接触到这些珍贵的资料。日本国立民俗博物馆和国语研、国立信息学研究所合作完成这项研究。

（3）夏威夷的日本相关文献和文物：历史和社会调查界面，英文名 Japan-related Documents and Artifacts in Hawaii：Historical and Social Survey Interface。

这项研究属于遗失在海外的日本相关的资料的调查研究（英文名：Historical Synthesis of the Multilayered Relationship of Nature and Culture in Asia）。19 世纪末以来，与夏威夷的日本移民相关的大量历史资料还没有得到有关机构的保管和整理，日语材料整理人员处于边缘化状态。这项研究将在夏威夷的一些岛屿进行调查，为收藏家创建目录，确定藏品的背景信息、现状。

第三节 日语二语教学研究

一、早期研究项目

（一）日语教学等级大纲

2006 年到 2011 年，日本国语研开始了“日语教学项目清单和阶段目标标准”（英文名：Developing A List of Learning Items and Criteria for Goals at Different Levels in Japanese Language Education）的制定工作。

在日本生活的外国人，如果要在学校学习或者在公司里工作，应该具备的日语能力是什么样的？国语研希望通过调查给出最简洁有用的回答。这项研究观察和分析在日本的外国人使用日语进行交际的情况，分析日语能力的提高对外国人生活和工作的影响。通过明确这些内容的框架和结构，制定日语学习项目清单和评价标准，以便让日语教学机构选择日语教学内容并制定课程、编写教材以及编制考试和应试资料。

过去一段时间，日语教学跟其他的外语教学过于关注口头交流，而这项研究也关注书面语的习得和写作技巧。在学习和工作中，书面语写作可以创造与他人接触的机会，是建立语言交流和建立关系的有效手段之一。对于“写”的能力必须从学习的初级阶段就开始重视，对其展开积极的有针对性的研究。

主要研究工作分为两大步骤：一是沟通能力框架和组成部分的识别，二是制定学习项目清单和分步目标标准。

2006 年开始实施的工作有：

（1）以往关于日语交流能力的研究分析；

（2）海外语言教育政策有关的交际能力提取和分析；

（3）确定日语交流场面列表；

（4）组建“交流能力研究小组”，交流信息和意见。

2007 年实施的研究工作有：

（1）确立交流场景清单：分析在日本生活的外国人会遇到的生活场景，参考海外移民的语言教育和国内各个教学机构课程表；

（2）日语使用实态调查（预调查）和需求调查：基于上面创建的列表，调查日语的实际使用以及外国人学习日语的需求；

（3）举办“交流能力研究小组”，交流信息和意见；

（4）强化联合研究员制度。

项目组进行了有关“生存日语”的调查。调查内容包括三个方面：在社交生活中遇到过哪些使用日语的情况？使用日语时遇到了什么问题？想学习哪些方面的日语？三个方面都有许多具体场景，最后对调查结果进行了统计。

国语研网站链接的日语教学相关学习项目和阶段目标项目网站显示，该项目举办讲演 5 次，在 2006 年和 2007 年组织两次交际能力研讨会，研讨会口头发表文章 24 篇，期刊发表论文 4 篇，报告书 3 篇。最高产的作者是金田智子。

（二）海内外日语教学机构和学习手段的调查

2000 年至 2005 年，为推进日语教育的发展，开展了日语教育学习环境与学习手段研究（英文名：An international survey of learning environments and resources in Japanese language education）。这项研究是有关日语教学 / 习得国别化问题的研究。在不同国家和地区，日语教学风格是多样化的。这是因为学习者的学习目的、领域、母语、日语在各个国家 / 地区的社会地位、日语教育机构的设施 / 环境、教师的教育观和日语能力等，都不一样，学习者的特征多种多样。因此日语教学国别化意识逐步建立起来，不同地区的教学机构都在采取自己的措施。

与此同时，全球范围内学习者和教师的流动和交流越来越频繁，需要把握日语教育的各个方面，建立合作体系，为教学的发展提供必要的支持。国语研的调查研究从海外的日语学习环境、学习手段，以及适当的支持和合作制度等方面，分析了各个国家和地区多元化的日语教学的实际情况。

针对学习者的问卷，基本问询信息包括：性别、居住地、年龄、母语、身份、学习日语的年限、是否到访日本、日语学习动机，还有听说读写技能自我评价等。

有关日语使用的问询信息有：使用状况，接触日语的理由、机会，能够接触到的日语资源，学习日语的目标等。

针对教师的问卷，除了基本信息之外，还会问到使用的教材、课堂语言、教师资质、电脑使用情况、教学资源等。对于母语不是日语的日语教师，还会问到日语进修的打算。

海外调查有三个要点：

（1）从日本国内和海外双视角进行调查研究。

通过比较社会经济条件、教育制度、学习环境等不同的国内外地区，可以掌握世界日语教育的整体情况。调查和访谈涉及的国家有：泰国（曼谷）、韩国、澳大利亚、中国和马来西亚。从学习人数、学习环境的多样性和实地调查合作制度等方面来进行访谈调查。在日本国内，全国范围内发放网络调查问卷，在山梨县等地进行了个别访谈。

（2）微观和宏观双方兼顾。

既有对不同国家和地区的语言观、教育观、语言教学政策以及与日本经济文化往来等社会环境的调查分析，又有对学习者、教师的具体行为、意识、教材、教具等的微观研究。

（3）学习者和教师两方面的观察和分析。

对各个国家和地区的初中高等教育机构、民间教学机构、志愿者、日语角等都实施了调查，对学习者和教师也都实施了调查。

二、日语教学网络资源

从第三期研究开始（2009 年），国语研研究项目开始建立网站，有关日语教学的网络资源形成专题链接。

（一）改版前的网站资源

在2022年改版前的网站资源中，国语研日语教学相关的数据资源有19项。

1. 面向日语二语教学研究的数据库 11 项

日语学习者会话数据库

现代日语书面语平衡语料库

日语学习者会数据库（追踪调查编）

日语学习者会话策略数据库

学习者的日语跟学习者母语对照数据库

日语教学环境和学习手段相关调查研究（海外调查）

日语教学项目清单和阶段目标标准

视频刺激对语言行为意识影响的调查

"简约日语"相关研究

日语自然会话语料库

名古屋大学会话语料库——面向日语学习词典编写的搭配语料库

2. 词典和工具书

《"拟音词"还是"拟态词"——快乐日语》（英文名：*Japanese Onomatopoeia Reference for Learners*）

《日语发声训练用例文集》（英文名：*Examples for Training Voice Articulations and Word Utterances*）

《基础日语活用辞典（印尼语版）》（英文名：*Dictionary of Basic Japanese Collocation—Indonesian*）

以上三项由国语研开发制作。

3. 文献和研究动向

日语研究 / 日语教学研究文献数据库，英文名 Bibliographic Database of Japanese Language Research，由国立情报学研究所制作。

（二）现有网络资源

2022 年改版后标明日语教学及研究用的数据资源有 14 项。

（1）日语教学基本词汇：包括了"基本词汇五十音序表""语义分类体词汇表"和"类别列表"。

（2）现代日语书面语平衡语料库：由国语研和拉戈语言研究所联合开发。

（3）汉语和韩语母语的日语学习者纵向语料库：纵向调查6位日语学习者，其中 3 位母语是汉语，3 位母语是韩语。他们在日语学校、职业学校、初级学院和大学预科学习，从零开始学习日语 3 年，8 个学期，每个学期 3 至 4 个月。

（4）日语学习者短文对译数据库：日语学习者撰写的日语论文，作者用母语对译，日语教师和其他校正员更正。

（5）日语基本动词手册：从大型日语语料库，如日语研究所约 1 亿字的“现代日语书面语平衡语料库”和约 11 亿字的筑波大学的“筑波网络语料库”中选取例句，使用插图等易于理解的方式，提供生活中的语境信息，解释日语基本动词的多义、引申义，以便日语学习者和日语教师能够更好地理解基本动词。

（6）多语种日语学习者交叉语料库：2020 年春由国语研发布，收集了 1000 名学习者的语料，其中 850 名在日本以外的地区学习日语，150 名在日本学习日语。该语料库记录了这些学习者的日语能力考试的结果和其他信息，还添加了 50 名日语母语人士的数据，内容包含口头任务数据（讲故事，角色扮演，面试和图片描述）、书面数据（讲故事，角色扮演，面试和图片描述，故事写作，论文和电子邮件）。

（7）日语拟声词学习参考：学习日语的拟声词和拟态词的网站，有漫画、插图和例句。

（8）日语学习者的对话策略数据库：英语为母语（或具有良好英语技能）的日语学习者与以日语为母语的人之间的对话记录，记录时间为 1981 年到 1984 年。

（9）日语学习者的自然会话数据库：2007 年起按照美国外语教育协会（英文名：American Council on the Teaching of Foreign Languages，简称 ACTFL）的面试口语测试方式（英文名：Oral Proficiency Interview，简称 OPI）收集日语学习者的口语录音，有 339 份文本和 215 条音频数据。

（10）日语学习者的自然会话历时追踪调查结果：2007 年至 2012 年录制的非日本居民的日语学习者与社区居民或者 OPI 测试人员之间的对话。

（11）日语教学视频材料系列数据集：日语教学电影系列（基础水平）和日语教学视频材料（中级，小学）的电影（需要申请才能使用），有词汇表。

（12）发音训练语言材料：包括训练发音的单词、短语，为母语为韩语、泰语、中文、马来西亚语和印度尼西亚语的日语学习者提供日语发音训练的示例句子的录音。

（13）日语学习者对比语音数据库：包括母语为中文、韩语和泰语的日语学习者的日语演讲录音，以及母语为日语人士对同一主题的日语演讲。

（14）复合动词词典：在线词典，包含 2700 多个当代日语动词、复合动词，例如“押し上げる”（向上推）、“晴れ渡る”（阳光明媚）等。除此之外，它还为语义定义和示例句子提供英语、中文和韩语翻译。原始的 Excel 数据可根据协议下载。

2022 年改版后的网站除了以上 14 项日语教学资源，还增加了专门标明语言对比的 3 项。

（1）视频教学中的语言行为反应调查：1996 年至 1998 年，调查居住在巴西、法国、韩国、美国和越南的日本人，以及居住在日本的巴西、法国、韩国、美国和越南居民，观察以及预测他们看视频后的语言行为反应。

（2）使役动词替换世界图集：以地图和图表的形式提供有关语言（包括日语）中使役动词和非使役动词的词汇对之间形式关系的类型学信息。

（3）日语国际形象：1997 年 1 月至 1998 年 8 月进行的日语态度国际普查，向包括日本在内的 28 个国家和地区的 32,471 名被访者询问他们对日语、母语（第一语言）和英语的态度。

三、日语教学组织机构概况

日本社团组织有 5 种类型，如表 2–25 所示。

表 2–25　日本社团类型

类型	说明
行政单位	日本内阁之下有 10 个省，分别是： 总务省、厚生劳动省、法务省、经济产业省、外务省、农林水产省、财务省、国土交通省、环境省、文部科学省（前身是文部省）。 此外日本还有 17 个厅，分别是防卫厅和金融厅，以及警察厅、防卫设施厅、消防厅、公安调查厅、国税厅、文化厅、社会保险厅、林野厅、水产厅、资源能源厅、特许厅、中小企业厅、气象厅、海上保安厅、海难审判厅。
独立行政法人	原本是政府组织的公共事务，比较庞大与复杂，由企业操办时，设定行政法人。行政法人资金来源是国家预算，企业人员不属于公务员。独立行政法人设董事会和监事会，采取合议制。

续表

类型	说明
财团法人	类似于诺贝尔基金会，财团法人是依靠捐赠设立的社会组织，经由主管行政部门批准登记。法人的目的、活动范围和宗旨均由捐助人的意志所决定，由执行机构如理事会来处理财团法人的事务。
公益社团法人	如学术、技术、慈善等公益组织。
一般社团法人	非营利法人

日语教学相关的社团如表 2-26 所示：

表 2-26　日语教学社团 22 家

	机构名	所承担的调查工作（6 项）	主办的考试（4 种）
行政单位	文部科学省高等教育局学生支援课		
	文部科学省初等中等教育局国际教育课	需要日语教学的外国人子女状况相关调查	
	外务省广告文化交流部文化交流课	外国人登录者数	
	文化厅文化部国语课	日语教学实态调查 国内日语教学概要	
独立行政法人	日本学生支援机构	留学生数	日本留学考试
	日本贸易振兴机构		
	国际协力机构		
	国际交流基金	海外日语教学机构调查	
财团法人	语言文化研究所		
	国际研修协力机构		
	中国残留孤儿援护基金中国归国者安居促进中心		
	日语教育振兴协会	日语教学振兴协会认定机构数和在籍学生数	
	国际教育支援协会		日语教育能力认定考试 日语能力考试
	国际文化论坛		

续表

	机构名	所承担的调查工作（6 项）	主办的考试（4 种）
公益社团法人	国际日语普及协会		
	日语教学学会		
一般社团法人	全日本日语教师养成协议会		全养协日语教师认定
	国立大学日语教育研究会协会		
其他交流协会	资助财团中心		
	自治体国际化协会		
	东京国际交流委员会		

四、现阶段主要项目

日本国语研第四期研究项目中，围绕机关基干项目的基干型项目中，第六个是日语二语教学研究，“基于各种语言资源的日语非母语人士语言应用研究”（英文名：Applied Research on Japanese Language Use by Non-Native Speakers Based on Diverse Language Resources）。第四期研究项目如图 2-16 所示：

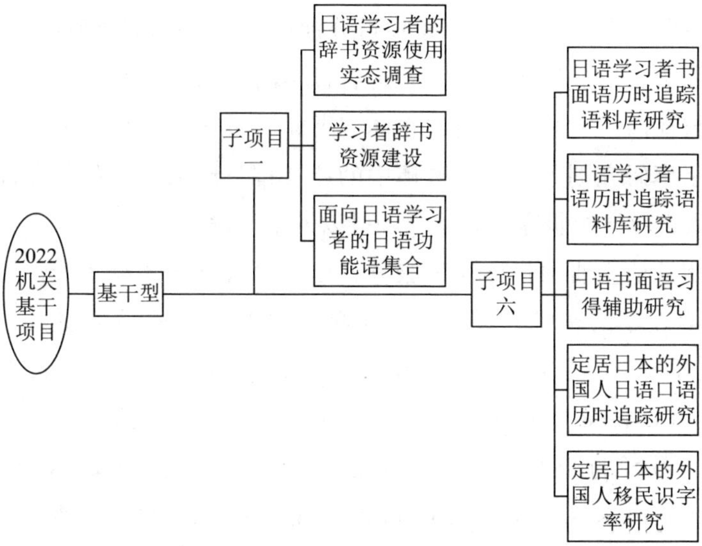

图 2-16　第四期研究项目示意图

5 个子项目包括：

（1）日语学习者书面语历时追踪语料库研究，英文名 A Longitudinal Corpus Study of Written Japanese by L2 Learners，继续第三期以及以前的研究，与中国、韩国和越南的几所大学合作，进行为期四年的写作调查。

（2）日语学习者口语历时追踪语料库研究，英文名 A Longitudinal Corpus Study of Spoken Japanese by L2 Learners，继续第三期以及以前的研究，对中国、越南和泰国大学的日语学习者进行为期四年的 I-JAS 合规访谈。

（3）日语书面语习得辅助研究，英文名 A Study on Learning Support for Written Japanese，开发写作和纠正支持系统，并利用该系统从课堂实践中获得的数据来阐明写作技能的获取过程和系统的教学效果。

（4）定居日本的外国人日语口语历时追踪研究，英文名 A Longitudinal Study of Spoken Japanese by Long-term Resident L2 Learners。

（5）定居日本的外国人移民识字率研究，英文名 Research on the Literacy of Immigrants in Japan。

日语学习分为海外和日本学习两种。前面三个项目主要面向海外学习者，后面两个主要面向定居日本的外国人。这项研究希望观察两种学习方式和习得策略。从这里看出，2022 年改组前的 5 个研究系之一的日语二语教学研究，现在以子项目的形式出现。5 个子项目分别从书面语和口语角度记录日语学习者的语言面貌，形成语料库。针对定居日本的外国人的口语语料库研究是纵向研究，与横向研究相比，更加立体。书面语习得辅助是人工智能语言学的研究。识字率研究则关注移民群体中的"文盲"现象。这些研究视角与汉语作为第二语言教学的研究十分贴合，可以说是殊途同归。

第四期其他主要项目标注为服务日语二语教学的还有 3 个，可以看作服务日语二语教学的基础建设。这三个项目是基干型项目子项目一"词汇资源整合与开发"（英文名：Co-creation of Research Infrastructure Through the Integration of Diverse Lexical Resources）的下属项目，包括：

（1）学习者的辞书资源使用实态调查，英文名 A Survey on the Use of Online Dictionary Resources by Japanese Language Learners。调查学习者使用在线词典的现状，进一步开发基本单词的查询资源。

（2）学习者辞书资源建设，英文名 Building Lexical Resources for Learner

Dictionaries。面向日语学习者，根据学习目标按级别创建词汇表，并将构建学习者词典所需的信息添加到“分类词汇表”中。

（3）面向日语学习者的“日语功能语集合”，英文名 Development of a Japanese Function Expression Wordbank for Japanese Language Learners。分析 1200 个日语动词的语义角色，建立日语句子模式库。

第四节　汉英日术语对译

本章是后续研究的背景内容。术语是科学研究的基础，术语对译是学术成果进行国际交流所必需的，因此有必要在这里讨论术语翻译问题。国语研官网所有资料都有英文对译，我们尝试在此基础上进行汉语翻译，便于读者分析理解。学术研究未来的发展必定是越来越深入，相互启发借鉴十分必要。汉日学界交流将汉字作为工具，借助国语研官网的汉英日语言学术语三方论证，是可行的和必要的。

一、术语整理思路

虽然现在日语中大量使用片假名直接拼写英文术语，但是汉日对译的汉字术语更有基础，透明度更高，而且多用汉字术语是中日交流努力的方向。现阶段日语的有些汉字术语也跟汉语的字词有了很大差异，国语研官网的日英对译可以提供佐证。汉英日术语对译不仅可以用于交流学术信息，还有助于研究人员在研究方式和手法上相互学习借鉴。

（一）日语中大量使用片假名直接拼写英文术语

语言学专业术语或者学术活动方面的英文表达 tool（工具）、catalog（目录）、repository（资源）、system（系统）、event（活动）、calendar（日程）、website（网址）、online（在线）、map（地图）、message（简短发言）、media（媒体）、magazine（杂志）、profile（简介）等，都使用片假名拼写。

西方语言学体系下的日语研究，带来的便利是研究成果容易在国际上发表，日本学术论文参考文献全部使用英文，便于进入科技文献的网络检索系统。西方语言学体系下的日语研究，带来的问题也非常明显：希望从多角度的“对照”中体现日语特点，但是从形态、语素等方面展开的对比越来越细化，陷入琐碎的泥潭。

（二）汉日对译时汉字术语透明度更高

汉英日术语的对译有利于研究人员深入交流探讨语言学问题。从国语研项目名的三种语言对译中发现，如果利用汉字确立术语形式，有助于中日两国学者沟通交流。例如，现代语言学确立了“language”和“speech”的概念，汉语对译为“语言”和“言语”。日语的“言語”可以整体对应汉语的“语言”，日语的“言葉”和“ことば”可对应“speech”（见表 2–27）。

表 2–27　语言学术语的英汉日对译

英语	汉语	日语
language	语言	言語
linguistics	语言学	言語学
speech	言语	言葉，ことば

从历史渊源和现阶段的表达习惯来看，汉语和日语有可沟通的基础；从现阶段日英对译来看，音译方式的“直接”借用较多；从现阶段汉英日对译的需要来看，有明确的汉字词形式则能够提高术语的透明度。下面再举三个例子。

1. 词、词汇、语汇

汉语研究中经常讨论到“词”和“短语”界限不明的问题，经常讨论到汉语的“词”跟英语的“word/lexicon/vocabulary”等概念不同的问题。根据哈杜默德·布斯曼著的《语言学词典》（陈慧瑛编译主编，商务印书馆 2003 年出版）、戴维·克里斯特尔编的《现代语言学词典》（沈家煊译，商务印书馆 2000 年出版）和《中国大百科全书（第三版）》网络版（2021 年 7 月 24 日发布）的释义，对三个词条进行汉英术语比照，如表 2–28 所示：

表 2–28　三种语言学词典的词条收录和翻译

词条	《语言学词典》	《现代语言学词典》	《中国大百科全书》
lexis/lexicon	词库	语言学的词汇	词汇
vocabulary	（未收录）	日常用语的词汇	词汇
word	词	词	词

日语中有“詞 / レキシコン / 語彙”，没有“詞語”。从日英对译来看：

複合動詞レキシコン，英文对译是 Compound Verb Lexicon。

「レキシコン・フェスタ」国立国語研究所理論・構造研究系プロジェクト成果合同発表会，英文对译是 Lexicon Festa：General Conference on Project Results from the Department of Linguistic Theory and Structure at NINJAL。

日本語レキシコンの音韻特性，英文对译是 International Conference on Phonetics and Phonology。

語彙調査データ，英文对译是 Vocabulary Survey。

从上述示例可见，日语的“詞”“レキシコン”和“語彙”分工不同。用“詞”对应个别的词或者词类，用“レキシコン”对应语言学术语“词汇”，用“語彙”对应日常生活用语“词语”，不失为较好的解决方案。汉语中“词 / 词汇”构成一对术语，“词语”和“语汇”为非学术性用语，不妨学习日语用“语汇”对应“vocabulary”。

2. 方言和土话

在现代语言学中“dialect”是比较通行的术语，汉语和日语都用同样的汉字词“方言”来对译。但是汉语还常用“XX 话”（南方话、广州话）、“XX 语”（闽语、粤语）、“XX 口音”（保定口音、南方口音）等表示“地方话”。从文化传统来说，中日两国对语言、口语、书面语以及方言、土话、乡音等概念的认识和理解比较一致，与印欧语言则不完全一样，日英对译存在不一致现象，例如：

アクセントと声調に関する国際シンポジウム（ISAT 2010），这个会议名中，“アクセント”即“accent”；

東京語アクセント資料，英文对译是 A Dictionary of Tone–accent on Words

in the Tokyo Dialect，其中的“Tone-accent”强调语音语调。

沖縄語辞典 データ集，英文对译是 Okinawa-go（Ryukyu Dialect）Dictionary Database，“go”是日语的“ご”（即汉字词“語”的音译），“Ryukyu Dialect”则是地名加方言；

全国方言談話データベース 日本のふるさとことば集成，被简单地翻译为 Japanese Dialect Database，“ふるさと”是日语汉字词“故里”的发音，“ふるさとことば”研究，包含有音无字的录音录像、田野调查等含义，在英语对译中都被省略掉了（汉字词“集成”的意思在英语对译中也省略了）。

从上述示例来看，“方言”是比较正统的术语，指语音、词汇和语法在地域上的系统性差异；“口音”专指方音，更多的是指超音段的音调；土话是指一个很小的地点的方言，“XX 话”的说法比较随意，没有“方言区”的划分。图 2-29 是三种辞书的对照翻译：

表 2-29　三种语言学词典对“方言”的翻译

词条	《语言学词典》	《现代语言学词典》	《中国大百科全书》
dialect	方言（总概念），土话，语言变体等。	方言	方言
accent	（未收录）	（1）口音；（2）重读。	腔
tone	声音，音调	（1）声调，音调；（2）单音。	（未收录）
intonation	语调	语调	（未收录）
vernacular	（未收录）	土话，本地话	土话

从《语言学词典》的词条收录和翻译来看，印欧语言研究中所说的“方言”，跟东北亚地区“土话”“口音”“乡音”等概念不完全相同。汉英日术语的对译，需要统一“书面语 / 共同语”“口语”等术语。可采用术语“方言”，而“アクセント”“ふるさとことば”等不作为术语使用，如果需要英文对译就需要详细说明。

3. 实用和适用、应用

2014 年 3 月召开的“NINJAL 国際シンポジウム第 8 回日本語実用言語学国際会議（ICPLJ8）”，国语研官网上的英文是“The NINJAL International

Symposium The 8th International Conference on Practical Linguistics of Japanese [ICPLJ8]"，显然日语的“実用言語学”的英文是“Practical Linguistics”。

英文“practical”的汉语直译是实用、实践、适用。但是汉语中的“实用语言学”相当于语言学知识科普，指的是生活中的语言学。汉语的“适用语言学”或许相当于“应用语言学”，而“应用语言学”的英文是“applied linguistics”（见表 2–30）。

表 2–30　三种语言学词典对“应用语言学”的收录

词条	《语言学词典》	《现代语言学词典》	《中国大百科全书》
practical linguistics	（未收录）	（未收录）	（未收录）
applied linguistics	（未收录）	应用语言学	应用语言学
pragma-linguistics	语用语言学，篇章语言学	语用语言学	（未收录）

如表 2–30 所示，《语言学词典》中 pragma-linguistic 的英文解释是 theory and practice。我们建议用汉字形式的“应用语言学”对应 applied linguistics，“语用语言学”对应 pragma-linguistic。也可以引入 practical linguistics，用“实用语言学”来对应。

日语中有较多汉字词，汉日交流有较好的基础。汉日同形，理解无障碍。例如下表中的汉语和日语词“集成”同形同义，但是英文对译中“集成”的意思没有出现（见表 2–31）。

表 2–31　日语中汉字词与汉语同形同义

汉语	日语对应词及其上下文	国语研官网上对应的英语
多文化共生社会，教育，研究	多文化共生社会における日本語教育研究	Study on Teaching and Learning Japanese as a Second Language in a Multicultural Society
方言，保存	消滅危機方言の調査・保存のための総合的研究	General Research for the Study and Conservation of Endangered Dialects in Japan
全国，集成	全国方言談話データベース 日本のふるさとことば集成	Japanese Dialect Database
普遍性	対照研究：温度表現の普遍性と個別性	Contrastive Study: Universality and Uniqness of Temperature Expressions

有时日语采用繁体字或者异体字形式，基本不影响理解，如表2–32所示：

表 2–32 日语中汉字词使用繁体字异体字

汉语	日语对应词及其上下文	国语研官网上对应的英语
调查，综合	消滅危機方言の調査・保存のための総合的研究	General Research for the Study and Conservation of Endangered Dialects in Japan
谈话	全国方言談話データベース 日本のふるさとことば集成	Japanese Dialect Database
实证	言語の普遍性及び多様性を司る生得的制約：日本語獲得に基づく実証的研究	Linguistic Variations within the Confines of the Language Faculty：A Study in Japanese First Language Acquisition and Parametric Syntax
个性	対照研究：温度表現の普遍性と個別性	Contrastive Study：Universality and Uniqueness of Temperature Expressions

一些较新的术语较少在日常生活中使用，这一类状况比较混杂，汉字词和音译词都有，根据汉字意思猜测，再跟英语对译确认，就可以理解。汉日习惯词形不同，但可推测出对应的词。例如在“消滅危機方言の調査・保存のための総合的研究”中，根据“消滅危機”可以识别出汉字词“消灭”“危机”。参照英文对译“General Research for the Study and Conservation of Endangered Dialects in Japan”，可知“endangered language”即“濒危语言”，所以“消灭危机方言”即“濒危语言 / 方言”。日语的“保存”在汉语中是“保护”，“保存”和“保护”语义略有不同，但是基本上可推测出对应的意思。其他示例见表2–33：

表 2–33 日语中汉字词与汉语意义大致相同

日语上下文和对译词	英语上下文和对译词	汉语可对译词
多角的アプローチによる現代日本語の動態の解明	Exploring Variation in Contemporary Japanese：Multiple Approaches	多角度（探讨）解析说明
日本語を母語あるいは第二言語とする者による相互行為に関する総合的研究	Studies of Interaction by Speakers of Japanese as a First or Second Language	互动

日语的“多角的解明”“相互行為”，汉语的习惯表达是“多角度解析”“互动”等，但是对上述日语术语我们可以理解和推测出其中的意思。

专业性很强的术语，日常生活中不使用，现在学术界的交流中用得也不太多，日英互译时采用了音译。根据英文词语，我们使用汉语习惯的表述方式。例如：

コミュニケーションのための言語と教育の研究

英语对译是：Research on Language and Education for Communication コミュニケーション

从日英对照可以看出，假名形式的“コミュニケーション”即英文的“Communication”，按照汉语习惯表述就是“交际”。用汉字确立术语形式可以加大词义透明度，有助于中日学者的交流。

（三）现阶段有些汉字术语意义不容易把握

有些术语即使是使用汉字，意义也不容易把握。

例如：

統語・意味解析コーパスの開発と言語研究，日语的“統語”一词在汉语中没有对译词。

根据英文对译 Exploiting Parsed Corpora：Applications in Research，Pedagogy，and Processing（Development of and Linguistic Research with a Parsed Corpus of Japanese）来看，推测这个术语是“句法语义标注和解析语料库”的意思。

（四）日本国语研官网的英日翻译提供佐证

例如英文的 data-base 和 corpus，在国语研官网与“资料”放到一个栏目里，也称作“语言资源”。国语研 corpus 开发中心主要负责语言资源开发和利用，具体工作有辞书编写、辞书数据化、辞书电子化、辞书检索工具开发等，目前从事的研究有：日语自然会话语料库、《太阳》语料库（《太阳》是杂志名，1895 年至 1901 年发行）、现代日语书面语口语平衡语料库、日语历史语料库等，是近些年语言学研究基础性建设的组成部分。

（五）研究方式和手法的相关术语

国语研英日对译还体现了日本语言学研究的方式和手法。汉英日术语对译可以在研究方式和手法上相互借鉴，也应该是科研成果跨语言跨文化传播与转化的组成部分。

国语研成立于二战之后，因而是美国“制式”下科技文化活动的组成部分，学术活动的组织和联系方式是全盘西化的，并使用片假名拼写英文单词，不采用已经存在的汉字词。例如 profile 翻译为汉语是“文件”，handbook 翻译为汉语是“手册”等，但是具体内涵跟我们通常理解的文档、小册子不尽相同。又例如汉语中的“项目”，英语词可能是 project，也可能是 program，含义不一样。汉语的“培训”，可能是课程 program，也可能是培训指导 tutorial，含义也不一样。汉语的“座谈会”，可能是 symposium，也可能是 colloquium。我们通常所说的研讨会，在英文表达中有 salon、forum、seminar 等。Workshop，可以翻译为汉语的“工作坊”，而 2003 年 11 月 14 日《朝日新闻》（社会版）刊出的日本国立国语研究所公布的替换词是“研究集会”，实际更像是“体验型讲座”。例如 2019 年 8 月 16 日（周五）下午 4 点到 6 点在冲绳县八重山郡竹富町公民馆举办的工作坊，主题是“竹富島の昔話「星砂の話」ことばと絵のワークショップ”（说话和绘画），由竹富町立竹富小中学 PTA 文化部主办，国语研日本濒危语言 / 方言记录文库建设项目组作为协作单位参与。这个活动没有开幕式，参加活动的人不需要准备发言，而是带着自己需要用的胶水、剪刀、蜡笔和围裙、毛巾等，在绘画室阅读星辰的故事，动手画一些星辰的画儿，制作自己的“星辰故事”图画书。幼儿园的孩子需要父母陪同参加。这个活动的目标是“复兴方言”。

二、基于日本国语研官网的汉英日对译

国语研官网介绍了日语研究的主要工作，官网的日英对照是术语整理的素材和依据。我们整理术语的主要思路，一是依据国语研的英语教材，二是依据主要学者的自我介绍，三是以项目为抓手，通过项目名提取术语。

（一）国语研的英语教材

日本国语研与印度政府资源开发部管辖的大学开发 e-PG Pathshala 视频课件共30讲。讲座名可以看作规范的日英对译，用来进行分析，如表2-34所示。

表 2-34　日本国语研在印度开发的语言学教材日英术语对译

日语术语	英语术语对译
1. 世界の言語と日本語	1. Languages of the World and Japanese
2. 母音と子音	2. Vowels and Consonants
3. アクセントとイントネーション	3. Accent and Intonation
4. 日本語の文字	4. Japanese Scripts
5. 語種	5. Japanese Lexical Categories
6. 語の意味	6. Meaning of Words
7. 語構成	7. Word Formation
8. 品詞と活用	8. Word Class System and Conjugation
9. 文の基本的な構造	9. Basic Sentence Structure
10. 授受表現	10. Benefactive Expressions
11. 述語と格	11. Predicate and Case
12. ヴォイス	12. Voice
13. アスペクトとテンス	13. Aspect and Tense
14. 否定表現	14. Negation
15. モダリティ（1）	15. Modality（1）
16. モダリティ（2）	16. Modality（2）
17. 並列	17. Coordination
18. とりたて	18. Toritate：Focusing and Defocusing of Words，Phrases and Clauses
19. 主題	19. Topic of the Sentence
20. 副詞	20. Adverb
21. 名詞修飾（連体修飾）表現	21. Noun Modification Adnominal Modification Expressions

续表

日语术语	英语术语对译
22. 複文（1）	22. Complex Sentence（1）
23. 複文（2）	23. Complex Sentence（2）
24. 待遇表現	24. Attitudinal Expressions
25. 指示詞	25. Demonstratives
26. 談話	26. Discourse
27. 話し言葉と書き言葉	27. Spoken and Written Language
28. 対照研究：温度表現の普遍性と個別性	28. Contrastive Study：Universality and Uniqueness of Temperature Expressions
29. コーパスに基づく日本語研究	29. Corpus Based Research on Japanese
30. 第二言語習得	30. Second Language Acquisition

上表的汉语术语对译存在三种情形：

（1）传统的术语：汉日有较多共同的汉字词，汉日交流有较好的基础。表 2-34 的 1、4、14、17、19、20、25、28、30 可以直接看懂。例如：

世界の言語と日本語（英文对译 Languages of the World and Japanese），对于中国人来说，只有假名“の”和“と”所表示的词语关系不理解，借助英文对译可知是汉语的“世界的语言和日语”；

对照研究：温度表現の普遍性と個別性（英文对译 Contrastive Study：Universality and Uniqueness of Temperature Expressions），只有假名“の”和“と”所表示的词语关系不理解，借助英文对译可知是汉语的“对比研究：温度表达的普遍性和特性”。

有些传统的汉字词术语已成为日语的生活常用语，只是有简体字和繁体字（或者异体字）的区别。例如：否定、并列、副词、指示词、第二语言习得等。“主题”在语言学术语中表示的是“主语、话题”，根据英文对译我们可以判断出是指句子的主语。

（2）比较新的术语：较少在日常生活中使用，这一类状况比较混杂，汉字词和音译词都有，根据汉字意思猜测，再跟英语对译确认，可以理解该术语的意思，如表 2-35 所示：

表 2–35 日本国语研与印度合作开发的语言学教材术语翻译

汉语	日语	英语
元音和辅音	母音と子音	Vowels and Consonants
类语	語種	Japanese Lexical Categories
词义	語の意味	Meaning of Words
词的构成	語構成	Word Formation
词类和兼类	品詞と活用	Word Class System and Conjugation
句子构造	文の基本的な構造	Basic Sentence Structure
受益表达	授受表現	Benefactive Expressions
谓词和格	述語と格	Predicate and Case
定语修饰名词	名詞修飾（連体修飾）表現	Noun Modification Adnominal Modification Expressions
复句（1）	複文（1）	Complex Sentence（1）
复句（2）	複文（2）	Complex Sentence（2）
态度表达	待遇表現	Attitudinal Expressions
话语	談話	Discourse
口语和书面语言	話し言葉と書き言葉	Spoken and Written Language

（3）专业性很强的术语：日常生活中不使用，现在学术界的交流中用得也不太多，日英互译时采用了音译。根据英文词语，我们使用汉语的习惯表述方式，如表 2–36 所示：

表 2–36 日语片假名术语的翻译

汉语	日语	英语
重音和语调	アクセントとイントネーション	Accent and Intonation
语音	ヴォイス	Voice
体和时	アスペクトとテンス	Aspect and Tense
模态（1）	モダリティ（1）	Modality（1）
模态（2）	モダリティ（2）	Modality（2）
提示语	とりたて	Toritate：Focusing and Defocusing of Words，Phrases and Clauses
基于语料库的日语研究	コーパスに基づく日本語研究	Corpus Based Research on Japanese

（二）主要学者的研究领域介绍

国语研官网有主要学者研究领域的介绍，采用关键词介绍方式。这里的学术研究领域的介绍可以看作比较前沿、比较严谨的术语来源，日英对译可以看作关键词术语的提取素材。例如对国语研所长田洼行则的学术研究领域的介绍中，有 21 个关键词。

从意义看可以分为三个方面：

（1）语言学本体研究 14 个，分别是 syntax、modality、指示詞、アスペクト、テンス、semantics、意味論、言語ドキュメンテーション、pragmatics、モダリティ、形式語用論、談話管理理論、認知的マッピング、メンタル・スペース。

（2）应用语言学研究 6 个，分别是アクセント、危機言語、Ryukyuan、喜界島方言、Ikema、池間方言。

（3）外语研究 1 个，即韓国語。

从词形表现看有 4 种：

（1）片假名形式 5 个，分别是アクセント、アスペクト、テンス、モダリティ、メンタル・スペース。

（2）英文形式 6 个，分别是 Ryukyuan、pragmatics、semantics、syntax、Ikema、modality。

（3）汉字形式 8 个，分别是危機言語、意味論、韓国語、喜界島方言、池間方言、形式語用論、談話管理理論、指示詞。

（4）汉字和假名合用形式 2 个，分别是言語ドキュメンテーション、認知的マッピング。

国语研在英文网页中的处理方式是：

采用英文和翻译为英文的 8 个词是 accent and tone、endangered languages、Ryukyuan、pragmatics、semantics、syntax、Ikema、modality；

采用原来的日语表达不变的 13 个词是アスペクト、テンス、言語ドキュメンテーション、意味論、韓国語、喜界島方言、池間方言、認知的マッピング、形式語用論、モダリティ、談話管理理論、指示詞、メンタル・スペース。

因此田洼行则先生的学术研究中日语的“意味論”和英语的“semantics”作为两个关键词出现，术语内涵与外延是略有不同的，属于两个领域。这样做的好处是全面周到，坏处是术语多，琐碎，也不方便交流。例如“池間方言”和“Ikema”就显得重复。

（三）根据项目名确立术语

国语研的研究主要聚焦科研项目，因此从一些学术活动，例如讲座、发表会、沙龙的名称，可以得知相关研究工作的研究主题、主要内容以及研究手法。

第一，名称由名词性短语构成，关键词即主题。

例如：

① 2014 年公開シンポジウム「ことば・認知・インタラクション 3」

英文名：Public Symposium，"Language，Cognition，and Interaction 3"

2014 年举办的讨论会名称是：语言认知和转换，这三个名词即主题和关键词。

② 2014 日本語教育研究・情報センター シンポジウム「多文化共生社会における日本語教育研究 ―言語習得・コミュニケーション・社会参加―」

英文名：Center for Japanese Language Education and Information Symposium "Research on Japanese Language Education in a Multicultural Symbiotic Society：Language Acquisition，Communication，and Social Participation"

2014 年日语教学研究—信息中心举办的讨论会“多文化共生社会中的日语教学研究——语言习得、交际和社会参与”，面向多文化共生社会的日语教学关键词是语言习得、交际和社会参与。

第二，名称是一个定中结构。

（1）中心语是“……多样性”“……的形成”

例如：

① 2012 シンポジウム「日本語の配慮表現の多様性」

英文名：Symposium"On the Diversity of Considerate Expressions in Japanese"

2012 年的讨论会是“日语三思多虑表达的多样性”。

②2012 公開シンポジウム会話を通じた相互信頼感形成

英文名：Symposium “Mutual Trust Formation Through Conversation”

2012 年的讨论会是“通过会话交谈的相互信赖感的形成”。

（2）中心语是“……问题”“……研究”以及“……（语料库或数据库）的开发”

例如：

①2015「北米日系社会の移民資料を活用した言語生活史研究」研究発表会

英文名：Research Report Meeting："Research on the History of Language Behavior Employing Immigration Materials Concerning the North American Nikkei Social Group"

2015 年举办的研究发表会“利用北美日裔移民资料进行的语言生活史研究”，中心语前面的定语部分是关键词。

②2012 シンポジウム「コミュニケーションのための日本語教育研究」

英文名：Symposium"Research on Japanese Language Education for the Purpose of Communication"

2012 年举办的讨论会是“面向交际的日语教学研究”。

③2016 シンポジウム「日本語文法研究のフロンティア —形態論・意味論・統語論を中心に—」，対照言語学の観点から見た日本語の音声と文法

英文名：Symposium "Frontiers of Research on Japanese Grammar：Focusing on Morphology，Semantics and Syntax"，Project Title：Cross-linguistic Studies of Japanese Prosody and Grammar

2016 年举办的讨论会是“日语语法研究前沿：形态、语义、语法为中心——从对比语言学观点看日语的韵律和语法”。

④2014 日本語教育研究・情報センター主催 日本語教育講演会「語彙読解システムの開発 —日本語教育における多読—」

英文名： Developing a System for Vocabulary Reading Comprehension：Extensive Reading in Japanese

2014 年日语教学研究和信息中心举办的日语教学讲演会是“语汇读解系统的开发：日语泛读教学”。

（3）中心语是“发表会”“研讨会”等

例如：

①理論・構造研究系プロジェクト研究成果合同発表会

英文名：General Meeting to Present Project Reports from the Department of Linguistic Theory and Structure

理论研究室主办的合同发表会

②国立国語研究所 研究成果発表会

英文名：National Institute for Japanese Language and Linguistics Research Conference

国语研研究成果发表会

③ 2011 第 1 回コーパス日本語学ワークショップ

英文名：The 1st Workshop on Corpus Japanese Linguistics

2011 年举办的语料库日语语言研究小型学术研讨会

④ 2017 言語資源活用ワークショップ 2017

英文名：Language Resources Workshop 2017

2017 年举办的语言资源利用小型学术研讨会

这一类名称体现研讨范围和研讨方式，前面的定语部分是研讨内容的关键词。

三、三级术语管理的原则

三级术语管理即尽量合并简化术语，改变绝对性的处理法，使其更人性化。

（一）国际学科级

第一级是国际学科级术语，即国际通用级。例如：词汇、词、方言、应用语言学、语用语言学等，这些术语有明确的汉英日对译词语。

（二）尽量使用汉字术语

第二级是中国和日本习惯的汉字词术语。例如：语汇，土语等，这些汉字词术语进行英文对译的时候，尽量用解释性的词语，而不是音译。国语研项目名的日英对译跟上面所说的特点是一致的，存在汉字形式并立存在、确立词形不一致的问题，原因有以下几点。

一是有人觉得汉字难写、难记、难认。日本规定1945个常用汉字之后，一些不常用的汉字直接用假名形式了。日语中已有汉字词的词语也用假名音译方式，这就出现了同一个词有不同词形的现象。例如日语有汉字词“博物館”，又有“ミュージアム”，后者是英文“museum”的音译。此外，“拟音词”与“オノマトペ”并存，比如：

擬音語って？擬態語って？—日本語を楽しもう！，英文是 Japanese Onomatopoeia Reference for Learners。

東北方言オノマトペ用例集，英文是 Usage Examples of Mimetic Vocabulary in Tohoku Dialects［Onomatopoeia］。

国语研官网上音译词形式的“オノマトペ”比汉字词“擬音語、擬態語”用得多。

二是有人觉得音译非常“方便”。但是实际上有些西语音译，并不是西语人自己的翻译，而是日本代为音译，只是为了方便和减省。音译意译并存，甚至是日式的音译减省，增加了词汇系统的混乱程度。仅仅使用“简便”的音译常常显得比较“潦草”。国语研官网上的一些古语词，例如，训点、纳言等，多使用音译，词语含义变得模糊、干瘪。日语中的一些书面表达形式、文言表达形式，例如“国語研の窓”被简单地音译为“NINJAL no mado”，不方便不懂日语的人士理解。

日语汉字词的术语如果难于理解并可能导致干扰时，可以有两种处理方式，一是用辞书形式确立下来，硬性规定；二是以汉语为主，再次翻译。一般而言，术语对译整理可以在“遵从习惯势力”与“遵从理据性”之间寻找平衡。为了避免可能的误解，后者仍应该占主导地位。术语的对应整理原则有以下几点：

（1）日语有汉字词形式的，尽量采用日语的汉字词。例如“指示词、形式语用理论、韩国语、喜界岛方言”。

（2）尽量用汉字词合并基本等同的音译词。例如“意味論”，日语的“意味”表示汉语的“意思、意义”，汉语“语义学”与英语“semantics”对译，因此可以将“意味論”与“semantics”对译，减少术语的数量。

（3）日语使用片假名形式，视作汉字词空缺，可以考虑使用汉语通常对英文术语的翻译形式。对于中日术语交流来说，汉字词术语透明度高，这样确立术语意义和形式，会更好地确立交流的基础，扩大交流的范围。日英对译只采用音译，需要用汉字确立对应的术语形式。国语研官网的日英对译，有不少是音译。日语使用片假名拼写西语外来词，英语用字母拼写日语专有名词，二者都是音译。日语音译英语的情况举例如下：日本語学習者会話ストラテジーデータ，英文对译是“Conversational Strategy Data for Japanese Language Learners”。“データ”是英语“data”的发音，就是数据的意思；“ストラテジー”是英语“strategy”的发音，是策略的意思。英语音译日语的情况举例如下：日本語レキシコン—連濁事典の編纂，这是对日语词汇中一类连读音变的词语进行全面描述分析的词典，英文对译是“The Japanese Lexicon：A Rendaku Encyclopedia”，日语的“連濁”英语对译是音译“Rendaku”。音译的原因是日语词库和英语词库中没有对应的词，需要寻找更合适的对译形式。“Strategy”可以翻译为汉语的“策略”，“日本語学習者会話ストラテジーデータ”即“日语学习者会话策略数据库”。“連濁事典の編纂”可以翻译为汉语的“浊音连读音变词典的编写”，再进一步进行英语对译。例如从“言語ドキュメンテーション”中可以确立汉字词“语言文本”，从“認知的マッピング”中可以确立汉字词“认知映像”（而不是“认知地图”）。希望日本学界也能适应和接受这些汉字词。

我们在第二章第一节“早期研究项目”部分，已经介绍了国语研外来词调查研究。后来外来词的整理工作的原则之一是少用片假名术语，例如日语中原有的汉字词“图书馆”，改回汉字词，不使用“library”的假名拼写。根据俞晓明《外来语的使用趋向规范化——〈日本国立国语研究所 2002 年报告〉分析》[①]，2003 年 11 月 14 日《朝日新闻》（社会版）刊出国语研公布的 47 个外来语替换词，其中跟汉语完全一致的有 16 个，例如技术革新（innovation）、模拟实验（simulation）、安全网（safety net），等等。有 24 个词使用了不同

① 俞晓明.外来语的使用趋向规范化——《日本国立国语研究所2002年报告》分析［J］.日语学习与研究，2003（02）：2-6.

的汉字，中国人可以推想出汉字词的意思，如表 2-37 所示：

表 2-37　日本国语研用汉字词替换假名拼写的外来词和汉语对译

英语词	日语替换词	汉语
case study	事例研究	案例分析
collaboration	共同制作	联合制作
community	地域社会共同体	区域共同体
core	中核	中心，核心
damping	不当廉卖	不合理降价
empowerment	能力开化，权限付与	施展能力，赋予权限
enforcement	法执行	执法
global	地球规模化	全球一体化
globalization	地球规模化	全球范围
grand design	全体构想	整体构想
identity	独自性，自己认识	独特性，自我认识
incentive	意欲刺激	激发热情
infrastructure	社会基盘	社会基础
log in	接续开始	开始连接
marketing	市场战略	市场策略
monitoring	继续监视	继续管制
moral hazard	伦理崩坏	伦理崩溃
multimedia	复合媒体	多媒体
observer	陪席者，监视员	陪审员，监视员
partnership	协力关系	合作关系
schooling	登校授业	到校上课
summary	要约	摘要
task	作业课题	工作任务
task force	特别作业班	特殊工作组

有 6 个词采用了汉语中没有的汉字，比较难于猜测。它们是 Framework 枠組（框架）、Normalization 等生化（社会生活平等化）、catch up 追い上げ（追

赶，追上）、virtual 仮想（假想）、macro 巨视（宏观）、mismatch 不釣合い（不平衡）。因此，如果中日两国学者就语言学、语言政策研究问题有更多的合作，完全有可能议定使用汉字界定相关概念的表达及其内涵。中日两国语言文字传统使得现阶段语言生活和语言政策存在更多对话与合作空间，我们期待双方基于汉字定位的历史渊源的回归，共同开发汉字文化圈特色的语言政策研究。

（4）汉日汉字词有不同词形的，可以有一个互相适应的过程。例如日语“談話管理理論”，“談話”的英文是“discourse”，汉语通常对译为“话语”，现在“discourse”也用来对应“语篇”。有关话语研究的语言学理论，汉语比较常用的是“话语分析理论”（discourse analysis）。

按照这些原则，我们整理了国语研所长田洼行则的学术研究观点的 21 个关键词，如表 2–38 所示：

表 2–38　日本国语研所长田洼行则的学术研究观点的 21 个关键词

日语网页	英文网页	尝试对译英语	尝试对译汉语
syntax	syntax	syntax	句法学
指示詞	指示詞	demonstrative	指示词
アスペクト	アスペクト	aspect	体
テンス	テンス	tents	时
semantics	semantics	semantics	语义学
意味論	意味論	semantics	语义学
言語ドキュメンテーション	言語ドキュメンテーション	language documentation	语言文本
pragmatics	pragmatics	pragmatics	语用学
形式語用論	形式語用論	Formal pragmatics	形式语用理论
modality	modality	modality	模态
モダリティ	モダリティ	modality	模态
談話管理理論	談話管理理論	discourse management	话语分析理论
認知的マッピング	認知的マッピング	cognitive mapping	认知映像
メンタル・スペース	メンタル・スペース	mental space	心理空间

续表

日语网页	英文网页	尝试对译英语	尝试对译汉语
アクセント	accent and tone	accent and tone	方音
危機言語	endangered languages	endangered languages	濒危语言
Ryukyuan	Ryukyuan	Ryukyuan	琉球方言
Ikema	Ikema	Ikema	池间方言
池間方言	池間方言	Ikema dialect	池间方言
喜界島方言	喜界島方言	Kikaijima dialect	喜界岛方言
韓国語	韓国語	Korean	韩国语

由汉字词确立术语后，术语数量减少，或许会造成术语内涵和外延的变化。例如，汉语的“方音”包括元音和辅音，“accent”可能更多指的是非音段成分。英语的“accent”对译为汉字词“方音”后，“accent”所指的“地域音调”或“地方口音”等具体含义会变得模糊。又例如日语的“解明”与汉语的“解析”有可能不完全对等，存在概念大小或搭配关系不同等区别。但是我们认为，如果过于强调术语的精确内涵和彼此的差异，会让使用者望而却步，术语无人用，传播不出去，影响力就会下降，不利于科研与交流。基于以上分析，我们建议在汉日术语对译的时候，回归汉字术语形式，采取分层整理的方式为汉日术语在学术研究领域打下基础。

（三）非国际学科级

第三级是非国际学科级术语，适用于汉语和日语的常用语。例如汉语的“口音、乡音、土话”等，可以不将其作为术语；日语的“统语、变种”等，可以不采纳为术语。

四、汉语音序术语对译

（一）语言学和语言教学术语

根据国语研网站资料进行的术语提取和翻译整理如表 2-39 所示。

表 2-39　汉日英语言学术语对照表

汉语	日语	网站英译
变化	動態の	Variation
变异	変種	Varieties
标注	役割分析	Labels and Frames
标注	アノテーション	Annotation
表达意图	発話意図	the Speaker's Intention
濒危方言	消滅危機方言	Endangered Dialects
濒危语言	消滅危機言語	Endangered Languages and Dialects
不同用法	使い分け	Proper Usage
参与结构	参与構造	Participation Framework
藏品数字化处理	デジタルアーカイブ	Digitized Glossed
策略	整備に関する	Provision
词	単語	Word
词汇	レキシコン	Lexicon
词汇	語彙	Vocabulary
词汇分布	語彙の分布	Distribution of Vocabulary
词汇功能语法	語彙関数	Lexical Function
词汇英语化	語彙の英語化	Influx of English Words
词首辅音簇	語頭子音連続	word-initial consonant clusters
词义变化	意味の変化	Semantic Drift of Words
词语的文体特征	語の文体値データ	Data for Word Stylistic Degree
长期	経年調査	Long-Term
从句连接	節連接	Clause-Linkage
存档	アーカイブ	Archiving
搭配	コロケーション	Collocation
大分方言	大分方言	Oita Dialects
大纲	シラバス	Syllabi
大规模	大規模	Large-Scale

续表

汉语	日语	网站英译
单个的词的表现	単語分散表現	Distributed Representations
地理解析	ジオパージング	Geoparsing
第一语言	第一言語	Children Learners
地域差	地域差	Regional Differences
电磁发音造影（EMA）	磁気センサ（EMA）	Electromagnetic Articulography
电子化	電子化	Digitizing
调查	調査	Survey
调查问卷	調査票	the Survey Questionnaire
定居外国人	定住外国人	Foreign Permanent Residents in Japan
定量的	数理	Quantitative
动词形成	動詞形成	Verb Formation
动向	動向	Changes
读解错误	読み誤る	Read Incorrectly
队列	コーホート	Cohort
对比语言学	対照言語学	Cross-linguistic Studies
对话语音材料	音声談話資料	Discourse Analysis
对要求表现同意	同意要求表現	Expectation of Hearer's Agreement
多文化共生社会	多文化共生社会	Sustainable Multicultural Society
多种声学指标	複数の音響指標	Multiple Acoustic Cues
俄语	ロシア語	Russian
儿童写作能力	児童の文章作成能力	Children's Writing Skill
二语习得	第二言語	Foreign Learners
发话行为	発話行為	Speech-Act
发声对比	有声性の対立	Voicing Contrast
发音过程	アルタイム	Articulatory Movements
发音过程	調音運動	Articulatory Movements
发音能力	音声生成能力	Speech Production

续表

汉语	日语	网站英译
发育障碍儿童	発達障害児	Difficulties in Children with Developmental
发展过程	定着過程	Process
反向	逆マッピング	(Acoustic-to-Articulatory) Inversion Research
方言话语模式	方言談話	Discourse Pattern
非语言信息	非言語情報	Nonlinguistic Information
费解术语	難解用語	Difficult Terms
分布表现	分散表現	Distributed Representations
分类词汇表	分類語彙表	Word List by Semantic Principles
分类指标	分類指標	Classification Indices
分析	解明	Analyze
分析	解明	Unravel
分析	解明	Exploring
风格变异	スタイル変異	Stylistic Variation
风格程度	文体値	Stylistic Degree
福利语言学	ウェルフェア・リングイスティクス	Welfare Linguistics
复合语义	複合的言語要素	Compositional Semantic Representation
复杂句子构造	複文構文	Complex Sentence Constructions
副语言	パラ言語	Paralinguistic
覆盖	網羅した	Cover
感谢表达	感謝表現	Gratitude Expression
个体声音变化	音声の個人内変化	Individual Sound Change
各地方言收集紧急调查	各地方言収集緊急調査	the Urgent Pan-Dialectal Data Collection Survey
跟踪	辿る	History
共同语语音	共通語音声	Standard Language Sounds
共享	共有化	Sharing

续表

汉语	日语	网站英译
共振峰	フォルマント	Formant
古代手写本	古写本	Ancient Manuscript Collections
古籍	書物学	Old Dictionaries
国家语言政策	国語施策の展開	Language Policy
过程	プロセス	the Processes
互动	相互行為	Interaction
话语行为	発話行為	Speech-Act
会话	会話	Conversations
活用	活用	The Use of
机器学习	機械学習	Machine-Learning
习得机制	習得メカニズム	mechanism
基本动词	基本動詞	Basic Verbs
基本概念的体系化	基本概念の体系化	Identifying Fundamental Concepts Involved
即兴口语	自然発話	Spontaneous Speech
计算	計算	Statistic
计算心理语言学	計算心理言語学	Computational Psycholinguistics
计算语言学	計算言語学	Computationally-Informed
记录	記録	create a record
假定	推定	Presuming
间接发话	間接発話理解	Comprehension of Indirect Utterances
建成	創成	Foundations
降低	低減	Lowering
交际	コミュニケーション	Communication
教材开发	教材の開発	the development of new teaching materials
接触方言学	接触方言学	Contact Dialectology
结构	構造化	Structured
结构化描述	構造化記述	Structured Description

续表

汉语	日语	网站英译
结构化数据	構造化データ	Structured Data
经济连携协定候选人	経済連携協定候補者	Economic Partnership Agreement，EPA，Candidates
精密分析	精密解読	Precise Investigation
敬语	敬語	Honorifics
敬语意识	敬語意識	Honorifics Attitudes
句法参数	司る生得的制約	Parametric Syntax
句法理论	統語理論	Syntax
句法分析	統語・意味解析	Parsed
句法解析语料库	解析コーパス	Parsed Corpus
句法信息	統語情報	Syntactic Information
句法依存	係り受け情報	Syntactic Dependencies
句首连接词	文頭における接続表現	sentence–initial connectives
句子构造	文章構造	Sentence Structures
开放语料库	オープンコーパス	Open Corpus
克里奥尔语	クレオール	Creoles
口腔形状	口腔形状	Oral Shape
方言口音词典	アクセント辞書	Accent Dictionary
口语	話し言葉	Spoken Language
跨代	世代的	Cross–generational
跨学科研究	学際的研究	Interdisciplinary Study
跨语言多样性	多様性	Crosslinguistic Variations
跨语言实验研究	通言語的実験研究	A Crosslinguistic Experimental Study
对比语言学	対照言語学	Cross–linguistic Studies
类型化	類型化	Typification
类型论	類型論	Typological
类型语言学	言語類型論	Typology

续表

汉语	日语	网站英译
历时	通時	Diachronic
历时语料库	縦断コーパス	Longitudinal Corpus
历时追踪	縦断	Longitudinal
历史发展	歴史的変化	Development
历史研究	歴史的研究	Historical Research
历史与现状	歴史と現状	The Past and Present
连浊	連濁	Rendaku
流行歌曲	今様	Imayo Songs
录音史料	歴史的音源	Historical Audio
旅游宣传资料	観光エフェメラ資料	Tourism Ephemera Materials
门户网站	ポータル	portal
名词搭配	名詞コロケーション	Noun Collocation
名词化	体言化	Nominalization
名词性谓语	体言締め文	The Mermaid Construction
模式	モーダル	Modal
母语日语或第二语言的人	母語あるいは第二言語とする者	Speakers of Japanese as a First or Second Language
拟声词	オノマトペ	Mimetic
拟声词	オノマトペ	Onomatopoeia
片假名字形	片仮名字形	Katakana Glyph
平板电脑终端	タブレット端末	Tablet Devices
评价	検証	Evaluation
欧文直译句	欧文脈	Contextualizing European Language-based
普遍性	普遍性	Universals
起色	向上が	Improvement
嵌入	埋め込み	Embeddings
嵌入上下文的词的表现	文脈依存単語埋め込み表現	Contextual Embeddings

续表

汉语	日语	网站英译
情报处理	情報処理過程	for Clarifying Online Information Processing
全词词义消歧义（WSD）系统	all-words WSD システム	All-Words word sense disambiguation（WSD）Systems
全国方言调查	全国方言調査	Field Research Project of Japanese Dialects
人工智能	人工知能	Artificial Intelligence
认知科学	認知科学	Artificial Intelligence
认知神经学	認知神経学	Cognitive Neuroscience
任务	タスク	Task
日常会话语料库	日常会話コーパス	a Large-scale Corpus of Everyday Japanese Conversation
日语描述	日本語記述	Describing Japanese
日语功能语集合	日本語機能語バンク	Japanese Function Expression Wordbank
日语和周边语言	日本列島と周辺諸言語	the Languages of the Japanese Archipelago and their Environs
日语教学	日本語教育	Teaching and Learning Japanese as a Second Language
日语母语习得	日本語獲得	Japanese First Language Acquisition
日语母语者	日本語母語話者	Native Speakers of Japanese
日语史研究	日本語史研究	Study of the History of the Japanese Language
日语文字符号	日本語表記	Japanese Orthography
日语习得难易度	日本語習得の難易度	the Difficulty of Japanese Acquisition Documented
日语语料库语言学	コーパス日本語学	Corpus Japanese Linguistics
上下文中学习	具体的な状況設定	Learning in Context
设计	設計	Design
社会调查史料	社会調査史料	Historical Documents of Social Surveys
社会语言类型学	言語変容類型論	Sociolinguistic Typology
社会语言学	社会言語科学	Sociolinguistics
生成句法理论	生成文法理論	Generative Perspectives

续表

汉语	日语	网站英译
生理指标	生理指標	Physiological Indices
声调	イントネーション	the Intonational Diversity
声学特征	音響特性	Acoustic Charactaristics
声学指标	音響指標	Acoustic Cues
识字率	よみかき	Literacy
实证	実証	Evidence
实证研究	実証的研究	Empirical Study
实证研究	実証研究	Investigation
使用统一单位的电子字典	UniDic	Electronic Dictionary with Uniformity and Identity
世代差	世代差	Generation Differences
世界语言地理学	海外言語地理学	World Geolinguistics
市井文学	洒落本	Share-bon
手册	ハンドブック	a Handbook
首都圈	首都圏	the Metropolitan Area
述语构造	述語構造	Predicates
数据	データ	Data
数字化手稿	デジタルアーカイブ	Digitized Glossed Manuscripts
数字取证	ディィジタルフォレンジクス	Digital Forensics
泰语	グイ語	泰语
探讨	アプローチ	Approaches
特征	特性	Characteristics
提案	提案	Proposal
替换词提案	言い換え提案	Paraphrase Proposal
田野调查	フィールドワーク	Fieldwork
听力理解	聞き取り	Listening Comprehension
听力理解困难	聞き取りの困難	Listening Comprehension Difficulties
停顿	ポーズ	Pause

续表

汉语	日语	网站英译
统计	統計	Statistics
统计力学	統計力学	Statistical Mechanics
统计指标	統計的指標	Statistical Analysis
透视	視点	Perspective
透视	着目した	Perspective
凸显认知	卓立認知	Prominence
文本	テキスト	Text
文本转语音技术	テキスト読み	Text-To-Speech Technology
文档	ドキュメンテーション	documentation
句末语调	文末音調	Sentence-ending Tones
文献和元语言	文献言語	Documents and Meta-languages
文献资料	文献資料	Literature Research
无生命主语	無生物主語	Inanimate Subject
希伯来语	ヘブライ語	Hebrew
语言习得	言語獲得	Acquisition
系词句	連結文	Copulative sentence
现代日语中的欧化语言	欧文脈の現代語文脈	Contextualizing European Language
显象时间	見かけ時間	Apparent-time
写作	ライティング	Writing
写作能力	文章作成能力	Writing Skill
写作生态	文字環境	the Ecology of Writing
新词新用法	新語・新用法	Ongoing Changes
新进展	新展開	New Developments
新起的	創発的	Emergent
形成过程	形成過程	Formation Processes
形态	形態的	Morphological
修饰语	形容詞節	Adnominal Clauses

续表

汉语	日语	网站英译
学习者辞书	学習者辞書	Learner Dictionaries
学习者语料库	学習者コーパス	Learners' Corpora
学习指导	学習指導法	pedagogical methods for teaching classical literature
训点资料	訓点資料	Kunten-Shiryo（Documents Written in Chinese with Marks for Rendering into Japanese）
训点资料	点本	Kunten Materials
岩波日语辞典	岩波国語辞典	IJD（Iwanami Japanese Dictionary）
验证	検証	Verification
疑问句	疑問文	Interrogatives
议会会议记录	議会会議録	Minutes of the Assemblies
异体字	異体字	Variants in Kanji，Hanzi，and Hanja
意义	意味	Meaning
音韵特征	音韻特性	Phonological Characteristics
隐含语义	語義の埋め込み表現	Word Sense Embeddings
应用	応用	Application
影响	影響	Effects
用法	用法	Usage
用日语符号标记汉字的图示	ヲコト点図	Wokototen-zu
有效性	有効性	Validity
句法	文法的	Syntactic
语法	文法	Grammar
句法	統語	Linguistic Research
语法化	文法化	Grammaticalization
句法理论	統語理論	Syntax
语境	文脈依存	Contextual
语境信息	文脈情報	Contextual Information

续表

汉语	日语	网站英译
语料库	コーパス	Corpus
语速	話速	Speech Rate
语言变化过程	言語変化	the Processes of Language Change
语言变异	言語変異・変化	LVC Study
语言处理	言語処理	Language Processing
语言地理学	言語地理学	Geolinguistics
语言地图	言語地図	Linguistic Maps
语言的多样性	言語の多様性	Linguistic Variations
语言的实态	言語の実態	The Current States in the Japanese Spoken
语言感知	音声知覚能力	Speech Perception
语言和教育的研究	言語と教育の研究	Research on Language and Education
语言接触	言語接触	Language Contact
语言社会调查	言語をめぐる社会調査	Social Surveys on Language
语言生活实态	言語生活の実態	the Reality of Language Life
语言信息	言語情報	Paralinguistic Information
语义	意味的	Semantic
语义	語義	Word Sense
语义角色	意味役割	Semantic Role
语义结构	意味範疇	Semantic Structure
语义演变	意味の変化	Semantic Drift of Words
语音	音声	Prosody
语音	音声	Sounds
语音	音声	Acoustic
语音感知能力	音声知覚能力	Speech Perception
语音韵律特征	音声の韻律的特徴	Prosodic Features
发音能力	音声生成能力	Speech Production
语用推理	語用論的推論	Pragmatic Inference

续表

汉语	日语	网站英译
语用学	語用論	Pragmatic
语障	言語的障壁	Linguistic Barriers
阅读歧义类型	読みの曖昧性の分類	Reading Ambiguity Type
阅读预期	読み推定	Reading Estimation
运动事件	空間移動表現	Motion Events
韵律特征	韻律的特徵	Prosodic Features
韵律特征的作用	韻律機能	the Role of Prosodic Features
再利用	再活用した	Reutilizing
在线	オンライン	Online
真实时间	実時間	Real-time
整合	統合	Integrating
指标性	指標性	Indexicality
指示	ダイクシス	Deixis
制成与发布	作成及び公開	Creation and Publication
制定	策定	Development
智能录音档案修复	AI 音声復元技術	AI-based Speech Restoration System
制约	制限	Constraints
终生	生涯変化	Lifespan
助词	助詞	Bound Form
助动词	助動詞	auxiliary verb
综合研究	総合的研究	General Research
综合研究	総合的研究	Comprehensive Research
组合	コロケーション	Collocations
组合表示	合成的意味記述	Compositional Representation
作者署名系统	著者識別	Authorship Attribution System

（二）其他学科术语

在国语研网站的资料中有些术语不是语言学专属的，如表 2-40 所示。

表 2-40　汉日英语言学相关的其他学科术语

汉语	日语	网站英译
百科	事典	Encyclopedia
保存	調査・保存	Conservation
比较历史的研究	比較歴史的研究	Historical/Comparative Research
比较认知神经学	比較認知神経科学	Cognitive Neuroscience of Linguistic Variation
超语言	パラ	Paralinguistic
冲击	インパクト	Impact
和歌	和歌	Waka Poems
护理人员	介護福祉士	Care Workers

有些是学术写作的常用语，如表 2-41 所示。

表 2-41　汉日英学术写作常用语

汉语	日语	网站英译
60 年间的变化	60 年間の変化	Changes over the Last 60 Years
战前战后	戦前と戦後	the Initial Project
伴随	ともなう	in
笔记	ノート	Notes
大纲	シラバス	Syllabi
多角度	多角的	Multiple
多角度	多角的	Multiple Perspectives
多角度探讨	多角的	Multiple Approaches
多角度研究	多角的研究	A Multifaceted Study
多样的设置	多様な様式	Diverse Styles and Settings
访谈记录	調査員記録簿	Visit Record
关于	ついて	Regarding

续表

汉语	日语	网站英译
过程	プロセス	Processes
基础研究	基礎研究	Basic Research
基于	関する	Based on
解析	解明	Clarifying
用来	資する	Using
在	おける	in
有关	めぐる	on

如上表所示，日语中原本存在许多汉字词，有助于汉日术语交流和对译。我们希望通过设置不同情况的术语管理——国际通用的术语、汉语日语习惯性术语以及民间日常用语，来明确各种术语的形式和意义，处理各种术语的汉英日对译。尽量少用音译，多用中日两国都能认可的汉字词术语。这样做有助于减少术语并立，有助于明晰术语的意义，从而扩大术语在国际交流中的影响力。中日两国学者需要讨论是否共同确立术语的汉字词形式，前提是相互尊重，了解彼此的研究手法，为进一步展开术语交流筑好基础。

中国术语学跟西方术语学有不同的渊源和传统。今天，中国术语学建设与国际接轨已成为重大课题，这个课题应该包括西语术语汉化和中国术语外译两大部分，二者相辅相成。从索绪尔的结构主义语言学到乔姆斯基的生成转换语言学，语言学和语言教学研究的术语都以英语研究为主导。印欧语的研究术语，往往存在与汉语难以对应的问题，目前不少术语的汉语对译，存在望文生义、晦涩难懂或者产生误解的问题。对我们来说，“原汁原味”地理解、把握语言学和语言教学研究的英语术语是一回事，使用准确明白的汉化术语表述自己的教学和研究是另一回事，两者并不矛盾，也不能以前者取代后者。

中国人对汉语的认识和研究，以及汉语“对内”和“对外”的教学，都有悠久的历史和丰富的经验，其中结合汉语实际的自源术语，应该受到海内外学者的充分关注。在跨文化交流中，术语翻译以及传播必定是双向 / 多向的，不仅有外来术语的翻译、定型和接受，同时还有中华思想文化术语的外译和推广。2014 年我国开始的“中华思想文化术语传播工程”，已经进行了 900 个术语的 30 个语种的翻译工作（韩震 2020），部分术语征求学界的意见和建议。

汉英—英汉术语对译的参照点可以是日英对译。随着国际中文教育工作的迅猛发展，国别化研究日益深化，日本的相关研究值得我们重视。由于日语书面语中保留着汉字，在汉英日对译中，汉字是否可以发挥“正迁移”作用，推进学术交流的广度和深度，需要我们试着去回答这个问题。

（三）汉日语言学术语整理和发布

如前所述，语言学研究国际化程度比较高，很多在读的硕士生和博士生都可以阅读英文文献。与此同时，汉语研究成果需要与国外语言学接轨，需要传达中国声音，需要与国外学者深度交流，因此急切需要语言学术语的准确对译。上文中我们参考使用了德国哈杜默德·布斯曼著的《语言学词典》和英国戴维·克里斯特尔编的《现代语言学词典》，这是以往语言学术语含义确认的通常做法。

2001 年开始全国科学技术名词审定委员会组织成立语言学名词审定委员会，编写的《语言学名词》于 2011 年公布，由商务印书馆出版。实际上我国在 1909 年就成立了科学名词编订馆，1950 年政务院设立学术名词统一工作委员会，1985 年成立全国科技名词委。《语言学名词》中有钱三强于 1992 年撰写的序言、卢嘉锡于 2000 年撰写的序言和路甬祥于 2004 年撰写的序言，体现了中国几代科学家对名词术语工作的重视。

全国科学技术名词审定委员会负责各个学科的术语规范工作，官网显示其机构分为职能部门（包括计划财务处和综合业务处）、虚拟单元（创新实验室）和业务部门，如图 2-17 所示：

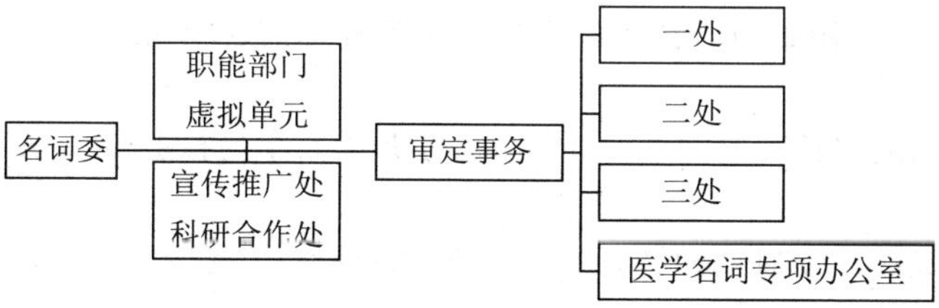

图 2-17　名词委架构

《语言学名词》体现着中国语言学学者的汉语研究成果。《语言学名词》分支学科大致参考《中国大百科全书——语言文字卷》的分类，但缺少“世界诸语言”“心理语言学”等分支，而增加了“辞书学”“计算语言学”等分支，实际完成了13个分支，体现了朝向汉语研究成果的调整。王春辉《〈语言学名词（2011）〉述评——兼谈语言学名词的规范》[①]、王琪《〈语言学名词〉中定义的类型和特点》、杨铭辰等《〈语言学名词（2011）〉辨析》[②]等文章，体现了对语言学术语的研究。

2021年7月24日《中国大百科全书（第三版）》网络版发布，是辞书研究成果传播的体现。国家语言文字工作委员会在规范制定和发布上也发挥了重要作用。中国语言文字网显示，教育部语言文字应用研究所由研究、教育和标准认证三大部分组成，如下图所示：

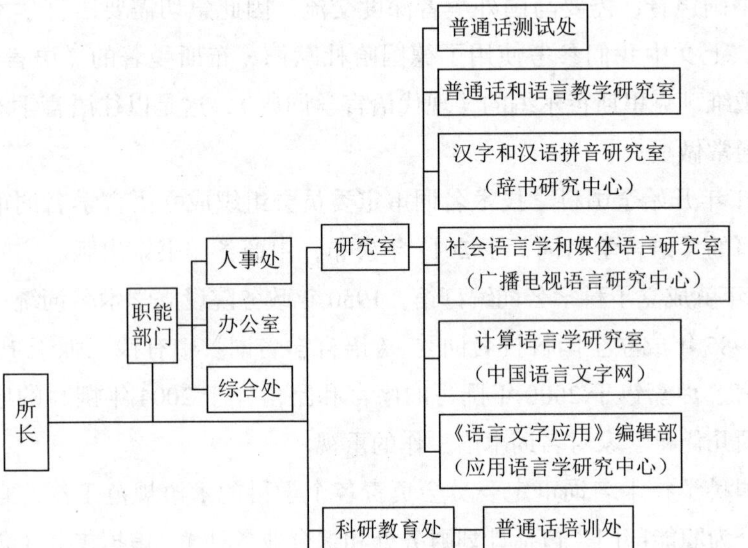

图2-18　教育部语言文字应用研究所架构示意图

除了专项的汉语本体研究，语用所的研究工作与社会语文关系密切，“语

① 王春辉.《语言学名词（2011）》述评——兼谈语言学名词的规范［J］.中国科技术语，2013（015）006：55-58.

② 杨铭辰，杨福义.《语言学名词（2011）》辨析［J］.交叉科学快报，2022，6（3）：55-61.

言教学研究室”跟国际中文教育关系比较密切。上图中没有显示汉语教学研究部门，实际上汉语水平考试、教材研究等都以规范的认证为基础。语用所的计算语言学研究室承担了中国语言文字网的工作，建成了基于大数据的语料库，在此基础上有望形成更加强大的链接。

根据我们查找的资料，国语研尚未进行多语种语言学术语翻译。日本中国语学会前身是仓石武四郎于 1946 年主创的“中国语学研究会”，1978 年改名为“日本中国语学会”。日本中国语学研究会于 1957 年编写出版了《中国语学事典》（江南书院），于1969年编写出版了《中国语学新辞典》（光生馆），于 2022 年出版最新版《中国语学事典》（岩波书店）。我们期待这部辞书的研究成果能够借助网络传播。

2009 年学苑出版社出版徐一平、樵燕主编的《日汉英语言学术语对照词典》，其中有按照日语五十音图顺序排列的日汉英对照部分，和按照汉语拼音字母顺序排列的汉日对照。但愿这类辞书可以借助网络技术传播，并增加按照英文字母排序的检索方式。

综上所述，语言学名词术语审定在很大程度上依赖语言文字的研究，包括外来语、语言政策、语言规划等问题的研究成果，同时又是语言学跨国界跨文化交流所急需的。而第二语言习得等领域的研究是语言研究的后起之秀，其名词术语正在经历着“月新年异”的发展变化。我们期待全国科技名词委、国家语委等机构关注和介入二语教学理论术语的规范问题。

第三章　社会转化之一：开放数据资源

这一章主要介绍日本国语研成果的功能转化——开放数据资源。重视资料积累、向社会提供资料服务是日本学术研究传统，国语研早期的语言调查卡片存储、期刊管理等都是后来的数字化资源建设的基础。国语研图书馆在技术支持下已经与全球各大学图书馆实现资源共享，国语研的每个项目都有自己的网站，还建有语言数字博物馆。国语研网络资源与日本教学机构、博物馆等科普网站也已经全面链接。

第一节　学术传统和研究手法

第一章我们介绍了日本国语研的历史沿革和主要研究工作。研究工作重视数据调查，而研究成果作为数据资源向社会开放，是国语研以及日语学界的特点。日本国家人文研究院（英文名：National Institutes for the Humanities，NIHU）有 6 个二级单位，国语研是其中之一，其他 5 个是：日本国立历史民俗博物馆、日本文学研究资料馆、国际日本文化研究中心、综合地球环境学研究所、日本国立民族学博物馆。日本国家人文研究院总部设两大部门，一是综合人间文化研究推进中心，组织开展各种各样的社会活动，二是综合情报和传播中心，负责科研工作的后备资源整合。日本国家人文研究院的各个二级单位共同利用合作研究的博物馆和资料馆，推进研究资源共享。迄今已有 147 个数据库，加上日本国立国会图书馆的 11 个数据库链接，还有京都大学东南亚研究中心加盟，形成集成搜索系统。2018 年日本国家人文研究院已经开始着手国际链接，扩大搜索功能。各个资源库形成超链接体系（NIHU Integrated

Retrieval System）。日本国家人文研究院网站提供资源时间分析工具 GT-Map/Time，下载网址是：https://www.chikyu.ac.jp/nihudb/gt-tools/。这些软件可以免费使用。其中 GT-Map 用于空间分析，GT-Time 用于时间分析。

日本国家人文研究院还有特殊专业网站：https://int.nihu.jp/ndp/。该网站主要涵盖以下内容：

一是绳文时期中期村庄遗迹信息数据库，以及相关研究报告和论文数据库；

二是绳文定居研究书目清单、研究项目清单；

三是明治时代末期的行政区划（基于日本帝国陆军总参谋部帝国土地测量司于 1887 年创建的地理调查所的数字地图）。

日本语言研究自明治时代就有"情报"收集的传统。1888 年黑田多久马倡议成立了语言调查所，后解散。1902 年日本文部省成立日本国语调查委员会，1913 废止。1914 年成立的日本国语审议会，负责对罗马字进行调查审议并向政府提出建议（1949 年又成立了新审议会）。1947 年日本国语审议会建议成立大型日语调查机关，民间团体"国民国语运动联盟"也提出这一请求。1948 年日本政府确定实施方针，文部省在 6 月召开了创设筹备委员会，8 月召开了创设委员会，11 月拟定法案，11 月 21 日法案获得通过并生效。1948 年 12 月 20 日，日本政府发布 254 号法案"国立国语研究所设置法"，其中第一条第一款规定了国语研的设置目的：

> 对国语及有关的国民语言生活问题进行科学调查研究，为国语健康发展打下坚实基础。

国语研从 1951 年到 1988 年主编的杂志是《语言生活》，说明国语研不是以文言古籍为国语学、语言学的研究重点，而是以语言在实际生活中的作用为重点。2017 年就任的现任所长田洼行则在网站首页的致辞中说：

> 国家语言研究所的使命是进行日语的原创研究，与各个大学共享成果。除了从理论和一般语言学角度研究日语之外，还要丰富日语数据库，包括古代语言、现代语言和方言，创建日语教材、资料库，调查、记录、保存和维护危机语言和危机方言，与海外机构合作建立研究资源库，适应现代网络社会和传播方式，把个人、机构研究成果永久地存留。国语研所做的这些基础型科研工作，希望能为后来者提供持续数十年甚至数百年的便利。

从国语研过去的成就和对未来的展望，我们可以看到，作为日本国家语言研究所，应日语教学所需要，国语研把观测日语发展变化作为首要任务，强调主要工作是及时调查和反映日语的最新信息，研究日语在实际使用中的真实变化，准确掌握日语现状，获取科学研究数据，以便提出及时解决语言政策问题。

同时，采用计量方法进行研究，跟国语研创始阶段就开始的调查研究相关。1976 年林大先生主持的研究所专门设立计算语言研究部。当时国语研采用测量统计学方法，调查了 2 种妇女杂志、13 种综合性杂志、90 种杂志、3 种日报，制作 300 万个词汇卡。报纸调查采用的是计算机处理方式。在日本人文社会科学研究机关中国语研是最早引进计算机技术的单位。

国语研项目中计算机技术支持的研究内容主要有：

第一，基于计算机处理的语言基础研究。

该研究包括日语分词、自动检索、各种文体研究。例如“关于日语和日语问题情报的搜集和整理”，每年编辑出版《国语年鉴》，汇总日本国内刊行的图书、杂志、报纸等资料，分门别类做成卡片，也包括对外国文献的调查和概述。国语研受日本经济产业部委托，联合日本信息处理学会和日本标准协会，进行“电子政务”所要求的字符信息处理研究。从 2006 年到 2008 年实现政务需要的“注册统一信件”信息登录。

第二，日语教学相关的大规模调查。

从 2000 年到 2005 年，开展了“日语学习环境和教学方法的调查研究”，2006 年 4 月到 2011 年 3 月进行了日语交际能力的各项组成和测试的先行研究，列出外国人在日本的日语交际场景、其他国家日语交际场景、日语学习项目和各个阶段目标，等等。日语水平测试主要测试外国人在日本生活和工作的适应程度，在听说读写几项技能中重视写作能力的考查。对外日语教学为测试提供服务，由日语教育机构开发、安排学习内容和创建课程。国语研还收集整理其他国家语言教学政策有关交际能力的标准，对其他国家日语教育机构的条件、日语在各个国家和地区的社会定位、学习者特征、母语正迁移和负迁移，以及日语教师对教学、对日语能力的看法等展开调查，力图沟通教学双方，建立协作系统，提供必要的支持，促进日语教育的发展。

第三，外来词审定工作。

报纸、杂志、电视用语以及公共事务用语中，最“省事”的办法是直接使用片假名拼写（英文）单词。有人觉得外来词能描述社会上出现的新事物，尤其是使用英语简写非常方便，甚至提出用外来词替代日语的想法。但是也有人觉得外来词很难被理解和接受。这些意见中哪种意见更普遍？外来词及其缩写哪些比较方便，哪些难以理解？国语研希望通过调查，为外来词（拼写）定型、释义等语言规划问题提供科学数据。对外来词进行实时、连续调查，包括“意识调查”和“实际调查”两种。“意识调查”是从各个方面探讨人们对语言意识的调查，“实际调查”是了解日本人在各种媒体中的语言运用的实际情况。从 2002 年 11 月到 2004 年 8 月，抽选 750 人进行访谈，调查他们对 120 个外来词的理解程度，再抽查 2111 人对 295 个外来词的理解程度。通过统计民众对这 415 个外来词的“理解率”，考察民众的接受程度，从而提出“外来词”释义提案。2003 年国语研实施“公文行政用语传达便捷措辞意识调查”，针对日本 680 个行政信息发送者的地方政府负责人和工作人员，调查和研究易于理解的语言与居民沟通的想法，寻找、积累、提供与居民顺利沟通的措辞，对行政术语规范化提出科学数据，敦促相关部门实现用语规范，让不同地区居民能够平等分享必要的行政信息。2004 年国语研实施日本“全国外来词意识调查”，针对日本 15 岁以上的 4500 名男性和女性调查他们对“外来词”的看法，询问选择单词类型的原因，并与针对公务员的调查进行对比。

第四，易懂医院术语审定。

去医院看病也会遇到不少外来词，虽然医疗护理机构秉承“患者就是上帝”的理念，但是患者听懂医务人员的解释并不容易。国语研设立“医院语言”委员会，调查“医院语言”中难以理解的用语含义，弄清存在沟通障碍的原因。这项研究确立了 57 个概念，提供易于理解的方式，供医务人员参考使用。

第五，方言调查和研究。

日本国土面积不大，现在交通发达，方言差异不大，但是国语研项目中有关方言和语言多样化的研究非常多，包括对北海道土著人语言、海外日本人后代语言的文献整理和语汇收集等研究工作。由于标准语快速的推广致使地方方言逐渐消失，“各地方言资料的收集及方言书面化的研究”专题以现场录音方式及用标准语转译方言的方式，加速进行方言原型的保存工作，以利于日语史的研究。这项研究是同各地大学合作开展的。

第六，古籍整理和研究。

对于从古事记时代，到平安、镰仓、室町时期，再到江户时代、明治时代的语言资料进行数据化研究。

第七，语言政策研究。

在语言政策研究方面，国语研以学术见长，不直接参与课堂教学、考试等，基本不强调“政府行为”等，主要通过公开讲座、资源开放等形式向日本民众介绍相关知识，让“语言政策”渐渐深入人心。

国语研有关数据开放的产权保护文件有：

《方针和实施要领》，包括国语研资源开放获取政策和国语研开放获取实施要领；

《数据利用政策以及解说》，包括国语研研究数据管理、留存和使用政策和国语研数据管理、留存和使用政策解释；

《学术情报使用说明》，包括国语研学术信息使用指南。

第二节　日本国语研数字化资源一览

一、资料室管理

日本国语研资料室曾隶属情报传播中心，后来逐步实现电子化，整合至数据资源之中。资料室中多是国语研“自有产品”，存储由国语研收集和创建的用于研究项目的资料，例如卡片、调查表、制图、记录、录音带、缩微胶片、磁带、软盘、光盘等。资料室的资料向公众开放，需要调阅的读者要在至少一周前通过电子邮件与“日本国立语言学会”代表联系预约，然后到馆查阅。资料不外借，可以在资料室复印。本所的研究员（包括名誉教授和名誉职员）、研究所以外的从事研究和教学的人员也按照版权保护条例使用这些资料。如果用于商业目的，要经过国语研的审议。

（一）研究资料存储

读者首先在国语研网站查看资料内容编号。

（1）资料群一览，有 270 项资料的名称、概要、目录编号。

（2）卡片保存箱目录，是卡片的保存箱的编号。

（3）音像文件目录，是录音录像文件的资料编号。

（4）研究项目一览，是研究项目顺序的编号。

资料室的资料列表、保存箱目录、录音录像文件目录、期刊列表、电影剧本列表、地形地势图列表都在实时更新之中。

资料室是国语研中央档案室、中央媒体档案室和卡片档案室。中央资料库分 4 个检索单：现刊目录、电影目录、地形图地势图目录、语言地图草图草稿目录。2022 年国语研编制了 Excel 格式的目录，方便读者下载（见图 3-1 和图 3-2）。

（二）本所刊行物

1.《年报》和《要览》

国语研自成立到 2011 年每年都编制《年报》。最后一期《年报》有时任所长对新加入人文研究学院的国语研工作的全面回顾和总结。2010 年开始，国语研每年编辑《要览》，作为一年工作成就的要点回顾（见图 3-1 和图 3-2）。

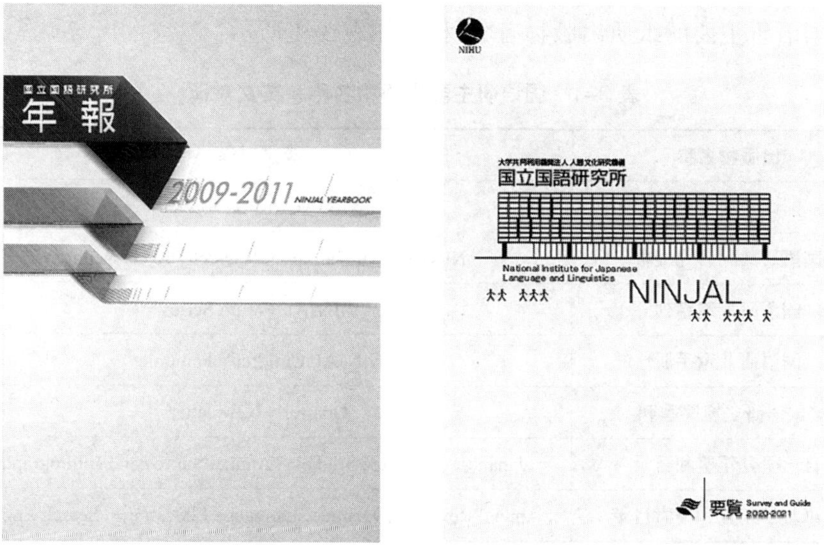

图 3-1　《年报》和《要览》封面

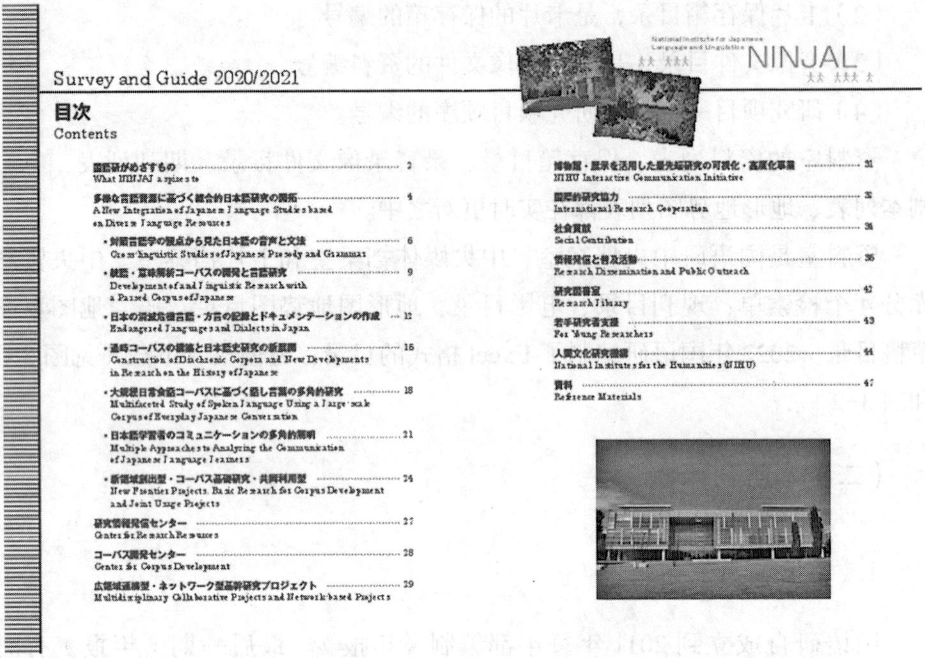

Survey and Guide 2020/2021

National Institute for Japanese Language and Linguistics NINJAL

目次
Contents

图 3-2　2020 到 2021 年的《要览》目录

2. 纸质出版物

国语研主要的纸质出版物有 20 种，如表 3-1 所示：

表 3-1　国语研主要出版物名称和英文对译

出版物名称	英文对译
国语研项目概览	NINJAL Project Review
国语研共同研究报告	NINJAL Collaborative Research Project Reports
国语研论坛系列	NINJAL Forum Series
国语研儿童手册	NINJAL Children's Pamphlet
“国语研之窗”季刊	Quarterly Newsletter
日语研究年鉴和目录	Japanese Language Studies：Annual Survey and Bibliography
日语教学年鉴和搜索目录	Annual Review of Japanese Language Education—Search Engine
新话语系列年报	Shin Kotoba Series（New Kotoba Annual）

续表

出版物名称	英文对译
话语录像系列	Kotoba Video Series
日语语言学	Japanese Linguistics
日语教学手册	Japanese Language Education Booklet
日语教学通讯	Journal of Japanese Language Education
国语研研究报告	NINJAL Reports
日本语言学地图	Linguistic Atlas of Japan
日语方言语法地图册	Grammar Atlas of Japanese Dialects
日语方言会话录音带文本	Texts of Tape-Recorded Conversations in Japanese Dialects
方言录音资料系列	Dialect Recordings Series
日本全国方言会话数据库	Japanese Dialect Database
语义分类词汇表增补改订版	Word List by Semantic Principles，Revised and Enlarged Edition
东北部方言拟声词用例集	Usage Examples of Mimetic Vocabulary in Tohoku Dialects（Onomatopoeia）

3. 电子论文集

电子论文集《国立国语研究所论文集》（见图 3-3）每年编辑出版两次。出版时间如表 3-2 所示。

图 3-3 《国立国语研究所论文集》封面

表 3-2 《国立国语研究所论文集》出版时间和编号

出版时间	编号
2011.5	第 1 号
2011.11	第 2 号
2012.5	第 3 号
2012.11	第 4 号
2013.5	第 5 号
2013.11	第 6 号
2014.5	第 7 号
2014.11	第 8 号
2015.7	第 9 号
2016.1	第 10 号
2016.7	第 11 号
2017.1	第 12 号
2017.7	第 13 号
2018.1	第 14 号
2018.7	第 15 号
2018.10	第 16 号
2019.7	第 17 号
2020.1	第 18 号
2020.7	第 19 号
2021.1	第 20 号

4. 电子英文期刊

电子英文期刊《日语研究英文手册》，如图 3-4 所示。

图 3–4 《日语研究英文手册》封面

二、图书馆链接

国语研图书馆是日本唯一的语言学专业图书馆，收集和保存有关日语研究、语言学、日语教学及相关领域的文献资料。除了周末、国家法定节假日和夏季的 3 天暑假、冬季的圣诞新年连休之外，图书馆每天在 9:30 到 17:00 正常开放，每月一次（每月最后一个周五）馆内整理。根据网站的公开数据，国语研拥有日语图书 124,029 本，其他语种图书 32,240 本，共有 156,269 本；拥有日语期刊 5381 种，其他语种期刊 525 种，共有 5906 种。此外还有视听资料等 7502 件。

国语研名誉教授、名誉职员、访问教授、研究员、公开招募型研究采用者等，可以获得门卡，自助利用图书馆。其他人初次使用时要填写表格登记。书刊可以浏览和复制，但不外借。如果在网上预约，工作人员会提前取出书刊，放在前台。阅览室资料可以自由浏览。封闭式书库中的资料，除了一些微型材料、视听材料等受到特殊保护的资料，都可以填写借阅单，工作人员可以外借。需要复印的内容可以填写复印申请表，然后用投币式复印机复印。国语研主页介绍了图书馆的预约、查询等功能。

（一）藏书检索系统以及链接

藏书检索系统包括国语研藏书目录、合作书店纪伊国书屋的在线网站链接以及合作的国外图书馆网站链接（见表 3–3）。

表 3–3　合作的国外图书馆网站链接

原名	汉语名
Cambridge University Press	英国剑桥大学出版社
De Gruyter Mouton	德国德古意特出版社
John Benjamins	荷兰约翰·本杰明出版社
Oxford Scholarship Online	英国牛津学者在线
Oxford Reference Library	英国牛津参考资料
Oxford Handbooks of Online	英国牛津手册在线
Routledge	英国劳特里奇出版社
Springer	德国施普林格出版社
University Press Scholarship Online	英国牛津大学出版社学术在线
Wiley	美国维力出版公司

（二）合作机构链接

日本国内科研机构图书馆资料室链接的机构主要有 7 家，如表 3–4 所示。

表 3–4　合作机构图书资料

<table>
<tr><th>机构名</th><th>下属机构名</th><th>英文名</th><th>汉语名</th></tr>
<tr><td rowspan="6">国立情报学研究所</td><td>CiNii Books</td><td>CiNii Books</td><td>国立情报所书籍</td></tr>
<tr><td>Webcat Plus</td><td>Webcat Plus（Japanese only）</td><td>国立情报所网络资源</td></tr>
<tr><td>CiNii Articles</td><td>CiNii Articles</td><td>国立情报所期刊论文</td></tr>
<tr><td>科学研究費助成事業データベース KAKEN</td><td>Database of Grants-in-Aid for Scientific Research</td><td>科研专项资助数据库</td></tr>
<tr><td>学術機関リポジトリデータベース IRDB</td><td>Institutional Repositories DataBase</td><td>学术机构存储数据库</td></tr>
<tr><td>電子リソースリポジトリ（NII-REO）</td><td>Repository of Electronic Journals and Online Publications</td><td>电子资源存储</td></tr>
<tr><td colspan="2">国立国会図書館</td><td>National Diet Library，Japan</td><td>国家图书馆</td></tr>
</table>

续表

机构名	下属机构名	英文名	汉语名
東京都立図書館		Tokyo Metropolitan Library	东京市立图书馆
人間文化研究機構統合検索システム nihuINT		nihu Integrated Retrieval System (nihuINT)	国家人文研究院综合检索系统
国文学研究資料館		National Institute of Japanese Literature	日本文学研究资料馆
国際交流基金ライブラリー		The Japan Foundation Library	国际交流基金图书馆
一橋大学附属図書館		Hitotsubashi University Library	一桥大学图书馆

CiNii 是 Citation Information by National Institute of Informatics 的简称。

（三）数据库以及链接

国语研数据库的项目主要有三个:（1）日语研究和教学文献数据，英文名 Bibliographic Database of Japanese Language Research;（2）国语研所藏日语史研究资料，英文名 Collection of the Research Library for Study of the Japanese Language History（Japanese only）;（3）国语研学术情报收藏，英文名 Academic Repository of the National Institute for Japanese Language and Linguistics（Japanese only），是国语研研究情报中心前身。

国语研所内专用机构链接有 8 种，如表 3-5 所示：

表 3-5 日本国语研所内专用机构链接

链接原名	汉语名
Linguistics Abstracts Online	语言学摘要在线
ProQuest-Linguistics and Language Behavior Abstracts [LLBA]	语言学和语言行为研究摘要
Oxford Bibliographies	牛津百科
Oxford Research Encyclopedias	牛津书目（语言学专业）在线文献指南
De Gruyter-Treasury of Linguistic Maps Online	语言学地图库
De Gruyter-Enhanced Electronic Grammars Online	文法在线
小学館ジャパンナレッジ Lib	日本小学馆（出版社）日本知识图书馆
Cognitive Linguistics Bibliography	认知语言学目录

重视科技情报是日本学术研究的传统。体现到2022年国语研的两个中心的建设，就是以完善扩充数据以及数据利用来代替“科研创新”，既是“守业”也是求实。

三、数据资源

2022年改版后日本国语研网站链接的数据库共109项。从数据形式看分为11种：语料库、语言地图、辞书、工具、目录、论文、教材、文本数据、语音数据、图片数据、视频数据。从研究内容看分为11种：现代日语、日语历史、方言、琉球语、阿依努语、日语教学、语音和音韵、词汇和意义、语法、文字和符号标记、文章和语体、会话、表达、对比研究。

数据资源网站的链接，比起国语研网站来说覆盖面更加广，可以说是一个让资料活动起来的大型机器。

学术情报收藏站是国语研官网的超完整版，可以说是图书馆资料室资料的数据化整合。2022年调整架构后，原“学术情报收藏站”更名为“语言资源开发中心”，原网站仍然保留，方便已经熟悉旧版网站检索方式的读者查询。

新网站有更加强大的链接功能、搜索功能和PDF版资料调取功能。除了技术升级换代，新网站也继承了语料库开发中心的研究资源，为语言资源的基础研究、开发和联合研究项目提供语言资源相关研究的技术支持。内部链接有国语研官网、国语研藏书资料（并链接海外各个国家图书馆和大学图书馆）、国语研研究资料（建所以来历年项目、卡片、录音带等），日语研究和日语教学研究文献专列一栏。外部链接有国语研上属和同级的其他几个机构链接，有CiNii文献检索和开放获取知识联盟，有学术机关数据库，还有其他科研机构一览。109项数字化资源中有68项可以下载，占比60%以上。国语研使用开放数据对日语进行各种协作和实证科学研究。

国语研的数据资源平台专辟网站http://pj.ninjal.ac.jp/corpus_center/，内容十分充实。2021年10月改版的国语研官网，语料库标注和直接科研投入比重加大，专门的语料库网站已经更新换代。

原“研究信息传播中心”更名为“联合使用促进中心”，更强调研究信息传播的功能，增加接收和发布研究资源（语料库等）的运用。国语研似乎进一步强化了已经提出的目标，就是建立人文开放数据科学，将现场调查和实验等数据作为开放数据发布，并使用开放数据进行研究。

数据库总表如表 3-6 所示：

表 3-6　日本国语研数据库总表

数据库名称	描述	英文名	形式分类	内容分类
全国语言使用和语言意识调查数据	2009 年对 73 个地点的 925 名 20—79 岁男性和女性进行的调查。	Data from a National Survey of Language Usage and Language Awareness	文本数据	现代日语
全国范围的有关日语语言能力观的调查	2006 年进行调查，了解日本人对“日语能力”的态度。	A National Attitudinal Survey on the Japanese Proficiency	文本数据	现代日语
学校中敬语使用调查问卷数据	1989 年至 1990 年对初中和高中学生进行的敬语使用和认识的问卷调查数据。共有来自东京的 2456 名初中生和山形的 339 名初中生，以及来自东京的 2222 名高中生和来自大阪的 1004 名高中生参加了调查。	“Honorifics in Japanese Schools”: Results from Questionnaires	现代日语 文本数据	现代日语 态度表达
日本保护濒危语言 / 方言数据库	日本濒危语言 / 方言的录音，奄美、冲绳和八丈等地单词发音和自然对话。有转录的文本和标准日语的对译。	Database of endangered languages/dialects in Japan	辞书词典 文本数据 语音数据 视频影像数据	琉球方言 语音 词汇 / 语义 语法 会话 / 谈话
医院用语相关调查	这项调查希望提供可以选择的表达方式，向医务人员提供便于理解的“医院交际用语”，提示容易出现障碍的问题以及改进方法。	A Survey on the Medical Communications	文本数据	现代日语 词汇 / 语义
词汇研究文献分类目录和数据	把佐藤喜代治编的《语汇研究文献语别目录》（明治书院 1983 年）数据化。	Text Data of “Goi kenkyu bunken gobetsu mokuroku”	文献·资料目录 教材 文本数据	词汇 / 语义
幼儿 / 儿童联想词汇表数据	1981 年国语研出版《儿童词汇表》，包括“幼儿和儿童联想词汇表”“所有关联词汇调查表”和“头音关联词汇调查表”，全部数据化。	Electric Data of Association Word Lists of Children	文本数据	现代日语 词汇 / 语义

续表

数据库名称	描述	英文名	形式分类	内容分类
全国方言语法地图绘图	《日语方言语法地图集》显示了日本各地语法现象的地理分布概况，共 350 张图像。	Grammar Atlas of Japanese Dialects	语言地图 图片数据	方言 语法
方言谈话资料数据	1978—1987 年出版的《日语方言录音对话文本》(共 10 卷)的录音音频文件。	Datasets of "Texts of Tape-Recorded Conversations in Japanese Dialects"	文本数据 语音数据	方言 会话 / 谈话
方言录音资料系列	1978—1987 年出版的《方言录音系列》(共 15 卷)的录音音频文件。	Datasets of "Dialect Recordings Series"	文本数据 语音数据	方言 会话 / 谈话
日本语言地图绘图	《日本语言 / 方言地图集》展示日本方言的单词和发音的地理分布。包含共 300 张图像，以 PDF 格式提供。	Linguistic Atlas of Japan	语言地图 图片数据	方言 词汇 / 语义
面向日语教学的基本词汇调查数据	1984 年出版《日语学习者基本词汇研究》的电子数据。	Electric Data of Research on Basic Vocabulary for Learners of Japanese	文本数据	日语教学 词汇 / 语义
现代日语书面语平衡语料库	该平台有 1.043 亿字，涵盖一般书籍和杂志、报纸、商业报告、博客、互联网论坛、教科书和法律文件等。有语篇语法标注。在线向公众提供 DVD 压缩版。	The Balanced Corpus of Contemporary Written Japanese (BCCWJ)	语料库 工具	现代日语 日语教学 词汇 / 语义 文字
日语母语儿童语言生成发展句法解析语料库	标注和解析儿童语言发展时间轴，可以观测个体习得行为的非常具体的信息。通过交互式时间轴中介界面检索不同年龄儿童语言的形态句法，发现儿童日语习得的形态句法发展模式。	NPCMJ Child Language Development Timeline	语料库 工具 文本数据	现代日语 词汇 / 语义 语法
UniDic	UniDic 是国语研统一语言单元(最小单位)、基于分层单位结构的电子词典。UniDic 将从数据库导出的最小单位当作形态素字典中的条目，因此使用 UniDic 进行词素分析也被称为"最小单位自动分析"。	UniDic	辞书词典 工具	词汇 / 语义

续表

数据库名称	描述	英文名	形式分类	内容分类
基于网络数据的“サ”变动词用例数据库（开发版）	基于网络数据提供“サ”变动词的用例，收集了每个条目词的多个示例，防止收集到的示例出现偏差。	Databases of Japanese Examples Extracted from Web Corpora（Sahen verbs）	辞书词典	
基于网络数据的形容词用例数据库（开发版）	基于网络数据提供形容词的用例，收集了每个条目词的多个示例，防止收集到的示例出现偏差。	Databases of Japanese Examples Extracted from Web Corpora（Adjectives）	辞书词典	
基于网络数据的复合动词用例数据库（开发版）	基于网络数据提供复合动词的用例，收集了每个条目词的多个示例，防止收集到的示例出现偏差。	Databases of Japanese Examples Extracted from Web Corpora（Japanese compound verbs）	辞书词典	
形态素解析工具	使用 UniDic 字典技术，执行形态学分析。	Web ChaMame	辞书词典 工具	词汇 / 语义
X 光摄影日语发音	1965 年和 1967 年拍摄的日语发音过程的 X 光摄影。	A Cineradiograph of Japanese Pronunciation	视频影像数据	语音
阿依努语口传文艺语料库（含录音光盘）	电子版光盘，由出生于沙流川上游地区的ペナコリ村的居民木村基米夫人（1900—1988 年）讲述的 10 个故事，包括 8 个散文故事和 2 首“神圣的史诗”，总记录时间约为 3 小时。有注释，并翻译成日语和英语。	Glossed Audio Corpus of Ainu Folklore	语料库 文本数据 语音数据	阿依努语 会话 / 谈话
牛津国语研上古日语语料库	国语研和牛津大学合作开发的上古日语语料库，有词形溯源、语法解析和全面注释，是包含旧日本时期的所有日语文本的完整语料库。	Oxford-NINJAL Corpus of Old Japanese	语料库	日语历史 语法
语料库标注基础研究	“语料库标注基础研究”项目（2009—2015 年）网站。	Basic Research on Corpus Annotation	语料库	
语料库标注基础研究——扩展、集成和机器辅助方法	“语料库标注基础研究——扩展、集成和机器辅助方法”项目（2016—2021 年）的网站。	Basic Research on Corpus Annotation—Extension，Integration，and Machine-aided Approaches	语料库	

续表

数据库名称	描述	英文名	形式分类	内容分类
语料库检索应用《中纳言》	一个网络索引器，可以对NINGEL开发的语料库进行三方搜索。可以使用短单位字、长单位字和字符串，使用形态学信息的组合，对《中纳言》语料库进行高级搜索。	Corpus of Everyday Japanese Conversation Chunagon	语料库工具	语料库
有关语言问题的报纸新闻数据库	1949年至2009年9月报纸语言文章“剪报集”，有出版数据，报纸名和报纸文章标题的信息。	Headline Database of Language-Related Newspaper Articles	文献·资料目录 教材 文本数据	
话语博物馆	收藏了日本各地方言，访问者可以听到和学习这些语言。	Language Museum	文本数据 语音数据 视频影像数据	琉球方言 会话/谈话
话题分类阿依努语会话词典	基于1898年出版的《阿依努会话词典》的在线语料库，包含3467个标题词，可以通过“主题”或“全文”方法搜索。除原始符号外，还提供口语翻译、音频（3467项）、视频（131项）和照片（86项）。	Topical Dictionary of Conversational Ainu	辞书词典 文本数据 语音数据 图片数据 视频影像数据	阿依努语
视频刺激影响语言行为和意识的调查	1996年至1998年对居住在巴西、法国、韩国、美国和越南的日本人以及居住在日本的巴西、法国、韩国、美国和越南居民进行的语言行为观察，可预测态度响应。	A Survey on Language Behavior in Response to Video-instruction	文本数据	对比研究
磁共振成像技术记录发音过程数据库	使用磁共振成像（Magnetic Resonance Imaging，简称MRI）技术提供发音过程中相关肌肉活动的数据库。22位东京日语使用者说出的大约26,000个日语话语可以通过单词、音素、性别等来检索。示例可以下载为MP4视频文件。	The Real-Time MRI Articulatory Movement Database（rtMRIDB）	语音数据 视频影像数据	语音
ヲコト点图数据库	日本人阅读汉文时会加标点符号，将其变成可理解的现代日语。这个数据库是汉文阅读的符号点图数据库。可以按照类型、授予位置、符号形状、读取等搜索点图。	Wokototen-zu Database		

续表

数据库名称	描述	英文名	形式分类	内容分类
集成处理程序和程序库	集成处理程序和程序库，简称MCL。	Program Library MCL（Method in Computational Linguistics）for Japanese Word Count	工具	词汇 / 语义
汉语、韩国语母语的日语二语习得过程追踪语料库	3 名中国人和 3 名韩国人的日语访谈口语录音，他们分别在日本的一所日语学校大学预科、一所职业学校、一所初级学院和大学。他们的三年学习分为八个学期，每个学期 3—4 个月。在纵向跟踪研究中，记录的数据时长约为 46.5 小时，总字数约为 570,000。	Corpus of Japanese as a Second Language（C-JAS）	语料库 文本数据	日语教学 会话 / 谈话
国语研收藏中央资料库地形图地势图目录	中央资料库是国语研图书馆的升级版，收藏日本语言地图集、日语方言语法地图集等。	Draft Linguistic Map Catalogue of NINJAL Research Materials Room	文献・资料目录 文本数据	
国语研收藏中央资料库电影台词目录	中央资料库是国语研图书馆的升级版，收藏日语电影文本等系列。	Film Script Catalogue of NINJAL Research Materials Room	文献・资料目录 教材 文本数据	
国语研收藏中央资料库杂志目录	中央资料库是国语研图书馆的升级版，收藏日本杂志系列。	Magazine Catalogue of NINJAL Research Materials Room	文献・资料目录 教材 文本数据	
国语研收藏中央资料库语言地图手稿目录	中央资料库是国语研图书馆的升级版，收藏为研究目的而制作的地图草稿目录等。	Topographic Map Catalogue of NINJAL Research Materials Room	语言地图 文献・资料目录 教材 文本数据	方言
论文对译数据库	日语学习者撰写的日语论文，作者自己对论文的翻译，以及日语教师和其他校正员的批改。	Japanese Learners' Contrastive Short Essay Database	文本数据 图片数据	日语教学 对比研究
使役动词语言地图	用地图和图表的形式提供世界语言（包括日语）中使役动词替换搭配之间形式关系的类型学信息。	The World Atlas of Transitivity Pairs（WATP）	语言地图 文本数据	语法 对比研究

续表

数据库名称	描述	英文名	形式分类	内容分类
精选论文翻译系列	精选前辈论文进行英文翻译	Pioneering Linguistic Works in Japan	论文 文本数据	
全国方言分布调查与新日语语言地图	2010—2015年田野调查项目研究的554个地方的方言分布数据，用于分析日本方言的形成过程。	Field Research Project to Analyze the Formation Process of Japanese Dialects（FPJD）and New Linguistic Atlas of Japan（NLJ）	语言地图 文本数据	方言 语音 词汇 / 语义 语法 态度表达
日语方言数据库	2002年至2008年由国语研编制、国商馆出版的带CD-ROM的系列丛书，共20卷。日语方言数据库包含这个系列丛书的方言语音文本文件（标准日语的脚本和翻译）和音频文件。	Japanese Dialect Database	语音数据	会话 / 谈话
全文检索系统	软件名为“向日葵”，有示例和字典全文，基于XML编写，可显示搜索字符串的上下文和其他信息，如书目信息。	Himawari：Full-Text Search System for Linguistic Resources	工具	
分类词汇表增补改订版数据库	把纸版的《分类词汇表增补改订版》数据化，以CSV文件格式创建，能够上传到数据组织软件中。记录总数为101,070。	Bunrui Goihyo（Word List by Semantic Principles，Revised and Enlarged Edition）		词汇 / 语义
北海道调查数据库	基于1958—1960年、1986—1987年进行的两次纵向调查的北海道方言（富良野市和札幌市）标准化数据库。	Database of Hokkaido Survey	文本数据	现代日语 方言
北美的日本有关资料目录	存储在北美的机构的日裔美国人的语言材料，包括音频、视频、照片等。	Catalogue of Nikkei Materials in North America	语音数据	
名古屋大学会话语料库	朋友、家人或同事之间的自然对话。	Nagoya University Conversation Corpus（NUCC）	文本数据	现代日语 会话 / 谈话
国语研学术情报库	国语研收集和存储的学术和教育活动成果的电子数据。	Academic Repository of the National Institute for Japanese Language and Linguistics	文献·资料目录 论文 教材 文本数据 图片数据	

续表

数据库名称	描述	英文名	形式分类	内容分类
国语研研究资料收藏	国语研过去 70 年中收集或创建的研究材料，如索引卡、录音等。	Research Materials on NINJAL	文献·资料目录 教材	
国语研藏书目录数据库	国语研图书馆大约 150,000 本书和约 5800 种期刊的目录和归类位置信息。它包含稀有书籍和视听材料的目录。	NINJAL Research Library OPAC	语言地图 辞书词典 文献·资料目录 教材	
国语研发起的世界各地语言研究机构调查	2001 年国语研以 CD-ROM 形式出版了世界各地语言研究机构的研究成果的英文在线版本。	Research on the World's Language Research Institutes		
国语研语言处理数据资源	国语研 1985 年至 2001 年编制的"语言处理数据资源"。	Language Processing Data Source	图片数据	词汇 / 语义 文字 会话 / 谈话
日语语言学研究文献总索引数据	国语研研究项目中收集或创建的材料目录，如索引卡、录音等。	Catalogue of NINJAL Research Materials Room Collection	文献·资料目录 教材 文本数据	
国语研假名异体字形数据库	假名异体字形图像按读音、字母和 Unicode 分层，可以与本源材料图像交叉链接，有文档图像和翻译，可以对比显示。	NINJAL Hentaigana Database	图片数据	文字
国语研日语网站语料库	有 200 亿字的 Web 文本语料库，每三个月抓取 1 亿个页面。自动标注句法信息。	NINJAL Web Japanese Corpus	语料库	
基本动词手册	多义基本日语动词在线手册，可供日语教师（母语和非母语）和日语学习者使用。	Handbook of Basic Japanese Verbs	辞书词典 教材 文本数据 语音数据 图片数据 视频影像数据	日语教学 词汇 / 语义 语法
基础日语搭配词典（印尼语）	包含约 4000 个基础日语单词，是针对印度尼西亚日语学习者的词典。	Dictionary of Basic Japanese Collocation (Indonesian)	辞书词典 教材	

续表

数据库名称	描述	英文名	形式分类	内容分类
第二次全国外来词有关的态度调查	2004年进行的关于外来词和缩写的态度调查以及使用它们的互动的数据。	A National Attitudinal Survey on Loanwords in Japanese Ⅱ	文本数据	现代日语 词汇 / 语义
外来词接纳程度调查	2002年至2004年对405个外来词的接纳程度（识别、理解和使用频率）进行调查的统计数据。	A National Survey on the Use of Loanwords in Japanese		
多语种母语的日语学习者共时语料库	2020年春国语研制作。收集了1000名学习者的数据，其中850名学习者的母语为12种不同的语言，他们在海外学习日语，150名学习者在日本学习日语，有教室环境也有非教室环境。添加了50名日语母语人士的数据。包含口头任务数据（讲故事，角色扮演，面试和图片描述），书面数据（故事写作，论文和电子邮件），以及口头声音数据。此外还公布了日语能力考试的结果和学习者的信息。	International Corpus of Japanese as a Second Language（I-JAS）	语料库 文本数据 语音数据	日语教学 会话 / 谈话
大英图书馆藏天草版《伊索寓言》影印版和音译转写	天草神学院编制的《伊索寓言》出版于1659年。	Images and Transcription of *Isoho Monogatari* in the British Library Collection	文本数据 图片数据	
大英图书馆藏天草版《平家物语》《伊索寓言》和《金句集》影印版	江户时代元和年间（1615—1624年）天草神学院编制的《平家物语》《伊索寓言》选编，加解读和注释。	Images of the Amakusa Edition of *Heike Monogatari*，*Isoho Monogatari* and *Kinkushū* in the British Library Collection	图片数据	日语历史
用于学术情报交流的假名异体字形	可以阅读日语基本字形和Unicode索引、平假名字形图像，有相互链接和对照显示源图像和音译文本的功能。	NINJAL Hentaigana Database		日语历史 文字
寺村秀夫修饰语研究论文英译集	寺村秀夫教授（1928—1990年）在70年代和80年代为日语研究和日语教育的发展做出了巨大贡献。这个数据库是他研究成果的英文译本。	Hideo Teramura：Collected Papers on Adnominal Modification	论文 文本数据	现代日语 语法

续表

数据库名称	描述	英文名	形式分类	内容分类
《尚书》(古活字版第三种版本)训点情报数据库	国语研对16世纪版本的《尚书》进行了训点标记。	Kunten Database	文本数据 图片数据	
冈崎敬语调查数据库	爱知县冈崎市敬语调查的结果。冈崎敬语调查于1953年、1972年和2008年进行，显示了二战后的实时变化。	The Database of the Okazaki Survey of Honorifics	文本数据	现代日语 态度表达
拟声词、拟态词——快乐学日语	为日语学习者学习日语拟声词提供卡通和插图。	Japanese Onomatopoeia Reference for Learners	教材	日语教学 词汇 / 语义
方言研究之家——数据和程序	《方言语法全国地图》1至6卷全部数据化。包括插画家插件、符号、准备调查调查表、地图、数据、语言地图数据库的公共页面，等等。	Data and Program Release (hogen kenkyu no heya)	语言地图 工具 图片数据	方言 语音 词汇 / 语义 语法 态度表达
日语新词语	国语研年度报告，根据书籍、杂志文章、报纸文章和其他材料总结了每年的日语新词语以及发展趋势。	Nihongo Booklet (Annual Report of Japanese Language Trends)	文献·资料目录 教材 文本数据	
用于日语历史研究的数据库	提供txt、xml等格式。	Text Data Sets for Research on the History of Japanese	文本数据	日语历史
国语研收藏日语史研究资料	国语研收藏品	Collection of the Research Library for Study of the Japanese Language History	图片数据	日语历史
日语学习者会话	从1981年到1984年录制的，母语为英语的日语二语学习者与日语母语者之间的对话记录。	Conversational Strategy Data for Japanese Language Learners	文本数据	
日语学习者会话分析数据库	2007年收集的与日语学习者的对话数据，包含339份被调查者的成绩单和215条音频数据。	Spontaneous Conversational Data for Japanese Language Learners	文本数据	日语教学

续表

数据库名称	描述	英文名	形式分类	内容分类
日语学习者会话数据追踪调查	2007年至2012年录制的针对拥有大量非日本居民的社区的日语学习者的对话记录。	Spontaneous Conversational Data for Japanese Language Learners：Longitudinal Survey Results	文本数据 语音数据	日语教学
日语教学视频教材系列数据集	日语教育电影系列（基础水平）和日语教学教育视频材料（中级，小学）的场景收集和词汇表。可预约看电影。	Dataset of Educational Video Material Series for Teaching Japanese as a Foreign Language	教材 文本数据 视频影像数据	日语教学
日语日常会话语料库	日常日语会话平衡语料库，包括200小时的日常对话、视频和音频数据、成绩单以及多种注释。	Corpus of Everyday Japanese Conversation	语料库 语音数据 视频影像数据	会话 / 谈话
日语历史语料库	收集的研究日语历史的材料涵盖从古代到现代的各个时期。	Corpus of Historical Japanese	语料库	
日语研究 / 日语教学研究文献数据库	包含1950年以后出版的关于这些主题的可搜索文章和书籍，涉及日语和日语教育的文章，已出现在学术期刊和论文集以及其他出版物中。	Bibliographic Database of Japanese Language Research	文献·资料目录 教材 文本数据	
对日语态度的国际普查	1997年1月至1998年8月进行“对日语态度的国际普查”，向包括日本在内的世界28个不同国家和地区的32,471名被访者询问了他们对日语、第一语言和英语的态度。	International Census on Attitudes Toward Japanese	文本数据	对比研究
日语自然会话语料库	“日语自然会话语料库”（简称CSJ）包含大量用于语言研究的日语口语数据和信息。CSJ由NINGEL、NICT和东京工业大学联合开发，在可用数据的数量和质量方面都是世界一流的。语料库已被用于各种研究，例如口语处理、自然语言处理、语音学、心理学、社会学、日语教育和字典汇编，等等。	Corpus of Spontaneous Japanese	语料库	

续表

数据库名称	描述	英文名	形式分类	内容分类
日语各地方言语料库	基于文化事务局在1977年至1985年收集的话语。可以使用方言和标准日语进行搜索。	Corpus of Japanese Dialects	语料库 文本数据 语音数据	方言 琉球方言 会话 / 谈话
东京语言研究者访谈	两位被访者是研究东京都市语言的权威研究员，提供了部分采访资料和视频。	Tokyo Dialect—Interviews with Japanese Linguists	文本数据 视频影像数据	现代日语
东京口音资料	由柴田武监修、马濑良雄、佐藤亮一编写，1985年出版的《东京方言单词的音调口音词典》的数据库。	A Dictionary of Tone-accent on Words in the Tokyo Dialect	文本数据 图片数据	现代日语 语音
冲绳语词典数据集	1963年出版、2001年修订的《冲绳语词典》的数据库。	Okinawa-go（Ryukyu Dialect）Dictionary Database	辞书词典 文本数据	琉球方言
海外日语研究文献目录	科学研究补助金资助项目“国际化时代日语研究书目信息的收集和分析”（1994—1995年），收集了日本在世界各地出版的日语研究书目。	A Selected Bibliography of the Studies on Japanese Language Overseas	文献·资料目录 教材 文本数据	
物类称呼数据库	1775年出版的方言词典《物类称呼》的全文检索系统。	Butsuruishoko Database	文本数据 图片数据	
当代杂志200万字语言调查词汇表	2001年至2004年国语研“当代杂志词汇调查”项目，调查1994年之前的70种杂志，200万字词频统计。	Linguistic Survey of Two Million Characters in Contemporary Magazines（1994）		现代日语 词汇 / 语义
甑岛方言语音数据库	甑岛位于萨摩川内市甑岛群岛，大约2000人使用这种濒危方言。这个方言语音数据库可以用于教学。	Accent Database of Koshikijima Japanese	方言 语音数据	语音
发声表达训练用例文集	为母语为韩语、泰语、中文、马来西亚语和印度尼西亚语的日语学习者提供的日语发音训练句子示例录音。	Examples for Training Voice Articulations and Word Utterances	教材 语音数据	日语教学 语音

续表

数据库名称	描述	英文名	形式分类	内容分类
谈话对照数据库	母语为中文、韩语和泰语的日语学习者，用第一语言演讲，然后用日语讲同样的内容，然后由日语母语者用同一主题进行日语演讲。	Japanese Learners' Contrastive Speech Production Database	文本数据	对比研究
国语研研究资料室收藏资料目录（试行版）	国语研研究资料室收藏的资料（包括录音带、调查卡等）目录。	Indexical Database of the Japanese Language Studies	文献·资料目录 教材 文本数据	
社会语言学有关研究报告综合索引	国语研出版了12份社会语言学报告的索引数据库，这个索引一直持续到1998年，总共约10,000个条目。	Comprehensive Indexical Database of the NLRI's Studies on Sociolinguistics	文献·资料目录 教材 文本数据	
美国国会图书馆藏《源氏物语》绘图	美国国会图书馆亚洲部日本科收藏的《源氏物语》手稿的图像。	Images of the *Tale of Genji* Manuscript Book at the Library of Congress	图片数据	
美国国会图书馆藏《源氏物语》手稿转录本	美国国会图书馆亚洲部日本科收藏的《源氏物语》手稿的转录本，共54卷，具有全文搜索功能。	Transcription of the *Tale of Genji* Manuscript Book at the Library of Congress	文本数据	日语历史
句法解析语料库	现代日语书面语和口语的语法和语义注释语料库。任何人都可以使用界面轻松搜索、浏览和下载。	NINJAL Parsed Corpus of Modern Japanese（NPCMJ）	语料库 文本数据 图片数据	现代日语语法
政府管理信息易于理解的表达技巧有关的意识调查（自治体调查）	2003年调查市政府、自治体办公人员如何使用易于理解的术语与居民沟通。	A National Attitudinal Survey on Effective Administrative Communication	文本数据	现代日语
复合动词词汇	在线词典包含2700多个当代日语动词、复合动词，有语言特征解析。除了日语标记，还为语义定义和示例句子提供英语、中文和韩语翻译。原始的Excel数据可根据协议下载。	Compound Verb Lexicon	辞书词典	日语教学 词汇 / 语义 对比研究

续表

数据库名称	描述	英文名	形式分类	内容分类
日语教学活动观察和支援系统 FishWatchr	FishWatchr 系统能让学生对实时活动和视频录制的活动进行注释。在讨论练习和角色扮演等教育活动中，学生可以相互观察和评估，并通过使用注释结果对团队学习进行反思。	FishWatchr：Observation Support System for Educational Activities	工具	
语言地图数据库	包括地图集书目（每幅地图、作者条目、标题、出版年份、调查时间和地区）、地图集所包含的地图内容（包括用于搜索的标题和关键字）和地图的图像文件（尽可能加地理标记）。	Database of Linguistic Atlases and Maps of Japan	语言地图 文献・资料目录 教材 图片数据	方言 词汇 / 语义 语法 态度表达
词汇调查数据	国语研开发的词汇调查数据库。	Vocabulary Survey		现代日语 词汇 / 语义
语言记载情报门户网站	可以一次从语料库、词典、语言地图、语言研究论文以及日语历史材料链接中搜索统计信息。	Japanese Word History and Frequency	语料库 语言地图 辞书词典	词汇 / 语义
近代日语语料库	为研究明治和大正时代的日语而开发的语料库。	Corpora of Modern Japanese	语料库	
连浊数据库 / 上代日语连浊数据库	包括名词 + 动词形成的连浊复合词，奈良时代文献中的连浊复合词。	Rendaku Database	文本数据	日语历史 语音
《日语语言学》杂志的全文数据库	国语研期刊《日语语言学》全文可以在线搜索。	Full Text Database of Kokugogaku	文献・资料目录 论文 教材 文本数据 图片数据	
首都圈的语言学研究文献目录	东京以及周边地区有关语言学研究的文献参考书目。	Bibliography for Studies of the Language in the Tokyo Metropolitan Area of Japan	文献・资料目录 教材 文本数据	现代日语

续表

数据库名称	描述	英文名	形式分类	内容分类
首都圈大学生语言应用和语言意识的地区差别的有关调查	用语言地图来表示东京地区大学生对语言的应用和语言意识。	Researches for the Regional Distribution of the Language Use and Consciousness in the Tokyo Metropolitan Area of Japan	语言地图图片数据	现代日语
鹤冈调查数据库	基于1950年、1971年、1991年、2011年纵向调查的鹤冈方言标准化数据库。	Database of Tsuruoka Survey	文本数据	现代日语方言

四、项目网站

日本国语研的每个项目都建有网站，与读者交流互动。国语研的基干型项目由国语研学者负责，利用国语研数据资源自不必说。国语研的合作项目主要是吸引非国语研学者来这里利用数据资料进行研究。国语研所长田洼行则2017年在国语研网站的致辞中谈道：

单个研究者的精力是有限的，国语研的使命是创建一个永久留给后人的数据系统，除了研究文献，还有研究素材本身，包括语音、图片、视频等。眼下也许我们还不能完美地利用这些研究素材，但是这是必要的基础建设。国语研的使命不在于自己做出什么成果，而是为后来者创造哪些条件。

表3-7是数据资源与项目对应表。

表3-7　数据资源与项目对应表

数据资源名称	项目名称	项目类型
句法解析语料库（英文缩写NPCMJ）	NPCMJ语料库的日语语义功能标记	第三期资料利用型

续表

数据资源名称	项目名称	项目类型
现代日语书面语平衡语料库（英文缩写 BCCWJ）	利用句法从属信息阐明日语母语人士信息处理过程的基础研究	第三期语言资源利用型
	使用 BCCWJ 语料库创建日语句法信息和名词搭配词典的基础研究	第三期语言资源利用型
	利用句法从属信息阐明日语母语人士信息处理过程的基础研究	第四期共同利用 C 型
	使用 BCCWJ 语料库创建日语句法信息和名词搭配词典的基础研究	第四期共同利用 C 型
	基于词汇功能的日英搭配翻译	第四期共同利用 C 型
	日语文本的定量研究与统计分析	第四期共同利用 C 型
现代日语助词 / 助动词	《现代日语助词 / 助动词》的电子化处理	第三期登录利用型
日语自然会话语料库（英文缩写 CSJ）/ 日语日常会话语料库（英文缩写 CEJC）	从指示符号的角度描写日语	第三期语言资源利用型
	从指示符号的角度描写日语	第四期共同利用 C 型
	日语自然谈话中凸显认知的有关研究	第三期资料利用型
	BCCWJ/CSJ 语料库生理指标标注的添加	第四期共同利用 C 型
现代日语语料库 / 日语历史研究资料	现代日语语境欧化过程：无生命主语后加视觉感知动词“見る”（看）的例子	第三期登录利用型
	现代日语语境欧化过程：无生命主语后加视觉感知动词“見る”（看）的例子	第四期共同利用 B 型
现代日语书面语平衡语料库 / 句法解析语料库	基于大规模语料库的语言处理的计算心理学研究	第三期资料利用型
欧洲语言类型学资料 / 国语研编日语语言学手册	动词形成的历史变化的文献研究	第四期共同利用 B 型
UniDic	国语研 UniDic 电子词典的古今日本歌曲处理	第三期登录利用型
	国语研 UniDic 电子词典的古今日本歌曲处理	第四期共同利用 B 型

续表

数据资源名称	项目名称	项目类型
医院护理人员阅读理解语料库	全国护理人员 EPA 考试（护理工作者国家考试）中阅读理解解题过程和出错原因分析	第四期共同利用 B 型
国语研日语网站语料库	通过比较单个词表现和嵌入上下文的表现发掘词汇嵌入语义	第三期资料利用型
	通过比较单个词表现和嵌入上下文的表现发掘词汇嵌入语义	第四期共同利用 A 型
三维磁传感器波形图	第二语言学习中语音感知能力对提高语音生成能力的影响	第三期资料利用型
	语速变化时发音动程和声学特征的变化观察	第四期共同利用 A 型
	利用磁传感器（EMA）的声学—语音反转研究	第四期共同利用 B 型

五、科普网站

日本国语研设有科普网站“ことば研究館”（话语研究馆），网站定期更新“ことばの波止場”（话语的停靠岸），定期出版电子刊物『ことば研究館』（《语言研究馆》），举办儿童乐园趣味抢答等活动，寓教于乐。

第四章　社会转化之二：宣讲研究成果

日本国语研网站留存了1994年至今的各种各样学术活动的信息，这些资料让我们看到国语研推广和宣讲科研成果的努力。本章概览国语研官网面向三组人群——专门人士、一般社会人和青少年学生的学术活动。官网面向青少年学生提供语言学科普知识，包括青少年课程和职业规划讲座，还面向日本人文研究院提供跨学科研究素材。这可以看作国语研成果的社会转化，是一种范围转化。

第一节　日本国语研学术活动概览

我们用日语图示各类学术活动（见图4-1），然后再逐一说明。

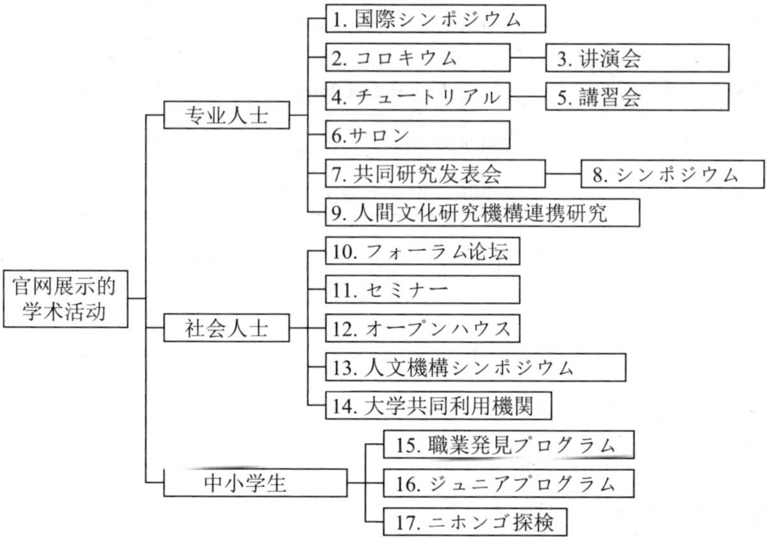

图4-1　日本国语研官网发布的各类学术活动名称

上图中国语研科研活动形式有 17 种之多，汉日英对译如表 4-1 所示。

表 4-1 学术活动名称

日语	英语	汉语
1. 国際シンポジウム	International Symposia	国际专题讨论会
2. コロキウム	Colloquia	座谈会
3. 讲演会	Lecture Meetings	讲演会
4. チュートリアル	Tutorials	教习会
5. 講習会	Training Sessions	讲习会
6. サロン	Salons	沙龙
7. 共同研究发表会	Project Meetings	共同研究发表会
8. シンポジウム	Symposia	讨论会
9. 人間文化研究機構連携研究	National Institutes for the Humanities	国家人文研究院共同研究项目讨论会
10. フォーラム论坛	Forums	论坛
11. セミナー	Seminars	研讨会
12. オープンハウス	Open House	开放日
13. 人文機構シンポジウム	National Institutes for the Humanities (NIHU) Symposia	国家人文研究院组织的讨论会
14. 大学共同利用機関	Related Academic Associations	大学共同利用机关组织的交流活动
15. 職業発見プログラム	Career Exploration Program	职业规划讲座
16. ジュニアプログラム	Junior Program	青少年课程
17. ニホンゴ探検	Japanese Researchers for a Day	日语探险活动

为了在汉语表述上有所区别，我们用“讨论会”来指英语的“Symposia”，即日语的“シンポジウム”，用“研讨会”来指英语的“Seminars”，即日语的“セミナー”，用“教习会”来指英语的“Tutorials”，用“讲习会”来指英语的“Training Sessions”，因为英语的“Training Sessions”日语写作“講習会”。

如图 4-1 所示，国语研官网将这些活动分为三种。

一、面向专业人士

这里重点关注面向各个群体的宣讲活动的频次。

（一）国际专题讨论会

国际专题讨论会是规格比较高的学术活动，国语研网站存留的 1994 年到 2007 年的国际专题讨论会有 14 次，我们称之为早期国际专题讨论会（见表 4-2）。2011 年到 2022 年的讨论会称为近期国际专题讨论会。第六章“推进成果转化最新举措”，指的是 2022 年国语研官网改版后的学术活动。

表 4-2　早期国际专题讨论会

序号	年度	会议专题
1	1994	语言问题的多样性探讨
2	1994	新的语言理论与日语
3	1995	世界范围的语言教育——日本语文教学
4	1996	国际社会中的日语
5	1997	语言研究和世界的语言辞典
6	1999	国际社会与日语
7	2000	日裔巴西双语“东亚日语观国际普查”
8	2001	“东亚日语观国际普查”日语与亚洲语言的作文对译语料库
9	2002	多语言多文化共生社会有关的语言问题
10	2003	自然语音：数据与分析；日语交际的语言问题
11	2004	世界各种“外来语”
12	2004	世界日语研究进展探寻
13	2006	语言数据库的建设和使用
14	2008	世界的语言地理学

2011 年后，讨论会频次明显增多（见表 4-3）。本章第一节我们重点介绍频次，来说明这是国语研比较突出的科研转化的主要做法，本章第二节我们具体介绍这些宣讲活动的内容和主题，说明国语研科研成果转化的几种形式。

根据统计，国际专题讨论会平均每年举办 6 次。2020 年和 2021 年受到疫情影响，情况比较特殊。

表 4-3　近期国际专题讨论会次数

年度	次数
2011 年前	4
2012 年	6
2013 年	7
2014 年	4
2015 年	6
2016 年	2
2017 年	6
2018 年	6
2019 年	6
2020 年	2
2021 年	2
合计	51

（二）讲演会和座谈会

讲演会和座谈会都免费向公众开放。

讲演会跟国际讨论会一样主要是与国际学者交流，邀请国内外杰出的研究人员演讲，很多是全英文交流（见表 4-4）。

表 4-4　近期讲演会次数

年度	次数
2011 年	1
2012 年	2
2014 年	1
2018 年	3
2019 年	1

其中 2018 年的两次和 2019 年的一次是小型讲演会。

座谈会平均每年 11 次，约每个月都有一次（见表 4–5）。

表 4–5　近期座谈会次数

年度	回数	次数
2010 年	1–13	13
2011 年	14–21	8
2012 年	22–33	12
2013 年	34–45	12
2014 年	46–56	11
2015 年	57–68	12
2016 年	69–78	10
2017 年	79–90	12
2018 年	91–105	15
2019 年	106–112	7
2020 年	113––115	3
2021 年	116–121	6

2020 年受到疫情影响取消了一些座谈会，后来座谈会全部转为线上举行。

（三）教习会和讲习会

教习会面向硕士和博士研究生学历的年轻学者，由专家提供有关研究成果和研究方法的免费培训课程。完整地参加所有课程并且提交学习报告的学员，可以颁发结业证书。迄今共 43 回（见表 4–6）。

表 4–6　近期教习会次数

年度	回数	次数
2010 年	1	1
2011 年	2–4	3
2012 年	5–10	6
2013 年	11–15	5

续表

年度	回数	次数
2014 年	16-18	3
2015 年	19-20	2
2016 年	21-26	6
2017 年	27-31	5
2018 年	32-33	2
2019 年	34-37	4
2020 年	38-41	4
2021 年	42-43	2

2013 年起，国语研不定期举办讲习会 68 次（见表 4-7）。

表 4-7　近期讲习会次数

年度	次数
2013 年	5
2014 年	4
2015 年	3
2016 年	5
2017 年	10
2018 年	14
2019 年	14
2020 年	8
2021 年	5

讲习会的主题分为两大类，分别是日语二语教学培训和语料库使用方法培训。

1. 日语二语教学培训

（1）日语教师讲习会，每年在日本国内举办一次，在其他国家举办一次（见表 4-8）。

表 4-8　日语教师讲习会次数

年度	次数
2016 年	2
2017 年	2
2018 年	2
2019 年	2
2020 年	2
2021 年	1

（2）日本语学讲习会，见表 4-9。

表 4-9　日本语学讲习会次数

年度	次数
2018	5
2019	4
2020	4

2. 语料库使用方法培训

（1）BTSJ 使用方法讲习会（见表 4-10），BTSJ 是英文 Basic Transcription System for Japanese 的简称，汉语翻译是日语基础转录系统。

表 4-10　BTSJ 使用方法讲习会次数

年度	回数	次数
2016	1-3	3
2017	4-7	4
2018	9-10	2
2019	11-14	4
2021	15-16	2

（2）数据库使用讲习会，见表 4-11。

表 4–11　数据库使用讲习会次数

年度	回数	次数
2016	1	1
2017	2–3	2
2018	4–5	2
2019	6–9	4
2021	10–11	2

（3）句法解析语料库使用讲习会，见表 4–12。

NPCMJ 是 NINJAL（国语研）Parsed Corpus of Modern Japanese 的英文缩写，日语是“統語・意味解析コーパス”，汉语翻译是句法解析语料库。

表 4–12　句法解析语料库使用讲习会次数

年度	次数
2017	3
2018	1
2019	1
2020	1
2021	1

（4）ChaKi.NET 使用讲习会，见表 4–13。

关联网站：语料库开发中心、国语研 NWJC 语料库

语料库管理工具 ChaKi 于 2004 年发布，依赖日语语料库的语料库搜索系统而创建。字符串搜索、标记搜索和依赖关系搜索函数可用于在字符串、POS 标记和依赖关系结构级别搜索依赖关系的语料库。

表 4–13　ChaKi.NET 使用讲习会次数

年度	次数
2013	关西地区
2014	国语研
2014	关西地区
2015	中京地区
2015	东京地区

（5）中纳言语料库使用讲习会（见表 4–14）参见第三章第二节数据库资源。

关联网站：语料库开发中心、现代日语书面语平衡语料库

表 4–14　中纳言语料库使用讲习会次数

年度	次数
2013（2）	2
2014	1
2015	1

（6）日语历史语料库（平安时代）使用讲习会，见表 4–15。

关联网站：语料库开发中心、日语历史语料库（CHJ：Corpus of Historical Japanese）

表 4–15　日语历史语料库（平安时代）使用讲习会次数

年度	次数
2014	1
2015	1

（7）日语自然会话语料库核心存储库（初级、中级）使用讲习会，见表 4–16。

关联网站：语料库开发中心、日语自然会话语料库（CSJ：the Corpus of Spontaneous Japanese）

表 4–16　日语自然会话语料库核心存储库（初级、中级）使用讲习会次数

年度	次数
2013	2
2021	2
2022	6

（四）沙龙

通常周二下午在国语研多功能厅举办沙龙，社会各界人士都可以免费参加。

如表 4-17 所示，除 2009 年之外，每年平均举办沙龙约 20 次。很多年份一个月举办 2 次。

表 4-17　沙龙举办次数

年度	回数	次数
2009 年	1-8	8
2010 年	9-43	35
2011 年	44-68	25
2012 年	69-86	18
2013 年	87-106	20
2014 年	107-124	18
2015 年	125-140	16
2016 年	141-157	17
2017 年	158-169	12
2018 年	170-180	11
2019 年	181-203	23
2020 年	204-221	18
2021 年	222-236	15

（五）共同研究发表会和讨论会

国语研官网留存的资料显示，1996 年到 2008 年举办的共同研究发表会有 13 次：

1996 年，学校中的敬语

1997 年，对比研究

1998 年，国语研的方言研究

1999 年，开拓日语教学：日语综合教学大纲构拟

2000 年，信息资料研究部有关的研究成果现状和未来构想

2001 年，语言数据库：不同角度的构建

2002 年，表达的地理多样性：方言地图显示的表达方式

2003 年，日语口语数据库建设

2004 年，日语习得的支持：支持的事物、人员和事情

2005 年，辞典编写和使用

2006 年，全国方言语法分布研究与全国方言调查的未来展望

2007 年，围绕“生活日语”学习的讨论：超越文化与语言差异

2008 年，语言生活研究方法：方言和文字

2009 年，后每个项目组每年都会举行几次会议或专题讨论会，会上提交关于合作研究的中期报告。2009 年至今举办发表会 606 次，如表 4–18 所示。

表 4–18　共同研究发表会次数

年度	次数
2009 年	34
2010 年	72
2011 年	81
2012 年	71
2013 年	52
2014 年	29
2015 年	8
2016 年	15
2017 年	25
2018 年	59
2019 年	59
2020 年	56
2021 年	45

相对于共同研究发表会来说，讨论会规模比较大，次数比较少（见表 4–19）。

表 4–19　讨论会次数

年度	次数
2009 年	0
2010 年	1
2011 年	5

续表

年度	次数
2012 年	12
2013 年	7
2014 年	13
2015 年	13
2016 年	10
2017 年	21

二、面向社会人士

（一）论坛

根据国语研官网留存的资料，1999 年最早开始了“论坛”形式（フォーラム，英语 forum）的学术活动，到2009年举办了35次。早期论坛主题见表4-20。

表 4-20　早期论坛主题

年度	回	日期	主题
1999 年	1	11 月 13 日	国语研论坛与国语研研究室介绍
2000 年	2	5 月 13 日	年龄与语言
	3	8 月 8 日	趣谈日语
	4	11 月 11 日	学习日语——生活日语
2001 年	5	5 月 12 日	语言是什么？
	6	10 月 27 日	语言的调查与思考
	7	11 月 1 日	海外提供的日语信息
2002 年	8	1 月 19 日	网络、交际与语言
	9	3 月 24 日	丰富口语表达的再发现
	10	6 月 29 日	生活中的汉字
	11	8 月 28 日	语言探寻与发现
	12	10 月 25 日	报纸上的汉字

续表

年度	回	日期	主题
2003 年	13	1 月 18 日	方言地图的查看和制作方法
	14	3 月 15 日	商务活动和留学生活语言的作用
	15	7 月 5 日	从外国看日语
	16	9 月 27 日	有效沟通：时间和节奏的把握
	17	11 月 3 日	方言学——富山方言
	18	11 月 6 日	公示语：图书馆、电子政务中的处理方式
2004 年	19	2 月 21 日	探寻语言：在词汇世界遨游
	20	5 月 29 日	语言类电视节目方言之旅：山口庄内方言集锦
	21	7 月 17 日	从听众提问开始
	22	8 月 28 日	现代外来语
	23	11 月 6 日	如何了解外来语
	24	12 月 18 日	国语研历史：迁址之前（西が丘）时代
2005 年	25	5 月 14 日	调查和研究的现状
	26	7 月 30 日	语言与国际理解：朝向国际理解的语言教学
	27	9 月 18 日	沟通的语言：交际的意义
	28	11 月 5 日	外来语的过去、现在和未来
2006 年	29	2 月 18 日	什么是交际：沟通的意义
2007 年	30	2 月 24 日	日语中的外来语和外语：报纸、杂志和电视
	31	3 月 24 日	日语中的外来语和外语：报纸、电视和流行歌曲
	32	6 月 30 日	从电影作品思考语言问题
	33	11 月 2 日	从电影作品思考口语问题：日语和日语教学的生动材料
2008 年	34	10 月 17 日	敬语和方言：故乡语言
2009 年	35	3 月 7 日	易懂的医院用语

从上述主题可以看出论坛是语言学科普活动。从 2009 年开始，国语研每年面向社会举办一次论坛，宣讲国语研研究成果（见表 4-21）。

表 4-21　近期论坛

年度	回
2009	第 1 回
2010	第 2 回
2010	第 3 回
2011	第 4 回
2012	第 5 回
2013	第 6 回
2014	第 7 回
2014	第 8 回
2017	第 9 回
2017	第 10 回
2017	第 11 回
2018	第 12 回
2018	第 13 回
2019	第 14 回
2021	第 15 回
2022	第 16 回

近期论坛主题将在本章第二节进行说明。

（二）研讨会

国语研研讨会向公众展示研究成果，吸引社会各界人士参与国语研的合作项目。研讨会通常在日本各处以及其他国家举办。2011 年至 2019 年，每年举办研讨会的次数见表 4-22。

表 4-22　研讨会次数

年度	次数
2011	1
2012	5

续表

年度	次数
2013	4
2014	4
2015	2
2016	2
2018	1
2019	2

（三）开放日

国语研从 2018 年起每年举办一次开放日活动，向大学生、年轻的研究人员介绍语言学研究成果，介绍语言学领域的工作机会。

2018 年国语研开放日的展板，海报标题前加“字母 + 数字”作为海报编号。V 系列 13 块展板，J 系列 6 块展板，T 系列 3 块，H 系列 8 块，P 系列 4 块，C 系列 4 块。活动开始后教员先对活动和这些展板做简要介绍，然后由各个展板的研究人员宣讲研究内容，听众根据自己的需要选择内容。奇数号码一小时，偶数号码一小时。原则上不能中途改变所选的项目。第二个环节是参观国语研资料室和图书馆。开放日当天同时召开讨论会，参观者也能旁听。

2019 年展板不分系列统一标号，国语研资料室和图书馆升级为国语研中央资料库。

2020 年受到疫情影响，开放日是在网络上公开活动内容。参观者可以浏览国语研的 70 年回顾视频、当下 6 个基干项目的研究介绍，以及 18 位研究员的成果介绍。

2021 年延续 2020 年的活动形式，有 6 个基干项目的研究介绍和 30 位研究员的成果介绍。

（四）大学共同利用机关组织的交流活动

大学共同利用机关是日本的大学都可以来利用的研究场所，国语研是大学共同利用机关的成员，不定期举办讲座等科研活动（见表 4–23）。

表 4–23　大学共同利用机关活动次数

年度	次数
2013	1
2014	3
2015	3
2016	4
2017	4
2018	6
2019	6
2020	6
2021	1

2019 年是国语研成立 70 周年和归属国家人文研究院 10 年纪念，举办了大型纪念活动。国语研位于东京都的西侧的立川市，很多活动是结合立川以及附近的方言研究的地域活动。

三、面向中小学生

面向学生的语言学专业活动有职业规划讲座、青少年课程和日语探险活动。

日语探险活动在每年 7 月或者 8 月的一天举办，小学高年级至初中一、二年级的学生可以参加，学生的家庭成员、老师和其他人也可以参加。学生们来到国语研作“一日国语研研究者”，参加日语小测验，听讲座，了解语言的奥秘。例如 2011 年举办的讲座有“让查找日语词典变得有趣”，2012 年的讲座有“单词拼图”。国语研在开放日会举办关于语言的知识竞赛、有奖问答，午饭时间在餐厅里播放关于语言的视频。

国语研官网的 17 种学术活动主要受众如图 4-2 所示。

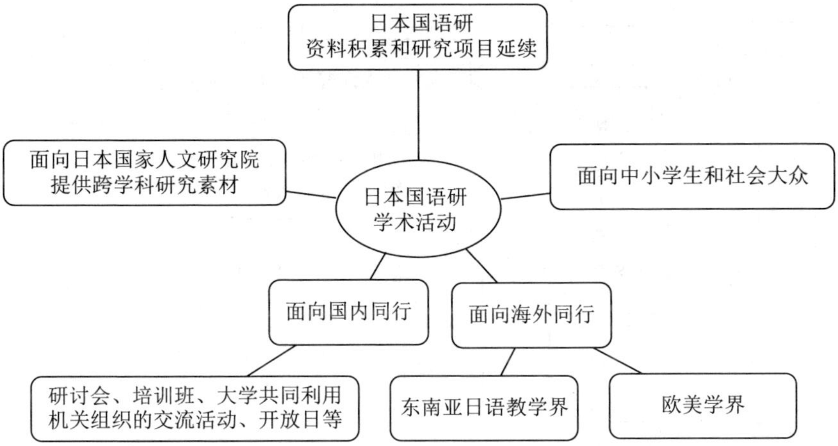

图 4-2　学术活动受众示意图

从 1994 年到 2007 年，主要学术活动有国际研讨会、论坛和公开发表演讲会三种形式。2009 年起的各种科研活动都记录在官网上。从 2015 年起，国语研研讨会都有对应的项目名，也就是说这些科研活动是科研项目的宣讲方式，因此 2009 年之前的具体内容也可以归属到相应的项目。这一章我们首先全盘呈现国语研的官网资料，主要观察和分析跟科研成果转化直接相关的宣讲活动，下一章再观察和分析与科研成果转化有关的其他活动。

第二节　科研成果宣讲

上一节罗列的 17 种学术活动，按照科研成果转化研究的需要可以分为 3 种类型，如图 4-3 所示。

也就是说，面向海外和日本国内的同行的交流以及国语研内部的交流活动，属于科研成果转化的预备阶段。本节介绍转化的内容，交流和传承的内容将在第五章进行说明。

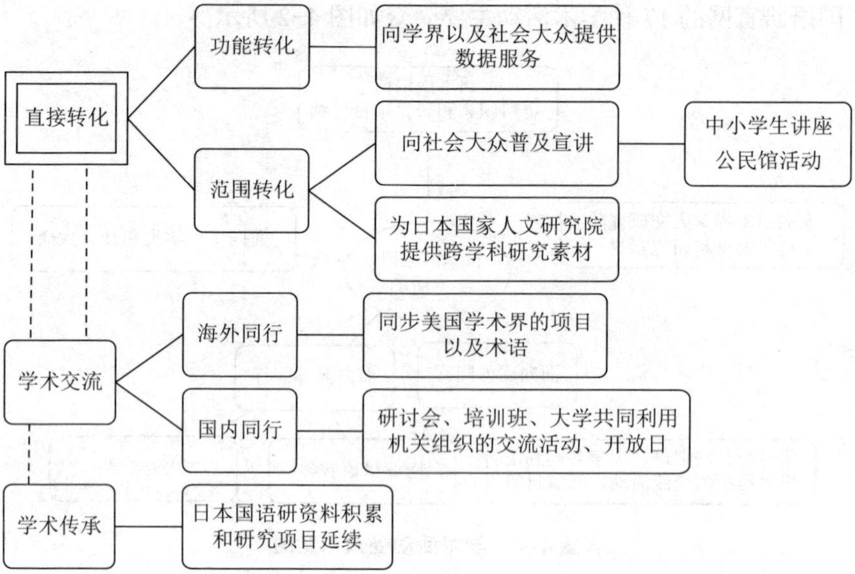

图 4–3　科研成果转化分析思路示意图

一、向青少年学生提供语言学科普知识

（一）青少年课程

国语研面向青少年的语言学科普课程分为去学校授课和来国语研访问两种。去学校授课由学校联系申请，国语研专家前往学校的教室授课，学校准备好场地、授课所需设备等。接待青少年学生来访，面向的是小学、儿童馆、学习馆等从事儿童教育的非营利机构。接待时间不包括 7 月和 3 月以及所有的节假日。需要提前三个月提出预约，免费参观。

（二）职业规划讲座

面向中学生和大学生举办有关语言学、日语研究和日语二语教学的讲座，让学生体验学习的乐趣。国语研学者介绍自己为什么选择成为研究人员，以及他们迄今为止的实际经历，给学生提供职业规划的参考。一种安排是研究人员讲 60 分钟，学生参观国语研 45 分钟。还有一种安排是研究人员讲 60 分钟，学生阅读文献30分钟，参观30分钟。讲座主题有话语结构分析、文字符号、方言研究、古代日语研究、计算语言学、日语外语对比研究、日语二语教学，等等。

二、向日本国家人文研究院提供跨学科研究素材

日本国语研是日本国家人文研究院的下级单位，托举型转化指的是向上属机构国家人文研究院提供研究素材。日本国家人文研究院设基金会，接受对人文发展感兴趣并全面探索人类及其文化的人士的捐赠。捐赠人可以指定款项用于下属的哪一项研究，也就是日本国家人文研究院内部的跨机构合作交流项目。日本国语研的上级单位——日本国家人文研究院由包括NINJAL在内的六个大学间研究机构组成。这些机构相互补充，构成了一个人文学科研究综合体，共享研究资源。

下面来介绍国语研承担的项目情况。

（1）2010年前结项的项目

①日本与欧亚大陆交流的综合研究

②文化资源高度利用，开拓性文化资源利用

（2）2010—2015年的项目

①“人类文化资源”综合研究

②亚洲自然与文化之间多层关系的历史阐释

③规模灾害与人类文化研究

（3）2016—2021年的项目

①大规模灾害的人文研究

②亚洲自然与文化多层次关系的历史综合阐释

③美国国会图书馆收藏的日语假名手稿《源氏物语》转录文本、图片紧迫研究：海外日本相关文献和文物的国际合作研究

④亚太地区群岛的农业与语言传播：关于“农业语言同时传播的假设”的准备研究

⑤近现代日本移民及其环境的海外资料调查研究

2016年至今的跨学科合作型项目由国语研跟国家人文研究院合作承担。

国语研开发了提供语言专业知识合作开发检索系统，建构了 nihuINT 搜索 NINJAL 的数据库，查询者可以对研究所创建的众多数据库进行一键式横断面搜索，其中包含对人文研究具有高价值的信息。已经结项的这类项目有两项，如表 4-24 所示。

表 4-24　跨学科研究项目

项目名	英文名	时间
通过记录和传承方言重建地域文化	Reformation of Local Community through Recordings and Researches of Dialects	2016.4-2022.3
日语历史语料库精细化：添加标记信息和书目形态	Refining the Corpus of Historical Japanese with Information on Notation and Bibliographical Form	2016.4-2022.3

国语研也开展了一系列宣讲活动。第 30 次、32 次讨论会如表 4-25 所示：

表 4-25　跨学科研究宣讲

次	主题	时间
30	海洋性的日本文化：价值和利用思考	2017 年 6 月 3 日
32	作为人文学科的信息与知识体系化：如何进行跨学科融合？	2018 年 2 月 26 日

国语研与国家人文研究院讨论会如表 4-26 所示：

表 4-26　跨学科研究讨论会

主题	时间
从日本国内看日语和从海外看日语	2009 年 12 月 5 日
语言类型和多样性	2011 年 2 月 19 日
大规模灾害与人文研究	2013 年 3 月 21 日
大规模灾害与人文研究	2013 年 3 月 24 日
漂洋过海传播的日语	2013 年 9 月 1 日
从灾害中学习：历史文化信息资源的保护和再利用	2014 年 1 月 25 日
人文学科知识的发展：健康、地域文化、书籍	2016 年 3 月 19 日

跨学科学术活动次数统计如表 4-27 所示：

表 4-27　跨学科学术活动次数

年度	次数
2009	1
2011	1
2013	3
2014	1
2016	1
2017	6
2018	2

第五章　与科研成果转化相关的学术活动

在第三章和第四章中我们分析了日本国语研成果转化的两大途径，最直接地体现为社会转化的学术活动。除了宣讲活动，其他学术活动可以分为学术传承和学术交流两大类。学术交流指的是国语研内部的交流，以及国语研与日本国内和海外同行交流，学术传承指的是国语研资料积累和研究项目的延续（见图 5-1）。

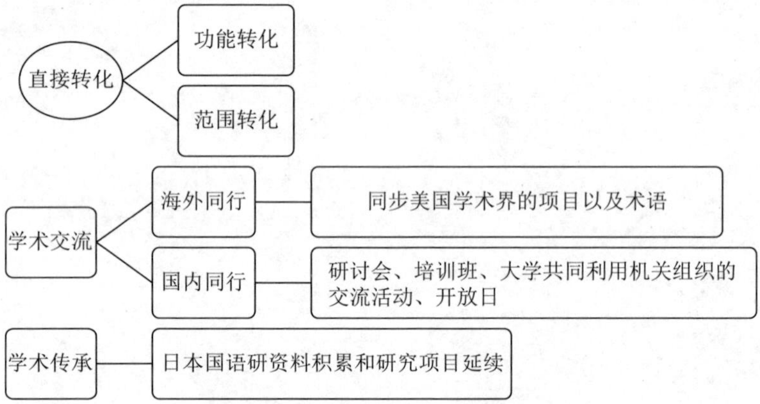

图 5-1　日本国语研学术活动类别

在与海外同行交流方面，国语研已经与 16 家机构建立了合作关系，常年接收海内外访问学者，同海外高校、科研机构联合举办国际研讨会、演讲会，做到与美国学术界同步，承担美国的日本学研究资料整理工作，在东南亚地区的学术活动则侧重日语教学研讨。在与日本国内同行交流方面，国语研主要举办研讨会、小型论坛，举办培训班，参与大学共同利用机关活动，定期举办开放日活动。国语研所内学术活动有定期座谈会、各个专业组的小型沙龙、各个项目共同研究发表会以及讨论会。实际上这些活动也是国语研成果社会转化密不可分的一部分。

第一节　与海外同行交流

这里我们罗列日本国语研官网发布的相关学术活动信息，从中可以看到这些活动的特点——与国际研究同步。

一、设置海外合作机构

2014 年起国语研在 7 个国家更新协议或新设的合作机构如表 5–1 所示。

表 5–1　日本国语研海外合作机构

国家	机构名	英文名	协议更新时间
中国	北京日本学研究中心	Beijing Center for Japanese Studies，Beijing Foreign Studies University	2014.6
	台湾东吴大学日语系	Department of Japanese Language and Culture，Soochow University	2018.1
	天津外国语大学	Tianjin Foreign Studies University	2021.4
韩国	韩国日语教育学会	The Korea Association of Japanese Education	2018.7
	韩国日语学会	The Japanese Language Association of Korea	2018.7
	首尔大学人文学部	College of Humanities，Seoul National University	2018.10
	韩国外国语大学	Hankuk University of Foreign Studies	2021.11
孟加拉国	达卡大学现代语言学研究所	Institute of Modern Languages，University of Dhaka	2018.9
印度	蒂拉克·马哈拉施特拉邦大学日语系	Department of Japanese，Tilak Maharashtra University	2018.5
	印度工科大学马德拉斯人文学部	Department of Humanities and Social Sciences，Indian Institute of Technology Madras	2018.6
	德干学院研究生院	Deccan College Post-Graduate and Research Institute	2022.7

续表

国家	机构名	英文名	协议更新时间
英国	牛津大学人文学部	Humanities Division，University of Oxford	2015.7
	约克大学语言学系	Department of Language and Linguistic Science，University of York	2020.6
美国	夏威夷大学马诺亚校	University of Hawaii at Mānoa	2018.2
奥地利	奥地利科学研究院保护濒危语言委员会	Commission "Vanishing Languages and Cultural Heritage"，Austrian Academy of Sciences	2020.3

二、接收海内外访问学者

国语研常年接收海内外访问学者。国语研为海内外大学和研究机构中专门研究日语，包括日语作为外语教学或相关领域的研究人员提供指导。相关研究人员可以短期来国语研担任外来研究员（一年以内，可以延长到三年），研究所不承担费用。在海内外从事语言学和日语相关研究的学者，受到机构资助后可以向国语研专家提出申请。国语研的专任研究者、客员教授和项目研究员原则上都有资质作为导师，有意愿的人提出申请，经导师与部门主任（例如研究生院院长）协商同意后办理手续。日本国内的研究人员办理手续要提前两个月，申请人要提交简历、研究成果、研究计划以及所属的研究领域要求的推荐函。海外学者需要提前三个月申请办理签证等。特别联合研究员被录取后，经各负责人许可，可使用研究所的设施、设备、材料等。目前没有在岗的特别联合研究员。

三、国际研讨会

2010 年 7 月，国语研召开“汉字汉语研究新纪元”国际研讨会，由所长影山太郎致开幕词。会议分为三部分。第一部分由国语研名誉所员宫岛达夫主持，爱知大学教授荒川清秀作题为“日中的汉语根基的语义和造词能力”的报告，关西大学教授沈国威作题为“日中汉语新词汇涌现——词汇形成理论的探究”的报告。第二部分由早稻田大学教授笹原宏之主持，国语研客员教授朱京伟作题为“兰学资料中的三字词——兼议西学汉译对比”的报告，成城大学教授陈力卫作题为“日语中来自汉语的新汉语词”的报告，高丽大学教授李汉燮作题为“韩国语中的近代新汉语研究中的问题”的报告。第三部分由青山学院大学教授山下喜代主持，国语研准教授田中牧郎作题为“杂志语料库记录的明治和大正时代汉语的变化”的报告，国语研名誉所员野村雅昭作题为“现代汉语数据库检索”的报告。

表 5-2 是此后研讨会的名称介绍。英文名称作为参照列在后面。

表 5-2 国际研讨会

时间	会议名称	英文名称
2010	2010 语调和语气国际研讨会	ISAT（International Symposium on Accent and Tone）2010 （ISAT 2010 is an international symposium that has enjoyed eleven oral presentations and twenty poster presentations. The presenters came from all over the world to share their research results about accent and tone systems of the world languages.）
2011	第 1 届语音学和音韵学国际研讨会	NINJAL International Conference on Phonetics and Phonology
2011	跨学科口述历史国际研讨会	International Symposium Interdisciplinary Approaches to Oral History Data
2011 年	中日汉字与文字研究的新方向国际研讨会	International Conference on Sino-Japanese Characters and Words：New Directions
2012 年	人类、农作物和语言的传播——以北海道和琉球为中心国际研讨会	Symposium on "Dispersion of People，Crops，and Language：Hokkaido and Ryūkyūs"
2012 年	第 22 届日韩语言学国际研讨会	The 22nd Japanese/Korean Linguistics Conference（J/K22）
2012 年	语料库语言学和濒危方言国际研讨会	International Workshops on Corpus Linguistics and Endangered Dialects
2012 年	日语配价类型与句式交替国际研讨会（亚太地区变体和变化分析的新方法研究 2）	NINJAL International Symposium on Valency Classes and Alternations in Japanese（New Ways of Analyzing Variation and Change in the Asia-Pacific Region 2）

续表

时间	会议名称	英文名称
2012 年	国语研历时语料库项目与牛津 VSARPJ 项目合作研讨会（基于日语史研究的语料库）	NINJAL Diachronic Corpus Project—Oxford VSARPJ Project Joint Symposium（Corpus Based Studies of Japanese Language History）
2013 年	第 8 届日语实用语言学国际研讨会	The 8th International Conference on Practical Linguistics of Japanese（ICPLJ8）
2013 年	人类、农作物和语言的传播——聚焦亚洲粟米国际研讨会	Symposium on "Dispersion of People，Crops，and Language：Focusing on Millets in Asia"
2013 年	世界合成语言国际研讨会	International Symposium on Polysynthesis in the World's Languages
2013 年	国语研词汇日：理论构造研究系项目成果共同发表会	Lexicon Festa：General Conference on Project Results from the Department of Linguistic Theory and Structure at NINJAL
2013 年	第 3 届语音学和音韵学国际研讨会	The 3rd International Conference on Phonetics and Phonology
2013 年	亚洲语言中复杂动词国际研讨会	The NINJAL International Symposium Mysteries of Verb-verb Complexes in Asian Languages
2013 年	第 9 届阿尔泰形式语言学研讨会	The 9th Workshop on Altaic Formal Linguistics（WAFL9）
2014 年	运动事件描述的类型学和认知学国际研讨会	The NINJAL International Symposium Typology and Cognition in Motion Event Descriptions
2014 年	跨语言研究和东北亚语言学互动国际研讨会	International Symposium"Crosslinguistics and Linguistic Crossings in Northeast Asia"
2014 年	第 14 届实验音系学国际研讨会	The 14th Conference on Laboratory Phonology
2014 年	第 7 届日语形式语言学国际研讨会	Formal Approaches to Japanese Linguistics 7
2015 年	面向教学实践的日语教学研究——学习、教学、评价国际研讨会	Studies in Japanese Language Teaching in Support of Teaching Practices—Learning，Teaching and Evaluation
2015 年	日语历时语料库国际研讨会	International Symposium on the Japanese Diachronic Corpora
2015 年	第 4 届语言学和音韵学国际研讨会	The 4th International Conference on Phonetics and Phonology
2015 年	从比较看联系：日本列岛与周边语言的类型理论与比较历史国际研讨会	International Workshop "Kakarimusubi from a Comparative Perspective"

续表

时间	会议名称	英文名称
2015 年	东北亚和北太平洋区域语言学：日本列岛与周边语言的类型理论与比较历史国际研讨会	International Conference "Northeast Asia and the North Pacific as a Linguistic Area"
2015 年	语法化：日语研究和类型学研究国际研讨会	Grammaticalization In Japanese and Across Languages
2016 年	日语和世界其他语言的拟声词国际研讨会	Mimetics in Japanese and Other Languages of the World
2016 年	第 24 届日韩语言学国际研讨会	The 24th Japanese/Korean Linguistics Conference
2017 年	句法解析语料库在研究、教学中的应用和进展国际研讨会	Exploiting Parsed Corpora：Applications in Research，Pedagogy，and Processing
2017 年	间谍、囚犯和农民：密歇根州日本研究的起源国际研讨会	Spies，Prisoners，and Farmers：The Origins of Japanese Studies at Michigan
2017 年	历时口语语料库国际研讨会	International Symposium on Diachronic Speech Corpora
2017 年	第 16 届方言学方法国际研讨会	Methods in Dialectology XVI
2017 年	第 10 届日语实用语言学国际研讨会	The 10th International Conference on Practical Linguistics of Japanese（ICPLJ10）
2017 年	国语研—国立历史民俗博物馆—夏威夷大学研讨会	NINJAL-NMJH-UHM Workshop
2018 年	运动事件描述跨语言研究国际研讨会	Motion Event Descriptions across Languages（MEDAL）
2018 年	第 5 届语音学和音韵学国际研讨会	The 5th International Conference on Phonetics and Phonology
2018 年	国语研—牛津历时语料库国际研讨会：基于历时语料库的日语语法研究	NINJAL-Oxford International Symposium on the Japanese Diachronic Corpora "Corpus-Based Studies on Japanese Historical Grammar"
2018 年	现代东亚词汇学国际研讨会：词汇学研究视野下日语史语料库细化——符号信息和书目形态信息标注	The International Symposium on Scope of Lexicography in Pre-modern East Asia
2018 年	日本和东北亚的濒危语言国际研讨会：描述、建档和修复	Approaches to Endangered Languages in Japan and Northeast Asia：Description，Documentation and Revitalization

续表

时间	会议名称	英文名称
2018 年	基于学习者调研探寻服务交际活动的新型词典的设计和开发	Seeking for a Japanese Language Learning Dictionary for Communication：from Investigating Learners to Building and Developing New Dictionary
2019 年	第 6 届语音学和音韵学国际研讨会	The 6th International Conference on Phonetics and Phonology
2019 年	第 8 届手语和口语国际研讨会	The 8th Meeting of Signed and Spoken Language Linguistics
2019 年	北京日语学习者纵向语料库（B-JAS）的构建与应用国际研讨会	Construction and Applied Research of Beijing Corpus of Japanese as a Second Language（B-JAS）
2019 年	日语学习者语料库的构建与应用研究	Construction and Applied Research of Corpora for Japanese Learners
2019 年	第 15 届国际认知语言学会议	The 15th International Cognitive Linguistics Conference
2019 年	研习亚洲语言发音国际研讨会——当今有趣的亚洲语言	Learning Sounds of Asian Languages
2020 年	日本学术振兴会基金项目 19H00627“日本识字调查的发展跨学科研究——奠定基础教育社会保障”启动国际研讨会	Kick Off International Symposium on the Interdisciplinary Research on Development of Literacy Survey in Japan（with online）
2020 年	第 11 届日语实用语言学国际研讨会	The 11th International Conference on Practical Linguistics of Japanese（ICPLJ11）
2021 年	日语的心理语言学有关问题国际研讨会	International Symposium on Issues in Japanese Psycholinguistics from Comparative Perspectives
2021 年	第 11 届国际计量语言学大会	The 11th International Quantitative Linguistics Conference（QUALICO 2021）

四、演讲会

2011 年中国语言战略研究中心主任、南京大学文学院徐大明教授在演讲会中的演讲主题是新城镇方言接触中言语社区的形成。内蒙古包头市昆都仑新城社区成立于 1956 年，半个世纪以来经历了语音社区形成的过程。在追踪研究中逐步建立语言变异的约束模式证实，不仅语言变量发生了变化，社区的语言身份也发生了变化。语言认同过程有三个主要阶段：未整合的多重身份阶段、移植身份的阶段，以及最终的本地化身份阶段。该研究显示了语音社区如何在方言接触的情况下形成，以及社区的语言身份如何随时间变化。

2012 年第二回小型演讲会的演讲主题是新方言的形成——儿童、青少年和成人的适应和不同角色。

2012 年第三回小型演讲会的演讲主题是英语动词地域变体——共时和历时视角。

2014 年第 14 次语音实验研讨会预备演讲的演讲主题是音系的激活和语言的设计。

2014 年第 49 次国语研座谈会预备演讲的演讲主题是用于语音感知的大数据。

2018 年小型演讲会的演讲主题是功能语言学如何成为一门精密科学：如何将精密科学应用于演绎主义、经验主义和方法论极简主义，使其应用于语言功能研究？

2018 年小型演讲会的演讲主题是手语语言学：从理论到田野调查，日语手语文献记载的手语语言学史，包括手语结构的基础知识，手语的写作和记录，聋人社区工作的特殊社会语言学和文化问题。

2018 年小型演讲会的演讲主题是日语时体形态研究，通过日语时体基本数据阐述形态语义学研究的方法和结果。以共识的理论框架为主贯穿研究过程，适当的情况下与其他方案进行对比。从基本概念以及区别联系分析的形式框架，然后分几个步骤呈现具体的日语时体数据。

2019 年小型演讲会的演讲主题是语言教学成为学科——图谱分析。2017 年开始在日本九州大学进行 100 多个实验，约 200 名师生参与。结果表明，语言教学作为一门学科具有可行性，用韦恩图视觉呈现的实验结果证实了研究的分类预测。

上文又罗列了日本国语研的海外学术交流活动。总体来说，国语研重视同步国际研究，研究模式与国际接轨。

第二节 与日本国内同行交流

外部转化指的是日本国语研与日本国内的其他科研机构、教学单位的交流。教习会有关数据资源的技术培训，讲习会面向日语教师的培训，论坛是有关国语研研究项目的科普性的宣讲，研讨会通常在国语研之外的地点举行，最近几年多是在濒危方言调查点举行。国语研开放日活动和大学共同利用机关组织的交流活动则是常年坚持的向社会大众和高校师生开展的活动。

一、教习会

多次举办的教习会如表 5-3 所示。

表 5-3 多次举办的教习会

名称	年度	次	英文名称
日语历史语料库使用指南	2012 年	第 5 次：BCCWJ 检索入门	The 5th・6th Introduction to Searching the BCCWJ Using Chunagon
	2016 年	第 20 次：BCCWJ 检索与统计	The 20th Introduction to the Historical Corpus of Japanese：Doing Searches and Aggregation Using Chunagon
	2017 年	第 21 次：BCCWJ 检索与统计	The 21st Introduction to the Historical Corpus of Japanese：Doing Searches and Aggregation Using Chunagon
	2021 年	第 38 次：BCCWJ 使用方法	The 38th Introduction to Utilization of the Corpus of Historical Japanese：How to Use Chunagon
基于语料库的话语研究	2017 年	第 26 次	The 26th Corpus-based Study of Spoken Language
	2018 年	第 27 次	The 27th Corpus-based Study of Spoken Language
	2021 年	第 40 次	The 40th Corpus-based Study of Japanese Dialects
	2022 年	第 42 次	The 42nd Corpus-based Study on Everyday Conversation
连浊的语言学	2012 年	第 8 次	The 8th the Linguistics of Sequential Voicing
	2012 年	第 9 次	The 9th the Linguistics of Sequential Voicing

续表

名称	年度	次	英文名称
日语口语和语法	2017 年	第 24 次	The 24th Japanese Speech and Grammar
	2018 年	第 28 次	The 28th Japanese Speech and Grammar
日语非母语者的语言理解与语言表达分析	2014 年	第 15 次	The 15th Analyzing Language Comprehension and Linguistic Expressions of Non-native Speakers of Japanese
	2015 年	第 17 次	The 17th Analyzing Language Comprehension and Linguistic Expressions of Non-native Speakers of Japanese
日语复合动词的语义	2018 年	第 29 次	The 29th Semantics of Compound Verbs in Japanese
	2018 年	第 30 次	The 30th Semantics of Compound Verbs in Japanese
日语二语教学研究：学习者难点	2012 年	第 7 次	The 7th Applying Research in Second Language Acquisition to Japanese Language Education: What Learners Find Difficult
	2012 年	第 10 次	The 10th Applying Research in Second Language Acquisition to Japanese Language Education: What Learners Find Difficult
数词的音韵	2011 年	第 3 次	The 3rd the Phonetics of Numerals
	2011 年	第 4 次	The 4th the Phonetics of Numerals
句法解析语料库教习会	2018 年	NPCMJ 第 31 次	The 31st NINJAL Parsed Corpus of Modern Japanese Tutorial
	2019 年	NPCMJ 第 32 次	The 32nd NINJAL Parsed Corpus of Modern Japanese Tutorial
利用学习者语料库开展科研	2017 年	第 22 次	The 22nd Let's Research Using Learners' Corpus!
	2017 年	第 23 次	The 23rd Let's Research Using Learners' Corpus!
日语自然对话与会话礼貌理论	2019 年	第 33 次	The 33rd Language Diversity in Japan/Spontaneous Conversation in Japanese and Discourse Politeness Theory
	2021 年	第 39 次	The 39th Spontaneous Conversation in Japanese and Discourse Politeness Theory

此外还有只举办一次的教习会，如表 5-4 所示。

表 5-4　只举办一次的教习会

名称	年度	英文名称
语法研究的基本问题	2010 年	The 1st Fundamental Questions in Research on Grammar
琉球方言的调查和研究方法：喜界岛方言	2011 年	The 2nd Survey and Research Methods for Ryukyuan Languages：The Dialects of Kikaijima
方言的田野调查	2013 年	The 11th Field Methods in Dialect Research
方言地图基础和 GIS（the Geographic Information System）技术	2013 年	The 12th The Fundamentals of Dialect Maps and Techniques Using the Geographic Information System（GIS）
方言的标注和解释	2014 年	The 13th On the Annotation and Transliteration of Dialects
从生成语法理论看日语历史	2014 年	The 14th The History of the Japanese Language from the Viewpoint of Theoretical Generative Linguistics
从语言类型论看阿依努语的语法	2015 年	The 16th The Grammar of Ainu from the Viewpoint of Language Typology
语言行为逻辑回归分析入门	2015 年	The 18th Introduction to Logistic Regression Analysis for Language Behaviour Research
语言类型论最新动向：理论研究和应用研究的接点	2016 年	The 19th Recent Trends in Language Typology: Intersections Between Theoretical and Applied Research
利用文本信息的语言研究	2017 年	The 25th Linguistics Approaches Towards Japanese Literature and Textbooks
日本的濒危语言和方言	2020 年	The 35th Endangered Languages and Dialects in Japan
范畴语法入门	2020 年	The 36th Introduction to Categorial Grammar
日语学习者写作的研究方法 / 利用语料库的日常会话研究	2020 年	The 37th Research Methods in JFL/JSL Learners' Writing/ Corpus-based Research on Everyday Conversation
日语动词的语义理论 / 基于语料库的日语历史研究	2021 年	The 41st The Semantics of Japanese Verbs/Corpus-based Historical Study of the Japanese Language
培养濒危语言保护研究方面的公民科学家	2022 年	The 43rd Raising Citizen Scientists for the Conservation Study of Endangered Languages

二、讲习会

讲习会根据日语“講習会”而来，英文是“Training Sessions”，跟教习会不同。我们将日语的“チュートリアル”（英文 Tutorials）翻译为教习会。

教习会主要面向日本国内，讲习会主要面向海外的日语教学合作机构，面向日语教师培训。

2016 年海外讲习会的主题是“日语学习语料库（I-JAS）概要及使用方法”，日本国内讲习会的主题是“将自然对话语料库的分析应用于日本教育：面向明天的日语课堂”；2017 年海外讲习会的主题是“学习者如何理解日语：听力和阅读理解难点指导”，日本国内讲习会的主题是“在日本定居的外国人的日语使用和语言生活——基于日本作为多语言社会的现状纵向调查结果”；2018 年海外讲习会的主题是“使用自然对话语料库的日语教学”，日本国内讲习会的主题是“护理和护理所需的日语以及教学”；2019 年海外讲习会的主题是“世界各语言视角下的日语”，日本国内讲习会的主题是“新型多语言社会与日语教学”；2020 年海外讲习会的主题是“日语学习者的困难有哪些——对日语学习者和日语教师的调查”，日本国内讲习会的主题是“对话系统研究与日语教学”；2021 年讲习会的主题是“区域性日语教学和包容性社会的发展——基于纵向调查结果”。其他讲习会如表 5-5 所示。

表 5-5　其他讲习会

名称	英文名称
语料库使用讲习会	The 12th Training Session on Using Corpora
语料库使用讲习会	The 13th Training Session on Using Corpora
日语基础转录系统（BTSJ）语料库使用方法讲习会	The 17th Workshop for Utilizing Japanese Natural Conversation Corpus Transcribed by BTSJ（Basic Transcription System for Japanese）
语料库使用讲习会	The 14th Training Session on Using Corpora
句法解析语料库（NPCMJ）讲习会	Online tutorial of the NINJAL Parsed Corpus of Modern Japanese（NPCMJ）
2021 年国语研海外日语教师讲习会	2021 National Institute for Japanese Language and Linguistics Seminar for Teachers of the Japanese Language（Overseas）“New Japanese Language Education for Social Change：Japanese Language Learners as Members of Society and the Practice of ‘Case Materials’”
日语历史语料库“中纳言”线上讲习会	Training Session for Chunagon on the Corpus of Historical Japanese

三、论坛

这里的论坛内容是科普性讲座，如表 5-6 所示。

表 5-6 论坛主题

时间	名称	英文
2009.10.10	日语研究的未来前景：语音研究前景、语音发展变化前景、历史研究前景和语法研究前景	The 1st Future Perspectives on Japanese Linguistics（The Institute invited leading domestic and foreign scholars of Japanese language studies and linguistics and held an academic forum consisting of two keynote lectures and four symposia.）
2010.3.21	日语教学与研究一体化：连接过去与未来——国际学术论坛学习者所需的日语交际能力研究和日语教学实证研究	The 2nd Fusion of Teaching and Research in Japanese Language Education—Connecting the Past and the Future〔The Institute held an academic forum consisting of two keynote lectures（by Professor Rod Ellis and Professor Senko K. Maynard）and two symposia（"Research on Japanese Communication Skills Needed for Learners" and "Empirical Research for Japanese Language Education"）.〕
2010.12.18	保护语言多样性的重要性	The 3rd Preservation of Dialect Diversity in Japan
2011.9.11	出版、电视、心理学和日语教学专家谈日语书写的复杂性和乐趣，以及未来前景	The 4th the Complexity and Fascination of Japanese Writing（In this forum we welcome experts in publishing, broadcasting，psychology and language teaching to discuss the complexity and fascination of Japanese writing and to foresee future developments.）
2012.3.24	重新发现日语：从世界看日语	The 5th Rediscovering the Japanese Language：What Japanese and the Languages of the World Teach Us About Each Other（In this forum Professor Tasaku Tsunoda heads a group specialists on the languages of Australia，Asia，and Africa. They discuss how seemingly unique features of Japanese，not found in English and other European languages，may be found in other languages as distant as the Philippines and Ethiopia. We rediscover what Japanese teaches about the languages of the world，and what the languages of the world teach us about Japanese.）
2013.3.10	全球化社会中的日语交流：为什么要学习日语？	The 6th Japanese Communication in a Global Society：Why Learning Japanese is Necessary

续表

时间	名称	英文
2014.3.30	现代日语是如何产生的	The 7th How Modern Japanese Came to Be the Way It Is
2014.9.21	世界各地的汉字教育：学习日语汉字	The 8th Kanji Education Across the World：Learning Japanese Kanji
2016.3.5	国语研日语研究最新进展	The 9th Research on Japanese Language："How Far We've Progressed—How Much We've Discovered!"
2017.1.21	拟声词的魅力和奥妙	The 10th the Marvels and Mysteries of Mimetics
2017.9.10	拟声词的魅力和奥妙	The 11th the Marvels and Mysteries of Mimetics
2018.2.3	语言多样性与交际	The 12th Language Diversity and Communication
2018.11.4	日语的变化探寻	The 13th Exploring the History of Japanese Language
2019.11.30	我学习日语的方法	The 14th My Way of Learning Japanese
2021.2.27	日本和亚洲的濒危语言：我们现在必须做什么？	The 15th Endangered Languages in Japan and Asia：What Can We Do for the Revitalization of Endangered Languages
2022.2.19	基于多种语言资源的日语研究进展	The 16th Research on Japanese Based on Diverse Language Resources："How Far We Have Progressed and How Much We Have Discovered!"

四、研讨会

这里所说的研讨会通常在国语研之外的地点举办。过去的研讨会主题有语言与社会文化、语言文化讲座、重新发现中国文学等，还有日语二语教学的白话文阅读、古典文本工作坊、日语阅读与写作，以及日语语料库、国语研语言资源、数据驱动的日语研究，等等。最近几年，在方言调查所在地举办的研讨会成为常规化的学术活动。例如，八条和志摩语言调查、与论岛语言调查、冲永良部和岛琴部调查，等等。具体内容如表 5-7 所示：

表 5-7　研讨会名称

时间	名称	英文名称	地点
2011.12.3	语言与社会文化	A Lecture on the Culture of Language and Society	鹤冈市立图书馆

续表

年度	名称	英文名称	地点
2012.7.27	重新发现汉文训读	Rediscovering Kanbunkundoku	富山大学
2012.9.9	八丈岛语言调查	Meeting on the Survey of Hachijo and Island Dialect	八丈町保健福祉中心
2012.10.26	词缀词形	Workshop on Suspended Affixation	康奈尔大学
2012.12.2	与论岛语言调查	Meeting on the Survey of Yoron and Island Dialect	与论町中央公民馆
2012.12.5	冲永良部岛语言调查	Meeting on the Survey of Okinoerabu and Island Dialect	永良长浜馆
2013.3.10	语言文化讲座	Lecture on the Culture of Language	鹤冈市中央公民馆
2013.7.30	古典文本白话阅读	Workshop on Reading Classical Texts in the Vernacular	早稻田大学国际会议场
2013.11.9	濒危语言方言的实际情况研究（文化厅第7届八丈方言课程）	A Program of the Agency for Cultural Affairs "Research Survey on the Status of Languages and Dialects in a State of Crisis". （The 7th Lecture Course on the Hachijo Dialect/ Seminar of the National Institute for Japanese Language and Linguistics）	都立八丈高等学校
2013.12.4	久米岛语言调查	Meeting on the Survey of Kumejima and Island Dialect	久米岛博物馆
2014.2.8	TUG（TeX User's Group）排版系统2013日语教程	A Chance to Listen to the TeX User's Group （TUG）2013 Tutorial in Japanese	国语研
2014.8.20	出云方言的重新发现	Meeting on Izumo Dialects：Rediscovering the Language of Izumo	出云市役所
2014.9.20	用日语读汉文	Reading Kanbun in Japanese	国际交流基金日语国际中心
2014.12.12	八丈岛日本濒危语言和方言峰会	Hachijojima Summit on Japan's Languages and Dialects in Crisis	东京都八丈町
2015.9.18	2015年濒危语言和方言峰会（冲绳大会）	2015 Summit on Languages and Dialects in a State of Crisis（Okinawa General Meeting）	冲绳

续表

年度	名称	英文名称	地点
2016.9.20	语言数据与日语研究	Language Data and Research on Japanese Language	台湾大学
2016.12.10	隐岐岛方言	Public Lecture Okinoshima Dialect Forum	隐岐岛文化会馆
2018.11.20	国语研的语言资源	Language Resources of NINJAL	北京外国语大学
2019.5.9	源自语言资源的日语新发现	New Findings and Discoveries in Japanese from Language Resources	韩国启明大学
2019.11.7	作为日语研究基础的语言资源	Language resources as the foundation of Japanese linguistics	上海外国语大学
2015.9.15	数据驱动的日语研究	Data-Driven Research on Japanese Language	台湾大学

五、开放日

2012 年 10 月 20 日、2013 年 10 月 19 日、2020 年 9 月 10 日、2021 年 9 月 10 日分别是当年的开放日。

2018 年 12 月 22 日，国语研举办的开放日纪念国语研成立 70 周年，国家人文研究院移管 10 周年。2019 年 7 月 20 日，开放日同时举办纪念活动。

六、大学共同利用机关组织的交流活动

大学共同利用机关是日本几家学术机构为高校和企业的研究人员提供研究资源和实验设备的校际研究机构，不同专业领域的学者可以分享基础研究的乐趣。国语研是其成员单位之一。每年秋季大学共同利用机关都举办面向不同专业学者的聚会、研讨会和科研设施展览，具体活动举例如下：

2014 年 11 月 22 日，举办大学共同利用机关研讨会。

2015 年 11 月 29 日、2016 年 11 月 27 日、2017 年 10 月 8 日，举办大学共同利用机关研讨会，在东京秋叶原举办研究资源和实验设备展。

2018 年 10 月 14 日，举办大学共同利用机关研讨会，主题是尖端研究型大学的聚集，在名古屋市科学馆为大学和企业的研究人员提供研究资源和实验设备。

2019 年 10 月 1 日，举办纪念国立日本语言学研究所成立 70 周年、国家人文研究院迁址 10 周年座谈会，所长致辞之后，未来企划委员会委员长就国语研第四个中期计划（2022—2028 年）作报告，语言学、日语研究、日本文学、信息学等专业小组成员发表意见。

2019 年 10 月 20 日，举办大学共同利用机关研讨会，空间、物质、能源、生命、信息、人类文化等领域学者参会，在东京日本科学未来馆为日本大学和公司的研究人员提供研究资源和实验设备展览。2020 年 10 月 17 本年度大学共同利用机关研讨会开展题为“空间、物质、能源、生命、信息和人类文化”的在线交流。

2021 年 10 月 24 日，举办大学共同利用机关大型研究设施、设备、基础设施等介绍会。

作为大学共同利用机关成员单位，国语研跟其他成员单位一样举办本专业科普活动，每年秋季举办国语研语言博物馆展览，时间分别是：2014 年 10 月 18 日、2015 年 10 月 17 日、2016 年 10 月 15 日、2017 年 10 月 14 日、2018 年 10 月 27 日和 2019 年 11 月 9 日。此外还举办以下活动：

1. 与国语研所在地立川市联合举办的讲座

2013 年 11 月 23 日，与国语研所在地立川市历史民俗资料馆联合举办“立川石碑：文字中的想法”主题讲演会。

2014 年 11 月 16 日，与立川市历史民俗博物馆联合举办“立川方言”讲座。

2015 年 11 月 29 日，与立川市历史民俗资料馆联合举办“从中世纪印刷物中了解立川”讲座。

2016 年 12 月 11 日，与立川市历史民俗博物馆共同举行讲座“立川二字的发音是たちかわ还是たてかわ：日语语音的口音”，以立川的地名为主题分析日语标准音规则，例如汉字读音、连浊、重音的发音。

2018 年 1 月 21 日，与立川市历史民俗博物馆共同举办“立川历史中的多元文化共存”讲座，回顾老照片中的立川历史，思考多元文化共存。

2019年2月11日，与立川市历史民俗博物馆共同举办“多摩方言”讲座。

2020年1月18日，与立川市历史民俗博物馆共同举办讲座“中世纪多摩地区文字留存：从石碑和经文中理解”。

2. 保护濒危语言方言宣讲会

这类宣讲会包括濒危语言方言峰会2016年11月13日阿美会议、2017年12月3日北海道会议，2018年11月24日宫古岛会议、2020年2月22日令和初年奄美会议

日本濒危语言方言根据程度分为三种。一是极度濒危阿依努语，二是严重濒危八重山语和与那国语，三是危险的语言方言奄美语、国头语、八丈语、冲绳语和宫古语。2018年2月25日的宣讲主题是“琉球冲永良部语‘えらぶむに’是什么语言？”2019年2月10日，举办琉球的奄美和国头的冲永良部岛语言研讨会。2020年2月16日，举办琉球的和泊町和冲永良部语言研究项目介绍会。

此外，2019年8月16日，举办竹富岛物语“星沙物语”语言图片工作坊，2020年2月9日，举办跨方言游戏活动“纺织物，爷爷奶奶和我的故事”。

3. 其他小型活动

国语研举办的其他小型活动包括：“果然这样吗”工作坊于2017年11月19日举办的活动“制作新的平假名”，2018年1月20日举办的语言学专业研讨会，日本学术会议语言文学委员会于2020年7月19日举办的活动“国际化人文与日语”。

第三节　日本国语研研究所内学术活动

内部转化指的是日本国语研在研究所内的学术活动，无论是座谈会、沙龙、共同研究发表会还是讨论会，都呈现所内传承、积累、延续的特点。

一、座谈会

表 5-8 座谈会名称

时间	回	名称	英文名称
2010	1	为什么语言以线性方式表示信息？——尼加拉瓜手语和儿童手势使用的观察	Why Does Language Express Information Linearly? Insight from Nicaraguan Sign Language and Children's Gestures
2010	2	句法结构和韵律层级	Parsing Constraints and the Prosodic Hierarchy
2010	3	理论研究与方言研究的结合：名物化助词的功能与发展	What Connects Theoretical Studies and Dialect Studies? The Function and Development of Nominalization Particles
2010	4	跨语言的例外格标记案例及其理论意义	Cross-linguistically Rare Patterns of Case-marking and Their Theoretical Implications
2010	5	转录文本在语法描写中的重要性：琉球语伊良部岛方言的例子	The Importance of Transcribed Texts in Syntactic Description：The Case of Irabu Ryukyuan
2010	6	叙事的聚焦与连贯：如何评价日英双语儿童的故事	Cohesion and Coherence in Narrative Discourse：How to Evaluate Stories Told by English-Japanese Bilingual Children
2010	7	从计算机角度看古代朝鲜汉文标注资料数据化结构	Structurization of Korean Kugyol Materials from a Computational Point of View
2010	8	不流利言语的发生和感知问题：相互理解和沟通中自我中心主义的悖论	Issues in the Production and Perception of Disfluent Speech
2010	9	从语言学视角看有关德语和日语外来词的争议	The Loanword Debate in German and Japanese：A Linguistic Perspective
2010	10	印地语—乌尔都语中的复杂谓词	Complex Predicates in Hindi-Urdu
2010	11	北琉球方言的音调重建	On the Reconstruction of the Proto Northern Ryukyuan Tonal System
2010	12	从句法理论的角度看脱离语法化：以日语的“けれども”为例	Degrammaticalization from the Standpoint of Syntactic Theory：With a Focus on Keredomo in Japanese

续表

时间	回	名称	英文名称
2010	13	日语条件句中时间和模态的界面：假设义词根探寻	On the Interface Between Time and Modality in Japanese Conditionals: In Search of the Semantic Roots of "Hypothetical" Meaning
2011	14	社会语言变异和"标准"语言的概念	Sociolinguistic Variation and the Notion of "Standard" Language
2011	15	品尝会上食品分类及其知识的对译：日语、沃洛夫语、班迪亚语、英语	Negotiation of Food Categories and Knowledge at a Taster Lunch in Japanese, Wolof, Eegimaa, and English
2011	16	贝叶斯法系统分析印证日语的农业起源	Bayesian Phylogenetic Analysis Supports an Agricultural Origin of Japonic Languages
2011	17	阿依努语中动词组合配价模式、语音替换和动词分类	Valency Patterns, Voice Alternations, and Verb-Categorization in Ainu
2011	18	高加索语言的复杂形式：标准方法的探讨	Complex Morphology in the Caucasus: A Canonical Approach
2011	19	看电视会改变说话的方式吗？来自城市方言的实证	Does Watching TV Alter the Way You Speak? Empirical Evidence from an Urban Dialect
2011	20	日语动词合取系统历史变化的一个新角度：句法学角度的分析	One Facet of Historical Change in the Japanese Verbal Conjugation System: A Syntactic Perspective
2011	21	成熟的语言现象与社团形成暨日语变迁和变异研讨会	Mature Linguistic Phenomena and Societies of Intimates
2012	22	非人格代词的类型学研究	On the Typology of Human Impersonal Pronouns
2012	23	上古日语"する"的语料库研究	On the Verb Suru ("to Do") in Old Japanese: A Corpus Based Study
2012	24	です／ます：作为主句编排的日语正式语体标记	Politeness Marking in Japanese as a Main Clause Agreement
2012	25	连续语音数据中的话语关联和信息加权	Discourse Association and Information Weighting in Continuous Speech Data

续表

时间	回	名称	英文名称
2012	26	研究日语汉字词的现代日语和汉语资料	Modern Japanese and Chinese Language Materials for the Study of Sino-Japanese Words
2012	27	历时音韵变化带来的语音发展	Phonological Development in the Midst of Phonological Change
2012	28	日语教学的发展趋势	Trends in Japanese Language Teaching/Learning
2012	29	为什么没有典型音高系统	Why There Is No Canonical Pitch-accent System
2012	30	多重语法：超越口语和书面语言的语法	A Multiple Grammars: Beyond the Grammars of Spoken and Written Language
2012	31	句法构造的决定机制：从形态学到语用学	A Ways of Phrase Structure Construction: From Morphology to Pragmatics
2012	32	变体汉文句子词序的一致性:《古事记》《日本灵异记》和《将门记》中的原则	Consistency in Hentai Kambun Word Order: A Uniform Principle for the Kojiki, Nihon Ryooiki, and Shoomonki
2012	33	音韵学的基本单位及其切分和区别音段与音韵要素的作用	Phonological Primitives and the Role of Segments and Distinctive Features
2013	34	日本的英语教学政策问题——环球人才培养的目标	Issues of Language Policy in Japan: A Fallacy of "Globalized Human Resources"
2013	35	包含惯用语的疑问句	Conventionally Implicated Question
2013	36	"言う"（说）从态度到结论：日语连接结构从连体形到终止结构的变化的启示	From Attributive to Conclusive "Say" Constructions: Implications for the Rise and Fall of the Kakari Musubi (Focus) Constructions in Japanese
2013	37	多语言环境中长大的学生的两种语言的关系以及继承语教育的意义	Cross-Lingual Relationship Among School Children Growing up in Multilingual Environment: Its Implications for Heritage Language Education
2013	38	语音生成和感知：语流中词语的音调	Human Speech Production and Perception: Lexical Tones in Continuous Speech
2013	39	通过国家正字法政策解决社会问题	Solving Social Problems Through National Orthography Policies

续表

时间	回	名称	英文名称
2013	40	手语的历时变化	Historical Change in Sign Languages
2013	41	日本汉字字音和日语音韵史	Japanese Hanziyin and Japanese Diachronic Phonology
2013	42	凸显和重音：组合语调系统的替代分析	Issues in the Representational Analysis of Syntagmatic Tone Systems: On Prominence and Stress
2013	43	语义学和形态范畴	Semantics and Morphological Categories
2013	44	从类型学和历时性角度看模态	Modality from a Typological and Diachronic Perspective
2013	45	递归和相互类型理论：以日语、阿依努语和尼夫赫语为对象	A Typology of Reflexive and Reciprocal Constructions: With Reference to Japanese, Ainu and Nivkh
2014	46	句法复合动词	Syntactic Compound Verbs
2014	47	语言和思维的顺序	Order in Language and Thought
2014	48	日语语调和 OT（运营）工作场所	Exploring Japanese Accent in OT Workplace
2014	49	爸爸、艾迪、妮妮、纳尼和巴尔迪：语音感知的大数据	DADDY, EDDY, NINNY, NANNY and BALDEY: Big Data for Speech Perception
2014	50	跨东亚语言发展中的动态平衡和主语优势	Entropy Reduction and the Subject Advantage in Relative Clause Processing Across East Asian Languages
2014	51	准体助词“の”的历史与语言变化	The History of the Nominalizin Particile “No” and Language Change
2014	52	信息技术进展与语言教育和教师的未来	Advancement of ICT Technology in Language Education and the Future of Teacher
2014	53	鹤冈城郊的语言差别	Linguistic Differences Between Tsuruoka City and Its Suburbs
2014	54	日语关联副词“—テ”及其关联形式	Adverbial Connective Forms in Japanese: The Te-Form and Some Related Forms
2014	55	语义范畴：生物学与文化学的联合产物	Semantic Categories: The Joint Product of Biology and Culture

续表

时间	回	名称	英文名称
2014	56	第一语言和第二语言写作批改	Aspects of Revision in the L1 and L2 Writing Process
2015	57	作为濒危语言文化存档工具的数字博物馆：大型在线媒体数据库	Digital Museum with a Large Scale Online Media Database as a Tool for the Documentation and Preservation of Endangered Languages and Cultures
2015	58	日语书面语叙事中心和主题形式：第一语言日语和第一语言英语者的比较	Center of Attention and Topic Forms in Japanese Written Narratives：A Comparison of L1 Japanese and L1 English Speakers
2015	59	比较 1929 与 1932 年桥本进吉的语法论讲义笔记，看昭和初期语法理论发展	Development of HASHIMOTO Shinkichi's Japanese Grammar in the Early Showa Period：Comparison of His Lecture Notes in 1929 and 1932
2015	60	话语语法：语言和神经学的观察	Discourse Grammar：Some Linguistic and Neurological Observations
2015	61	日语鼻浊音 2 题	On the Velar Nasal and Prenasalized Consonants in Japanese
2015	62	使用非侵入性测量阐明与听觉、说话和语言认知有关的大脑功能	Elucidation of Brain Function Associated with Audition，Speech Perception and Verbal Cognition Using Non-invasive Measurements
2015	63	琉球冲绳岛幸喜方言的句子终结助词与模式	Sentence Final Particles and Modality in Koki Dialect of Okinawa Island，Ryukyu
2015	64	国家人文研究院第五届日本研究成就奖“上古日本列岛的民族语言史”	The Ancient Ethnolinguistic History of the Japanese Archipelago
2015	65	语料库语言学方法对话交互分析	Corpus-Linguistic Analysis of Conversational Interaction
2015	66	法语口语语料库：ESLO	A Corpus of Spoken French：ESLO
2015	67	关于土话的描述：个体词汇中的基层	On Description of Vernacular：Basal Layer in Idiolect
2015	68	“です”和“ます”的语法化：首选语序变化过程	Grammaticalization of DESU and MASU：Steps Toward a Preferred Word Order
2016	69	“が”和“は”再考	GA and WA Revisited

续表

时间	回	名称	英文名称
2016	70	非从属句的类型学：语言类型学研究与日语语言学表示暂停副词从句研究的交汇点	A Typology of Insubordinate Clauses—The Interface of Linguistic Typological Studies and Japanese Linguistic Studies on Suspended Clauses
2016	71	从说话者视线观察看语言与思维相关性：日语、西班牙语、捷克语实验观察	Speakers' Gaze Pattern Reveals Interaction Between Language and Thought: Evidence from Eye-Tracking Experiments in Japanese, Spanish, and Kaqchikel
2016	72	主语脱落语言的论元结构：日语	Argument Structure in a ProDrop Language: The Case of Japanese
2016	73	汉文训读和本土化阅读：亚洲以及周边	Kanbun Kundoku and Vernacular Reading—Asia and Beyond
2016	74	日语中运动事件的表述：跨语言实验研究	Motion Event Descriptions in Japanese: Crosslinguistic Experimental Studies
2016	75	构建面向全球的日语语法网站	Constructing Japanese Grammar Sites for the World
2016	76	艺术发声研究用表演资料的收集与利用	Collection and Use of Acted Speech for Research of Expressive Speech
2016	77	百科全书的各方面意义	Some Aspects of Encyclopedic Meanings
2016	78	音步结构和英语的央元音弱读	Foot Structure and English Schwa Syncope
2017	79	来日本留学前后英语母语者的日语能力分析：作为互动能力的口语能力的衡量	On "Oral Proficiency" Among L2 Speakers of Japanese Before and After Study Abroad: Hard-to-Measure Aspects of Interactional Competence
2017	80	苏格兰语法地图集介绍：目标、方法和成就	Introducing SCOSYA: The Scots Syntactic Atlas. Aims, Methodologies, Preliminary Results
2017	81	括弧结构的语言单位边界标记作用	Bracket Structures in the Light of Marking of Language Unit Boundaries
2017	82	母语者和非母语者代词使用的韵律建构和时体语法的比较	Contrastive Prosody and Grammatical Aspect in Native and Non-native Reference Resolution
2017	83	古代日语指示词再考	A Re-examination of Demonstratives in Ancient Japanese

续表

时间	回	名称	英文名称
2017	84	歌舞伎文本中的第一人称的历史语言学研究：用过去解释现在	First Persons in Kabuki Texts—Explaining the Present from the Past
2017	85	句法解析语料库（NINJAL Parsed Corpus of Modern Japanese，简称 NPCMJ）的标注	Annotation in NPCMJ，a Corpus with Syntactic and Semantic Information
2017	86	语法化研究目标的句法标注语料库构建	Constructing a Syntactically Annotated Corpus for Grammatical Research
2017	87	日语名词修饰从句结构：理论边界的重新考量	Japanese Noun-Modifying Clause Constructions：Rethinking the Theoretical Boundary
2017	88	条件子句与主题：相似性和差异性研究	Conditionals and Topics：They Are Similar but Not Quite the Same
2017	89	语言和心理元表征发展	Development of Linguistic and Psychological Metapresentation
2017	90	与人共存的系统：语言和手势营造氛围	Human Symbiosis Systems：Making Atmosphere with Language and Gesture
2018	91	累积量化的逻辑与语用学	Logics and Pragmatics of Cumulative Quantification
2018	92	论话题	On Topic
2018	93	俄罗斯圣彼得堡的日语历史与方言材料	On the Sources for the History and Dialects of Japanese Language Preserved in St. Petersburg
2018	94	高级脑机能成像探索：人文科学与生理学合作	Functional Neuroimaging Approach to Human Cognition：Towards Inter-disciplinary Collaboration Between Humanities and Physiology
2018	95	多语种多元文化的语言教育	Language Education as Everyday Translingual Activism
2018	96	条件从句中的主题	Topics in Conditional Conjunctions
2018	97	LingDyTalk：面向少数语种的智能手机 APP 开发	Development of a Smartphone App LingDyTalk for Minority Language Community
2018	98	人工智能现状和未来	Current and Future of AI

续表

时间	回	名称	英文名称
2018	99	激发听觉视觉与身体感觉的外语发音训练及其效果	Effects of Auditory, Visual, and Kinesthetic Training on Foreign Language Speech Learning
2018	100	极性问题的响应粒子：语言之间的参数差异	Response Particles to Polar Questions: Parametric Differences Across Languages
2018	101	语言复兴的发展和方向：威尔士与其欧洲背景	The Development and Direction of Language Revitalization— A Focus on Wales and Its European Context
2018	102	开放科学改变科学研究和学术交流	Science and Scholarly Communication Being Transformed by Open Science
2018	103	1989—2019 纵向民族志中的语言变化和生命历程：神户妇女组研究	Language Changes and Life Course in a Longitudinal Ethnography: The Kobe Women's Panel Study 1989-2019
2018	104	日语生成语法理论缘何不再流行?	Why Studies on the Origin of Japanese Language Is out of Fashion in Japan?
2018	105	多元文化的澳大利亚日语教学	Teaching Japanese in Multicultural, Multilingual Australia
2019	107	第一语言和第二语言习得假说的现状：时体获取的普遍性从何而来?	The Current State of the Aspect Hypothesis in L1 and L2 Acquisition: Where Do the Universals of Tense-aspect Acquisition Come from?
2019	108	英语补语从句的时态：停止与插入的关联	English Tense Morphemes in Complement Clauses: Are Cessation and Parentheticality Relevant?
2019	109	日语国语教育与英语教育思考：以大学入学考试改革为重点	National Language and English Language Education vis-a-vis University Entrance Examination Reform
2019	110	通过手语看句法和形态变化	Syntactic and Morphosyntactic Variation Across Sign Languages
2019	111	作为疑问句的标记的日语句末助词语义分析	Question-oriented Semantics for Japanese Sentence-final Particles
2019	112	助词语法的比较视角分析	A Comparative Perspective on the Grammar of Particles

续表

时间	回	名称	英文名称
2020	113	语音扩展理论优化：非洲卡拉哈里盆地地区的语音类型学分析	Toward a Better Understanding of the Extension of Speech Sounds：The Phonological Typology of the Kalahari Basin Area
2020	114	融合欧洲共同语言参考标准（The Common European Framework of Reference for Languages，简称 CEFR）的语料库的外语教学语言资源构建	Integrating Corpus Approaches with the CEFR for Developing Linguistic Resources for Foreign Language Teaching
2020	115	发音设置：概述以及日语数据	Articulatory Settings：An Overview and Some Japanese Data
2021	116	摩擦音的气动模拟	Aeroacoustic Simulation of Fricative Productions
2021	117	作者身份识别：语言 DNA 鉴定	Forensic Authorship Analysis：Emulating DNA Analysis
2021	118	没有疑问助词的 Wh 短语的分布和解释	The Distribution and Interpretation of Wh-Phrases without Quantificational Particles
2021	119	语言变化与社会	Language Change and Society
2021	120	从认知神经科学视角分析日语复杂构造句子的产生与理解	On the Production and Comprehension of Scrambled Sentences in Japanese：A Cognitive Neuroscience Perspective
2021	121	从跨语言表现看日语拟声词	Japanese Ideophones from a Crosslinguistic Perspective

二、沙龙

2022 年 4 月改组前，日本国语研有 5 个研究系和 2 个中心，是按照语言学研究的系统性设置的。理论对照研究着重语言类型学的研究，语言变异研究是历史语言学研究，语言变化研究是社会语言学研究，语音研究是语音学研究，日语二语教学研究是语言教学研究。根据《中国大百科全书（第二版）语言文字卷》，对 5 个研究领域和 2 个中心的日语、英语、汉语名称进行了对照，如表 5-9 所示：

表 5-9　日本国语研各专业领域

	领域（日语）	Division（英文）	领域（汉语）
1	理論・対照研究	Theory&Typology	理论对照研究
2	言語変異研究	Language Variation	语言变异研究
3	言語変化研究	Language Change	语言变化研究
4	音声言語研究	Spoken Language	语音研究
5	日本語教育研究	JSL Research	日语二语教学研究
6	研究情報発信センター	Center for Research Resources	研究资源中心
7	コーパス開発センター	Center for Corpus Development	语料库开发中心

（一）理论语言学领域沙龙

表 5-10　理论语言学领域沙龙

年度	次	主题	官网英文对译
2009 年	2	中日词汇交流问题研究	Approaches to the Topic of Japanese-Chinese Vocabulary Exchanges
2009 年	5	国语研《金刚顶一切如来真实摄大乘现证大教王经》书目和训点	Bibliographic Information and Kunten Marks of the NINJAL Book "Kongocho Issai Nyorai Shinjitsusetsu Dai Shodai Jjogensho Daiokyo Okyo"
2010 年	9	共同语化的研究有趣吗?	Standardization of Dialect by the Life-Long Assimilation
2010 年	10	本杰明・史密斯・莱曼与莱曼连浊定律	Benjamin S. Lyman and Sequential Voicing—The Discovery of a Law
2010 年	16	词语形成和音韵结构	Word Formation and Phonological Structure
2010 年	18	日语母语者评价法语母语者作文：日语教师与非教师全部评价与部分评价的关系	How Do Native Japanese Speakers Evaluate Non-native Speakers' Essays? Correlation Between Total and Partial Evaluation by Japanese-Language Teachers and Non-teachers
2010 年	22	话轮递进结束预测模型研究：基于日语会话语料库的定量分析	Consideration on the Incremental Prediction Model of Turn-Taking Based on the Quantitative Analysis of Japanese Conversations
2010 年	26	日语元音清化与韵律：音节和音拍的现实性	Japanese Vowel Devoicing and Prosody：Maintenance of the Syllable and Mora Units

续表

年度	次	主题	官网英文对译
2010 年	27	关于奈良田方言	On the Narada Dialect
2010 年	29	东京方言中外来词复合词去重音化	Deaccentuation in Loanword Compounds in Tokyo Japanese
2010 年	36	作为关西话共同语的“~てほしい”的普及轨迹及其背景	Tracking the Diffusion of “tehoshii”, an Expression Originated in the Kansai Dialect
2010 年	37	具有形容词语义功能的“名词＋の”	“Noun+no” Phrases That Behave Like Adjectives in Their Meanings
2011 年	46	日语中表示复数名词语素的“ず”的重音分析：关于无标记的浮现	On the Accent of the Plural Morpheme [zu] in Japanese: The Emergence of the Unmarked
2011 年	50	语言的事件与属性	Events and Properties in Language
2011 年	54	日语书面语中汉字和假名混合使用与古代阿卡德人楔形文字的表记共通点：现代日语学习者从他国过去的文化中学到的经验	Japanese Kanji-Kana Mixed Writing and Akkadian Cuneiform: What Present-day Students of Japanese Can Learn from an Ancient Culture
2011 年	55	疑问句和语气焦点：日语福冈方言和韩国庆尚南道方言的例证	WH-Question and Focus Intonation: A Case Study of Fukuoka Japanese and South Kyeongsang Korean
2011 年	57	父母的方言对方言习得的影响：鹿儿岛方言的例证	Parental Influence in Dialect Acquisition: The Case of the Kagoshima Dialect of Japanese
2011 年	63	日语对话中对方的重复的理解分析	Repetitions of Other's Speech in Japanese Conversations
2011 年	65	复合动词数据库构建	Towards Constructing a Database of Compound Verbs
2011 年	67	国语研所藏语言研究资料：日语历史研究资料	Materials for Historical Japanese Language Research on NINJAL Library
2012 年	78	鹿儿岛方言的语调	Vocative Intonation in Kagoshima Japanese
2012 年	85	东京年轻一代词汇变异的地理分布研究	A Study of the Geographical Distribution of Lexical Variation Among Younger Generation Speakers in the Tokyo Metropolitan Area
2013 年	99	鹿儿岛方言的疑问语调	Question Intonation in Kagoshima Japanese

续表

年度	次	主题	官网英文对译
2014 年	108	日语否定极性疑问的韵律和认识的偏差的相关性	Correlations Between Prosody and Epistemic Bias in Negative Polar Interrogatives in Japanese
2014 年	119	日语学习者对元音长短对立的感知：母语元音音长音高的影响作用	Duration and Pitch Cues in L1：Perceptual Effect on Phonological Vowel Length for Learners of Japanese
2014 年	123	构建日常会话平衡语料库	Toward the Construction of a Balanced Conversational Corpus of Japanese
2015 年	131	塞音和摩擦音的发声感知：俄语的感知实验	Voicing in Stops and in Fricatives：A Perception Study in Russian
2015 年	138	日语谓词缺失和连接词空位	VP-ellipsis and Null Adjuncts in Japanese
2015 年	139	日本平安时代辞书《色叶字类抄》研究的现状与展望	Current Status and Prospects in the Study of the Iroha-Jiruishō
2016 年	142	复合词的对称性和不对称性：基础和细节	Symmetry and Asymmetry in Compounds：A View from Baseline and Elaboration
2016 年	144	根据说话速度把控停顿细节：跨语言的观察分析	Variability in Temporal Details of Stops as a Function of Speaking Rate：A Cross-linguistic Perspective
2016 年	155	语法和语义分析语料库的开发与语言研究：标注方法、检索和提取方法	Development of and Linguistics Research with a Syntactically and Semantically Annotated Corpus：Annotation Scheme and Search/Extraction Method
2017 年	162	描写维度的形容词的使用：日语和西班牙语“高”的对比研究	When are Dimensional Adjectives Used in Spanish & Japanese：The Case of “Alto” & “Takai”
2017 年	165	日语中身份回避和语音必异原则的影响：实验方法的探索	Identity Avoidance and OCP Effects in Japanese：Experimental Explorations
2017 年	166	新词语的否定和“は”后接负面义	Negative Polarity of Toritateshi and Contrastive Wa
2018 年	171	熊野滩沿岸地区各个方言的语音多样性和普遍性	The Diversity and Universality of the Accents of the Dialects in the Southeastern Kii Peninsula

续表

年度	次	主题	官网英文对译
2018年	172	日语短语“とき”（……时）的时态解释：“ル形”和“タ形”的非对称性意义	The Temporal Interpretation of the Toki-clause in Japanese：Focusing on the Asymmetrical Meaning of the Ru-form and the Ta-form
2018年	176	小林方言的语调	Vocative Intonation in Kobayashi Japanese
2018年	177	东京方言的语调	Vocative Intonation in Tokyo Japanese
2019年	187	范畴语法、语言学（和生成语法）	Categorial Grammar，Linguistics（and Generative Grammar）
2020年	213	日语“ラ”行音的调音：多样性和相似性	Articulation of Geminated Liquids：Variability and Similarity

（二）语言变化与变异研究系/社会语言学领域沙龙

表5-11　语言变化与变异研究系/社会语言学领域沙龙

年度	次	主题	官网英文对译
2009年	7	接触方言形成的特点	Characteristics Observed in the Formation of Contact Dialects
2010年	13	最早的俄日词典编写者贡札记录的日语：18世纪萨摩方言	On the Language of Gonza's Textbooks：Eighteenth-Century Satsuma Dialect
2010年	14	全国方言调查数据化	Creation of the Database for the Research on Dialectological Distributions of Japanese
2010年	19	日语词“役不足”（大材小用）的正确使用和误用偏差：民意调查与实例调查	On the Misuses of Japanese Word Yakubusoku：Public Opinion Poll and Example-Examination
2010年	38	20世纪下半叶报纸中外来词的基础词汇化	Shift of the Loanwords to Basic Words in the Japanese Newspaper Vocabulary in the Second Half of the 20th Century
2010年	39	语言变化与方言分布变化	Language Change and the Change of Distributions of Dialects
2010年	40	南琉球多良间岛方言的主题表达	On Topic Expressions in Tarama Dialect，South-Ryukyuan
2010年	43	语言地图中的方言变化和日语规范化	Dialect Change and Language Standardization in Japanese

续表

年度	次	主题	官网英文对译
2011 年	49	琉球语的书写系统	On the Ryukyuan Writing System
2011 年	51	方言语法对比研究第一部分：调查概要及其数据分析，原因、理由与表现	Contrastive Study of Dialect Grammars—Part 1：Research Brief，Causal Expressions
2011 年	52	方言语法对比研究第二部分：积极和消极表达	Contrastive Study of Dialect Grammars—Part 2：Positive and Negative Expressions
2011 年	62	当代语言意识史描写的尝试：新词语“なにげに（何気に）”（80 后口头禅，“其实”）	A Trial of Description on the History of Language Awareness in the Modern Age：Focusing on a New Word “nanigeni”
2012 年	84	日语史研究视野的复合词重音研究	What Does the Compound Accentuation of Japanese Tell Us About the History of the Language?
2013 年	87	（1）琉球语的统一的记录方法（2）词汇信息获取的认知方法探讨	A Unified Writing System of Ryukyuan Languages，Cognitive Approaches to Lexical Information Acquisition
2013 年	96	“ガ”行鼻音的衰落过程及其成因：利用札幌和富良野的大规模数据	On the Change of the Allophones of /G/：Using Data from a Large-Scale Survey in Sapporo and Furano
2013 年	98	现代标准日语中形容词谓语过去时的证据	A Study on Past-Tense Adjective Predicate and Evidentiality in Modern Standard Japanese
2014 年	107	日语不同文体风格被动句型的频率分布：会话体和叙事体小说	The Frequency of Japanese Passive Construction Types in Different Text Genre—The Dialogue and the Narrative in Fiction
2014 年	109	敬语变化的社会原因：冈崎敬语调查	Social Factors and the Level of Politeness：A Report from the Okazaki Survey on Honorifics
2014 年	118	日语和西班牙语的第一人称主语被动句	The First-Person Subject Passive in Japanese and Spanish
2015 年	126	冈崎敬语调查功能要素的时代变迁：行李存放时的客套	Aging of the Functional Elements in Okazaki Honorifics Survey—Interpersonal Consideration of "Luggage Deposit" Scene
2016 年	146	熊本方言格标记与焦点	Case Marking and Focus Marking in the Kumamoto Dialect
2016 年	147	多渠道读取磁带的高速数字化存档	High Speed Digital Archiving of Magnetic Tape Using Multi Channel Reading System

续表

年度	次	主题	官网英文对译
2016 年	148	赞岐方言谈话结束和谈话行为的关系：疑问句的上下句	Correlation Between Utterance-Final Expressions and Speech-Acts in the Sanuki Dialect：Continuity Around Interrogatives
2016 年	150	奈良前古日语复合动词的论元结构：不同论元结构的集成	Argument Structures of Complex Verbs in Old Japanese：Focusing on the Unification of Different Argument Structures
2017 年	169	日语“ら”的复数：与匈牙利语的对比	Plurality in “-ra” in Japanese：Comparative Study with Hungarian
2018 年	178	大阪泉州方言表示复数的“ら”	Plurality of “-ra” in the Osaka-Senshu Dialect
2018 年	179	日本古典文学中的住房	Housing in Japanese Classic Literature
2019 年	181	琉球八重山白保方言声调有三个而非两个	Shiraho，Southern Ryukyuan，Has Three，Not Two Tones
2019 年	185	北琉球冲绳语伊平屋方言的动词和形容词	Verbs and Adjectives in Iheya Okinawan
2019 年	191	学术演讲的幻灯片设计：语言学描述的例子	Slide Design for an Academic Presentation：In the Case of（Descriptive）Linguistics
2019 年	192	日本平安时代早期训点资料静音字符的再思考：使用语料库电子文本进行训点语研究的尝试	Reexamination of Muted Character on the Kunten Materials in Early Heian Period：For an Attempt to Study the Language of Kunten Materials Based on Corpuses and Digitized Texts
2019 年	194	日本中世（镰仓幕府到江户幕府时期）复合动词的敬语形式	Honorific Forms of Compound Verbs in Late Middle Japanese
2019 年	197	青森县南部野边地方言的音韵	Phonology of Noheji Dialect，Nambu，Aomori
2019 年	202	茨城方言中的复数“5”	Plurality of “RA” in Ibaraki Dialect
2020 年	206	琉球与那国岛方言的音韵变化和形态变化	Phonological and Morphological Changes in Yonaguni Ryukyuan
2020 年	207	南琉球多良间仲筋方言和水纳岛方言的形容词方音体系	Lexical Prosodic System of the Adjective in Southern Ryukyuan Tarama Nakasuji and Minna Dialects
2020 年	208	《金光明最胜王经》平安时代中古训点词的一个方面：历时共时角度	An Aspect of Kunten-Language in Heian Period See in “Golden-Light-Sutra”（Glossed in Early Heian Period）：From a Diachronic and Synchronic Perspective

续表

年度	次	主题	官网英文对译
2020 年	209	在线研讨会的演示和互动	Presentation and Facilitation at an Online Seminar
2020 年	212	濒危语言 / 方言田野数据的存档中元数据的整理组织	Metadata Organization for Field Data of Endangered Dialects and Languages
2020 年	214	1948 年国语研和统计数据研究所联合调查的日本人读写能力的现代意义	Contemporary Significance of the 1948 Survey on Japanese Literacy：The Starting Point of the Collaboration Between National Institute for Japanese Language and Linguistics and the Institute of Statistical Mathematics
2020 年	216	南琉球语中汉语借用时期与音调变化的年代	Sino-Japanese Loanwords and the Relative Chronology of Sound Changes in Southern Ryukyuan
2020 年	217	琉球宫古语多良间方言的词汇方音体系独特的音调类型有四种而不是三种	The Lexical Prosodic System of Ryukyuan Miyako Tarama Dialect Has Four，Not Three Distinctive Tonal Categories
2020 年	218	日本人读写能力 1948 年调查显示出生年代对文盲率的影响	The Effect of Year of Birth on the Illiteracy Rate in the 1948 Survey of Japanese Literacy
2020 年	221	地方政府提供多语种信息的现状与问题	Current Trends and Issues in the Multilingual Information Service by the Local Government
2021 年	222	广岛大学日语电话交谈语料库：设计与现状	Corpus of Japanese Telephone Conversation at Hiroshima University：Design and Status Quo
2021 年	223	濒危语言辞书数据库的构建和发布	Construction and Publication of Databases of Endangered Languages
2021 年	225	日本研究人员 2450 年能引用怎样的史料	Historical Documents Cited by Japanese Language Researchers in 2450
2021 年	227	作为心理学研究示例的分布语义理论	A Psychologist Made an Example to Explain Distributional Semantics in 10 Minutes：Failed Work?
2021 年	229	方言转录文本的词素分析	Toward Morphological Analysis of Transcribed Texts in Japanese Dialects
2021 年	232	以琉球语描写语言学为对象的元研究尝试：南琉球语过去 40 年词汇研究的评价与问题	Possibilities in Meta-Research on Japonic Descriptive Linguistics：Evaluation of 40 Years of Lexical Research on Southern Ryukyuan and Its Consequences for Future Methodology
2021 年	235	昭和平成书面语语料库的构筑与公开发布	Construction and Publication of the Showa-Heisei Corpus of Written Japanese

（三）口语研究领域沙龙

表 5-12 口语研究领域沙龙

年度	次	主题	官网英文对译
2016 年	145	场景设定的会话结束研究	A Study of Conversation Closings in an Institutional Setting
2016 年	157	日语日常会话语料库的构建和收录情况	Construction of "Corpus of Everyday Japanese Conversation": Progress Report of Recording Naturally Occurring Conversations
2018 年	170	国语研资料室收藏多媒体资料数据库	NINJAL Multimedia Resource Collection
2018 年	174	自然口语语料库大型先行智能框架的五个证据	Five Evidences for Large Lookahead in Spontaneous Speech
2019 年	183	基于实时核磁共振成像语音数据库的句末拨音分析	Analysis of Utterance-Final Moraic Nasal by Means of the Real-Time MRI Movie Speech Database
2020 年	205	暗示评价的使用：日语会话中引文标志“みたいな”（这么说）的分析	Alluding Assessment with Direct Reported Speech: An Analysis on Quotation Marker "Mitai-na" in Japanese Conversation
2020 年	211	重音短语开头的 Fo 上升的突变：语言的因素和副语言的因素相互作用制约音韵的结果	Variation of Fo Rise in the Beginning of Japanese Accentual Phrase: Constraint as the Result of Interaction Between the Linguistic and Paralinguistic Factors
2021 年	224	从去语境化视角采用共同想象方法的会话分析	Analysis of Conversation Supported by Coimagination Method from the Viewpoint of De-Contextualization
2021 年	234	日语日常会话语料库中引语形式的结构	Structurization of Telling with Quotation Markers in Corpus of Everyday Japanese Conversation

（四）日语二语教学研究领域 / 日语二语教学资源中心沙龙

表 5-13 日语二语教学研究领域 / 日语二语教学资源中心沙龙

年度	次	主题	官网英文对译
2009 年	8	近代学校与寺子屋：汉字教学	Modern Schools and Temple Schools—Focusing on the Teaching of Characters

续表

年度	次	主题	官网英文对译
2010 年	20	日语教师对日语学习者道歉信的评价差异：基于定性分析阐明其多样性	Differences Among JSL Teachers' Attitudes When Evaluating Letters of Apology Written by Japanese Learners: Classification of the Evaluation Process Based on a Qualitative Method
2010 年	21	定居外国人的日语水平与语言生活变化的纵向研究：以巴西日裔聚居区学生为例	A Longitudinal Study on the Sift of Japanese Language Proficiency and Life Pattern of Permanent Residents in Japan—A Case of Japanese-Brazilian Students in a City
2011 年	61	日语教学语法描写的思考	How Japanese Grammar Should Be Described for Second Language Learners?
2012 年	71	面向交际的日语学习词典的构想	A Framework for a Japanese Language Learning Dictionary for Communication
2012 年	72	日语学习者的交际：偏误原因与口语表达策略	Communication by Learners of Japanese as an L2—Errors and Speaking Strategies
2012 年	74	定居日本的巴基斯坦移民的语言使用	Language Use of the Pakistani People Living in Japan
2012 年	77	从习得到参与：交际能力观的变革和评价研究的定位	From "Acquisition" to "Participation": Changes in Views of Communicative Competence and the Positioning of Evaluation Studies
2013 年	88	（1）日语习得者会话的不同风格的人际功能观察（2）信息结构与韵律的相互作用	Interpersonal Functions of Stylistic Variations Observed in Non-native Japanese Speakers' Dialogues The Interaction Between Information Structure and Prosody
2014 年	112	外国人也容易理解的文章：日语教师与技术写作者的不同	Improving Reader-Friendliness to Non-native Japanese Readers: Revisions by Japanese Instructors and Technical Writers
2014 年	124	定居日本的韩国成年人价值观多样化质性分析：基于价值观的自我评价	A Qualitative Study on the Diversification of Values of an Adult Korean in Japan: A Focus on Self Evaluation Through Values
2015 年	128	日语学习者语料库的充分条件和必要条件	Necessary and Sufficient Conditions for a Learners' Corpus—Building the International Corpus of Japanese as a Second Language（I-JAS）
2016 年	143	语言研究中的社会心理学方法	Social Psychological Approach to Language Studies

续表

年度	次	主题	官网英文对译
2016年	152	日语学习者阅读过程中的词汇语义理解：以上下文信息为线索	Comprehension of Words Meaning During Reading Process by Japanese Learners：Using Contextual Clues
2016年	153	南琉球宫古多良间方言中NP1=nu NP2的音高模式	Pitch Patterns of "NP1 = nu NP2" in Tamara Miyako Ryukyuan
2016年	154	日语学习者语料库中的任务类型与产出词汇的关系	Relationships Between Task Types and Produced Words in the I-JAS Corpus
2016年	156	日语会话语料库的特点与自然会话资源库的语用分析	On the Feature of "Spontaneous Conversation Corpus by BTSJ（SCC by BTSJ）" for Pragmatic Research and Natural Conversation Resource Bank（NCRB）
2017年	159	作为人际交流理论的会话礼貌原则的新进展：有关时间、面子满意程度、面子均衡原则的概念	New Development of "Discourse Politeness Theory" as an Interpersonal Communication Theory：Focusing on the Concepts of "Time", "Degree of Face Satisfaction", and "Face Balance Principles"
2017年	163	基本动词手册的开发：以视听内容为重点	Development of the Handbook of Japanese Basic Verbs：Focusing on the Audiovisual Contents
2017年	167	日语语气词的语法描述：系统功能语言学的研究	A Description of MOOD in Japanese—from a Systemic Functional Perspective
2019年	182	中级日语学习者的观点是否因母语而异：I-JAS讲故事的分析	Is the Point of View of Intermediate Japanese Learners Different Because of Their Native Languages? From the Analyses of Storytelling from I-JAS
2019年	184	在线社区表达分析：利用广泛集成学习模式	A Study on Expression Analysis in Crowd Sourcing：Utilization of Wide Learning
2019年	186	琉球方言中的关联现象	Kakarimusubi-related Phenomena in Ryukyuan Dialects
2019年	196	英国威尔士和马恩岛语言继承和语言复兴的现状：日本青年研究人员海外派遣成果报告	Language Maintenance and Revitalization in Wales and Isle of Man：Report of NIHU Overseas Dispatch Program for Young Researchers
2019年	198	巴布亚新几内亚的艾克语的句段音韵学	Description of the Aiku Phonemic System
2019年	203	"サセル"（给）的语义语用功能的生成机制：基于电视剧剧本数据库的分析	Generating Mechanism of Semantic and Pragmatic Functions of（S）aseru：An Analysis Based on the Data Collected from Scripts for TV Dramas

续表

年度	次	主题	官网英文对译
2020 年	210	日语学习者闲聊时不自然地使用结束的助词“ね”“よ”“よね”（好吧）分析——基于成绩单和录音以及日语自然对话语料库 2018 年版	An Analysis of Unnatural Use of Final Particles “Ne”，“Yo”，“Yone” by Learners of Japanese in Casual Conversations：By Using “BTSJ Japanese Natural Conversation Corpus with Transcripts and Recordings（2018）”
2020 年	219	扫盲定义研究与展望：发展日语素养调查的跨学科研究	Consideration and the Prospects about the Definition of the Literacy：For an Interdisciplinary Study for the Development of the Japanese Literacy Survey

（五）跨语言研究领域沙龙

表 5–14　跨语言研究领域沙龙

年度	次	主题	官网英文对译
2009 年	1	语言理论与日语教育的融合	Toward Symbiosis of Linguistic Theory and Japanese Language Pedagogy
2009 年	3	日语、韩语和汉语的名词结句	“Noun-Concluding Sentences” in Japanese, Korean，and Chinese
2010 年	17	日语研究对一般语言学的贡献	Contributions from Japanese Linguistics to General Linguistics
2010 年	23	从日语看印地语的关系从句结构：所谓外部关系	Relative Clause Constructions in Hindi and Japanese：Focusing on the So-called “External Relationship”
2010 年	31	自主和转换的相互关系：理论研究与实证研究结合的案例研究	Toward Unraveling the Correlation Between Volitionality and Transitivity：A Case Study of the Symbiosis of Theoretical and Experimental Research
2010 年	32	左向错位结构与无助词名词短语：信息结构理论的研究	Left-Dislocation Constructions and Particleless NPs in Japanese：From the Viewpoint of Information Structure
2011 年	56	奇怪的被动句：熊被迫地被枪杀了	Strange Passive Sentence：The Bear Was Shot Dead Reluctantly
2011 年	58	日本上代（大和、飞鸟、奈良时代）中世纪初日语资料中所谓的主格助词“イ”的分布和起源由来：以《续日本纪・宣命》和九世纪的训点资料为中心	The Distribution and Sources of the So-called Nominative Particle =i in Old and Early Middle Japanese：With a Focus on the Shoku Nihongi Senmyo and 9th Century Kunten Materials

续表

年度	次	主题	官网英文对译
2011 年	59	从日语看菲律宾官方语言之一他加禄语的名词修饰语结构	Tagalog Noun-Modifying Constructions：From a Japanese Perspective
2011 年	64	回忆在（德国莱比锡）马克斯普朗克进化人类学研究所的日子	My Stay at the Max Plank Institute for Evolutonary Antropology：A Retrospection
2011 年	68	我的语言学人生：今天的奋斗是明天的幸福	My Life as a Linguist：Today's Hardship is Tomorrow's Happiness.
2012 年	75	公鸡怎么了:《伊势物语》第十四段新解	WHAT HAPPENED TO A ROOSTER? An Attempt to Decipher an Enigmatic Poem from the Fourteenth Dan of the Ise Monogatari
2012 年	86	巴基斯坦北部的语言及其南亚特征	Languages in Northern Pakistan and Their South Asian Characteristics
2013 年	101	（1）朝鲜语的两种补语从句 （2）日语的"-テオク"与乌兹别克语的"-（i）b qo'y"的对比研究	Two Types of Complement Clauses in Middle Korean A Comparative Study Between Japanese "-te oku" and Uzbek "-（i）b qo'y"
2014 年	111	非使役动词和使役动词间形式关系图谱的形成诱因设想的有效性检验：基于语料库的定性和定量研究	Testing the Validity of Proposals on the Motivation Underlying the Formal Relationship Between Non-causative and Causative Verb Pairs：A Qualitative and Quantitative Corpus-based Study
2014 年	113	现代缅甸语主格标记的焦点功能	The Focus Function of the Nominative Marker in Modern Burmese in Crosslinguistic Context
2014 年	122	从类型学角度看日语语法化	Grammaticalization from a Typological Perspective and in Japanese
2015 年	125	阿依努语与日语的语言接触：从日语到阿依努语的语法借用可能性	On Ainu-Japanese Language Contact—Possible Syntactic Loans from Japanese into Ainu

（六）语料库开发中心 / 系沙龙

表 5-15　语料库开发中心 / 系沙龙

年度	次	主题	官网英文对译
2009 年	4	有关日语句末降调	Final Lowering（Utterance-Final Lowering）in the Japanese Language
2009 年	6	从词汇分布看文本的统计特征	Statistical Characteristics of Text Seen in the Distribution of Vocabulary

续表

年度	次	主题	官网英文对译
2010 年	11	基于互动教学模型的写作支持系统的开发与课堂实践	Development of a Writing Aid System Based on the Mutual Teaching Model and Its Implementation in Classrooms
2010 年	12	冈崎敬语调查中礼貌水平分级的再评估	A Reassessment of “Politeness Level Assignment”
2010 年	15	临床医学术语分类：基于现代日语平衡语料库的词频语料库驱动方法	Classifying the Categories of Clinical Terminology：A Corpus Driven Approach Using the Word Frequency in the Balanced Corpus of Contemporary Written Japanese
2010 年	28	狂言脚本中的说明小品词“でも”	The Illustrative Particle “demo” in Kyogen Daihon
2010 年	34	现代日语书面语平衡语料库中非外来词的片假名表示法及古语词的出现调查	A Frequency and Context Analysis of Katakana Expressions for Non-loanwords and Archaisms Based on BCCWJ
2010 年	42	评价表达的分类与《日语评价（态度表现编）词典》的设计	Classification of Evaluative Expressions and the Construction of the *Appraisal Dictionary of Japanese*（*Attitude*）
2011 年	44	近代汉字词收入日语词典的过程：基于《太阳》语料库的分析	The Integration Process of Some Sino-Japanese Coinages into the Modern Japanese Lexicon：An Analysis of the Taiyo Corpus
2011 年	47	PNLP（Penultimate Non-lexical Prominence，倒数第二的非词汇突显）音形和语言功能	Phonetic Shape and Linguistic Function of PNLP
2011 年	53	利用词素分析词典《中古日文》进行中古日语单词识别和搭配强度的认证	Word Identification in Early Middle Japanese Using the Morphological Analysis Dictionary *Chuko Wabun UniDic* and Collocation Strength
2011 年	60	常用汉字表的基础调查	A Survey and Analysis of Zyoyo-Kanzi-Hyo
2012 年	70	超大规模网络语料库设计	Design of a Web-Scale Large Corpus
2012 年	73	国语研日语研究的语言学文献数据库效用	The Utility of the “Bibliographic Database of Japanese Language Research” by the National Institute for Japanese Language and Linguistics
2012 年	76	复合动词数据库的构建与应用	Construction of a Japanese Compound Verb Database and Its Application to Linguistic Research
2012 年	80	文本中多义词的语义分布	Distribution of Polysemous Word Senses in Text

续表

年度	次	主题	官网英文对译
2012 年	83	自然口语停顿填充的韵律特征及其初步考察	A Pilot Investigation on the Prosodic Characteristics of Filled Pauses in Spontaneous Speech
2013 年	89	（1）基于本体论的日语名词述语句语义分析 （2）上海话变调的多层体系	Semantics on Japanese Copular Sentence with Ontology The Complex Tone Sandhi System in Shanghai Chinese
2013 年	90	使用计量方法论提取日本民歌的文化特征	Extracting Cultural Characteristics from Traditional Japanese Folk Songs: A Method Based on Computational Approach
2013 年	91	自然口语中插入语的功能分析	Functional Analyses of Parenthetical Clauses in Spontaneous Japanese
2013 年	93	美国议会图书馆《源氏物语》手稿研究	On *The Tale of Genji* Manuscript Book at the Library of Congress
2013 年	94	面向助听器性能评估的副语言信息识别实验开发	Development of Paralingustic Information Distinction Tests for Assessment of Hearing-Assitance Devices
2013 年	95	语料库开发的实际条件的发展：着眼国语研未来的讨论	The Actual Condition of the Corpus Development: For Discussion of the Future Design in NINJAL
2013 年	100	日语自然口语语音中最终降低的发生区域	Domain of Final Lowering in Spontaneous Japanese
2013 年	102	以网络为平台载体的超大规模日语语料库开发项目：国语研 2013 财年进展报告	NINJAL Web-Scale Japanese Corpus Project—Progress Report 2013
2013 年	105	语言的书面语表现	Addressing Expressions in Written Japanese
2013 年	106	日语名词谓语句语义标注及其对语言学研究的启发	Semantic Annotation for Japanese Copular Sentences and Its Feedback to the Linguistic Study
2014 年	116	语料库标注的基础研究合作项目进展报告：从 BCCWJ-DepPara 到 BCCWJ-Treebank	Progress Report on Collaborative Research Project “Basic Research on Corpus Annotation” — From BCCWJ-DepPara to BCCWJ-Treebank
2014 年	117	识别实体时有用的百科全书的描述：动物研究的案例	The Useful Encyclopaedic Descriptions for Identifying Entities; A Case Study of Animals

续表

年度	次	主题	官网英文对译
2014年	120	现代日语书面语平衡语料库的句子边界的确定	Revision of Sentence Boundaries in the BCCWJ DVD Edition
2014年	121	面向利用日语研究数据的资料整备：国语研资料室数据库（暂名）检索系统试行版——便于了解的宏观布局	Preparing Archives of NINJAL for Practical Using Research Materials
2015年	129	面向学习者语料库设计的学习者语言高级形态标记	Tag Design for Advanced Morphological Analysis of Learners' Language—Toward Building the International Corpus of Japanese as a Second Language（I-JAS）
2015年	132	现代日语书面语平衡语料库的信息结构标记	Annotating Information Structure in BCCWJ
2015年	133	明治中期翻译小说语料库建设概述与计量分析	Compilation of Corpus of Translated Novels in Mid-Meiji Era and Its Quantitative Analysis
2015年	134	ChaKi.NET 语料库词汇索引系统的现状	The Current State of a Corpus Concordance System "ChaKi.NET"
2015年	140	日语句尾降调分析的GLMM（generalized linear mixed model）广义线性混合模型的统计建模	Statistical Modeling of Final Lowering in Tokyo Japanese by Means of the GLMM
2016年	149	现代日语书面语平衡语料库阅读时间标注	Reading Time Annotation of "Balanced Corpus of Contemporary Written Japanese"
2016年	151	《万叶集》原文—训读文自动对齐：提高语料库标注效率	Original and Transcribed Text Auto-alignment on *Manyosyu* for Efficient Corpus Annotation
2017年	158	国语研研究音频资料收藏数据库	NINJAL Media Resource Collection
2017年	161	近代日语第一人称代词的历时变化	Diachronic Variation of First-Person Pronouns in Modern Japanese Literary Text
2017年	168	使用随机算法从国语研日语网络语料库中自动抽取UniDic 新词语素	Automatic Extraction of New Lemma Candidates for UniDic from "NWJC" Using Randomized Algorithm
2019年	189	阅读时间和标注的统计分析	Statistical Analysis on Reading Time and Linguistic Annotation

续表

年度	次	主题	官网英文对译
2019 年	190	以“分类词汇表”为中心的语言资源开发	Language Resources Based on the “Word List by Semantic Principles”
2019 年	199	NWJC-BERT 和 BERTed BCCWJ：基于上下文词语嵌入的分布语义分析	NWJC-BERT and BERTed BCCWJ：Distributional Semantic Analysis Based on Contextualized Word Embeddings
2020 年	220	通过众包收集大型读取时间数据	Large-scale Reading Time Data Collection by Crowdsourcing
2021 年	226	子句边界停顿变长时演讲者常见处理方式：平行演讲语料库中英语和日语的比较	Do Speakers Use Fillers More Frequently When Silent Pauses Become Longer at Clause Boundaries? A Comparison Between English and Japanese Using Parallel Corpus of Presentation Speeches
2021 年	228	《通用环球日语》单词分写问题	Word Delimitation Issues in *UD Japanese*
2021 年	231	以“过去”和“未来”为题的作文分析：教育基本词汇增补修订版对比分析	Analysis of Essays on the “Past” and “Future” — Contrastive Analysis with the “Fundamental Vocabulary Used for Educational Purpose：Revised and Expanded Edition”

未标明所属系所的沙龙活动如表 5-16 所示。

表 5-16　未标明所属系所的沙龙

年度	次	主题	官网英文对译
2010 年	25	自然语言处理中部分标记语料库	Natural Language Processing with Partially Annotated Corpora
2010 年	30	短暂的古日语主题尊称标记“し”及其在语法化中消失的后果	The Ephemeral Old Japanese Subject Honorific Marker <si> and the Aftereffects of Its Extinction in Grammaticalization
2010 年	33	通过学习日语可以学到什么：语言和文化	What We Can Learn Through Learning Japanese：Language and Culture
2010 年	35	时态和语法	Tense and Grammar
2011 年	45	基于历时语料库编纂辞书	Constructing a Dictionary for Use with a Diachronic Corpus
2011 年	48	琉球首里方言中的语气后缀和疑问语调	Mood Suffix and Question Intonation in Shuri Ryukyuan

续表

年度	次	主题	官网英文对译
2011 年	特别编 1	作为语言学研究者，面对当下地震灾难能做些什么？（特别编 1）	What Can We as Language Researchers Do to Help in the Face of the Current Earthquake Disaster?—Part 1
2011 年	特别编 2	作为语言学研究者，面对当下地震灾难能做些什么？（特别编 2）	What Can We as Language Researchers Do to Help in the Face of the Current Earthquake Disaster?—Part 2
2012 年	69	用于提高汉字教学效率的汉字分析	Kanji Analysis for Supporting Efficient Learning
2012 年	79	从话语理论看句末语调和意义	Prosody and Meaning at the End of Intonation Phrases from the Perspective of a Theory of Spoken Discourse
2012 年	81	现代语言语料库设计中国语研积累的资料再利用的两个案例	Making Research Use of the NINJAL Data-Base: Two Case Studies
2012 年	82	使用多种资源描述“イ”形容词与名词搭配：面向日语教学的资料	Using Various Resources to Describe i-Adjectives and Noun Collocations: Towards Creation of Materials for Japanese Language Education
2013 年	92	夏威夷日裔种植园移民代词使用的变化	Pronoun Uses of Japanese Plantation Immigrants in Hawaii
2013 年	97	基于日语语料库的形容词和名词的搭配研究	Japanese Corpus Analysis of Adjective-Noun Collocations
2013 年	103	基于语料库的日语语域模型构建	Corpus-Based Modeling of Register in Japanese
2013 年	104	面向日语—意大利语搭配词典编写的现代日语搭配识别与分析	Towards a Jap-Ita Collocation Dictionary: Identification and Analysis of Collocations in Contemporary Japanese
2014 年	110	日语—意大利语词汇索引段落单词对齐的在线语料库（JAICO）构建	Building a Japanese-Italian Online Parallel Concordancer: Paragraph and Word Alignment of a Japanese-Italian Corpus（JAICO）
2014 年	114	上代（奈良前）日语疑问句的疑问词语序问题	Word Order in Old Japanese Wh-Questions
2014 年	115	参考孟加拉语重新思考日语关系从句	Revisiting Relative Clauses in Japanese, with Reference to Bangla
2015 年	127	日韩传承语研究的新词语证据：形态学依据	New Lexical and Morphological Evidence for the Reconstruction of Proto-Korean-Japanese

续表

年度	次	主题	官网英文对译
2015年	130	e-learning学习者写作偏误间接反馈研究：韩语母语者被动表达、助词、及物和不及物动词偏误	An e-Learning-Based Study of Indirect Feedback to Errors of Writing Short Stories in Japanese-Errors in Passive，Modality，Particles and Transitive/Intransitive Verbs
2015年	135	日语母语者礼貌用语的韵律特征	Prosodic Characteristics of Japanese Polite Speech Spoken by Native Speakers
2015年	136	匈牙利语和日语的复数连接	Associative Plural in Hungarian and Japanese
2015年	137	《万叶集》语料库的语法信息标记	Adding Syntactic Information to the *Man yosyu* Corpus
2016年	141	将数值标高模型（DEM）地形信息纳入方言研究的尝试：语言地图分析“精密立体投影”方法的可能性	A Proposal for Alliance of Dialectology and a New Method as HiRP（Highly Realistic Projection Mapping）：Availability of Analysis for Dialectal Distributions
2017年	160	港口语言复兴项目	“Port Language Revitalization” Project
2017年	164	使用机器学习算法确定文本数据的类别	Category Classification of Text Data Using a Machine Learning Algorithm
2018年	173	不发音单词的意义和解释：日语和西班牙语的否定表达	Meaning and Interpretation of Unpronounced Words：Negation-related Expressions in Japanese and Spanish
2018年	175	“ていく”（去）/“てくる”（来）的体态用法时态制约与时间的认识	On the Aspectual Uses of Te-iku/kuru（go/come）in Japanese
2018年	180	日语给予动词“やる/くれる”的历史	The History of Deictic Verbs of Giving Yaru and Kureru in Japanese
2019年	188	朋友之间讨论中的反驳策略：BTSJ日语自然对话语料库数据	Disagreement Strategies in the Discussion Between Friends：Based on the Conversation Data in BTSJ Japanese Natural Conversation Corpus
2019年	193	日语复杂谓词结构的新视角：韵律、结构、变异	New Perspectives on Complex Predicate Constructions in Japanese：Prosody，Structure，Variation
2019年	195	从混沌到秩序：判断的相关性告诉我们什么是英语的弱交叉	From Chaos to Order：What Correlations of Judgements Tell Us About “Weak Crossover” in English
2019年	200	语言节奏如何？	Does Language Hit the Beat?

续表

年度	次	主题	官网英文对译
2019 年	201	琉球群岛拜师往事	Master-Apprentice Initiative in Ryukyu Islands
2020 年	204	日语二语者特有的表达难点分析	Characterizing Difficult Aspect Items through a Usage-based Approach in Japanese-as-second-language
2020 年	215	文献资料中音声资料电子化存档的构建	Building Digital Archives of Written and Spoken Language Resources
2021 年	230	日语历时语料库用嵌入词义分析消除语义歧义的处理	Diachronic Adaptation of Japanese Word Sense Disambiguation Using Word Embeddings
2021 年	233	《现代日语助词 / 助动词》电子版应用实例	Digitization of "Bound Form ('Zyosi' and 'Zyodosi') in Modern Japanese: Uses and Examples" and an Example of Its Application

三、共同研究发表会

表 5-17　共同研究发表会

发表会系列	次数	英文名	各年度次数
从对比语言学的角度看日语的语法和韵律	61	Cross-linguistic Studies of Japanese Prosody and Grammar	2016（6） 2017（7） 2018（8） 2019（3） 2020（24） 2021（13）
语料库日语研究的创立	28	Foundation of Corpus Japanese Linguistics	2009（2） 2010（10） 2011（9） 2012（5） 2013（1） 2014（1）
日语词汇的音韵特征	22	Phonological Characteristics of the Japanese Lexicon	2009（3） 2010（4） 2011（5） 2012（3） 2013（3） 2014（3） 2015（1）

续表

发表会系列	次数	英文名	各年度次数
历时语料库研讨会	17	Symposium on Japanese Diachronic Corpora	2018（6） 2019（6） 2020（4） 2021（1）
日语发展变化的多角度解析	15	Exploring the variation in the contemporary Japanese: Multiple approaches	2009（1） 2010（3） 2011（4） 2012（4） 2013（1） 2014（1） 2015（1）
日本列岛及其周围语言的类型学和历时比较研究	15	Typological and Historical/Comparative Research on the Languages of the Japanese Archipelago and their Environs	2012（4） 2013（5） 2014（4） 2015（2）
濒危方言调查保护的综合研究	15	General Study for Research and Conservation on Endangered Dialects in Japan	2009（2） 2010（2） 2011（3） 2012（1） 2013（5） 2014（2）
基于由学习者语料库得出的日语习得难易度构建词汇和语法教学大纲	13	Constructing Vocabulary and Grammar Syllabi Based on the Difficulty of Japanese Acquisition Documented in Learners' Corpora	2011（2） 2012（4） 2013（4） 2014（3）
语料库标注的基础研究	12	Basic Research on Corpus Annotation	2009（1） 2010（3） 2011（4） 2012（3） 2013（1）
日语词汇的语法、语义和形态特征	12	Syntactic, Semantic, and Morphological Characteristics of the Japanese Lexicon	2009（1） 2010（3） 2011（4） 2012（2） 2014（1）
从句链接的模态和言语行为约束	11	Modal and Speech-Act Constraints on Clause-Linkage	2009（2） 2010（4） 2011（5）

续表

发表会系列	次数	英文名	各年度次数
修饰语和动词性名词短语：名词的语法化	11	Adnominal Clauses and the Noun-concluding Construction：Grammaticalization of Nouns	2009（2） 2010（4） 2011（5）
日本濒危语言 / 方案的记录和归档	10	Endangered Languages and Dialects in Japan	2018（3） 2019（3） 2020（2） 2021（2）
利用国会会议记录研究日语风格突变	10	Stylistic Variation in Minutes of the Assemblies	2016（1） 2017（3） 2018（4） 2019（2）

四、讨论会

表 5–18　讨论会名称

会议名	年度	英文名
解明方言接触历史的全国方言调查	2012 2014 2015	Field Research Project to Analyze the Formation Process of Japanese Dialects
汉字字形信息——纪念《汉字规范字形》出版 10 周年	2015	Glyphs and Information on Kanji：On the Occasion of the 10th Anniversary of the Publication of "Hanzi Normative Glyphs"（HNG）
日语复句的形式和含义	2012	Symposium Form and Meaning in Japanese Complex Sentence Constructions
日语历史语料库精细化：添加标记信息和书目形态	2017	Refining the Corpus of Historical Japanese with Information on Notation and Bibliographical Form
面向日语学习者的基本动词手册编写	2011	Compilation of Japanese Basic Verb Usage Handbook for JFL Learners
日语学习者如何理解文本中句子之间关系：学习者眼运模式观察	2017	L2 Japanese Learners' Understanding of the Relation Between Sentences in Texts：Evidence from L2 Learners' Eye-Movement Patterns

续表

会议名	年度	英文名
论文写作研究的新方法：创建培养写作能力的教学大纲	2017	New Approach to Study on Essay Writing—For Creation of Syllabus of Essay Writing Class That Develops Learners' Ability to Write Clearly
第一届使用“BTSJ日语对话语料库”研讨会	2016	The First Symposium on How to Utilize the “BTSJ Japanese Conversation Corpus”
第一届会话与话语研究研讨会：日语教育的新视角：话语研究的可能性	2017	The First Symposium on Conversation and Discourse Studies：New Perspectives in Japanese Language Education I：Possibilities of Discourse Studies
第二届使用“BTSJ日语对话语料库”研讨会	2017	The 2nd Symposium on How to Utilize the “BTSJ Japanese Conversation Corpus”
第二届会话与话语研究研讨会：日语教育的新视角：基于自然会话网络视频教材的可能性	2017	The Second Symposium on Conversation and Discourse Studies：New Perspectives in Japanese Language Education Ⅱ：Possibilities of Communication Teaching Materials Based on Natural Conversation Videos
日语学习者交际的框架分析	2016	Frameworks for Analyzing the Communication of Japanese Language Learners
关于促音复辅音的国际研讨	2015	Geminate Consonants Across the World 2015
语料库中观察日语变异：聚焦助词	2016	Japanese Variation in Corpora：Focusing on Particles
语料库中观察日语变异：聚焦说话者特征	2017	Japanese Variation in Corpora：Focusing on Attributes of Speakers
我们不知道的日语：琉球、九州和本州的方言大小写标记	2017	Split Intransitivity in Japanese and Ryukyuan Languages：Focusing on Case Marking
日语发展变异研讨会	2011	Japanese Language Variation and Change Conference 2012
	2012	Japanese Language Variation and Change Conference 2013
	2013	Japanese Language Variation and Change Conference 2014
	2014	Japanese Language Variation and Change Conference 2015
	2015	Japanese Language Variation and Change Conference 2016（JLVC2016）
日语历时语料库研讨会	2016	Symposium on the Japanese Diachronic Corpora 2017
	2017	Symposium on the Japanese Diachronic Corpora 2018

续表

会议名	年度	英文名
第三届日常会话语料库研讨会	2017	Symposium “Conversation Corpus” III
第一届日常会话语料库研讨会	2016	Symposium “Conversation Corpus” I
第一届对比语言学项目学术节：韵律和语法	2016	Prosody and Grammar Festa 1
单词语音和句子韵律之间的互动	2015	Interactions Between Word Prosody and Sentence Prosody
日语名词和名词短语的修饰表达	2017	Noun（Phrase）Related Phenomena in Japanese—Toritate Expressions and Noun-Modifying Expressions
第二届对比语言学项目学术节	2017	Prosody and Grammar Festa 2
日语语法研究前沿：聚焦话语研究、比较研究和习得研究点	2017	Frontiers of Research on Japanese Grammar：Focusing on Discourse Studies，Contrastive Analysis and Language Acquisition Research
韵律研究方法：语料库、生理学和句子类型	2017	Methodology for Prosodic Research：Corpus，Physiology，and Sentence Type
日语和韩语的韵律界面	2017	Prosody and Prosodic Interfaces in Japanese and Korean
多元文化社会日语教学研究	2010	Study on Teaching and Learning Japanese as a Second Language in a Multicultural Society
	2011	Study on Teaching and Learning Japanese as a Second Language in a Multicultural Society
何为规范日语——语料库中观察日语发展变异	2015	What is “Correct Japanese”？—Language Variations in Japanese Corpora
语料库中观察日语发展变异：会话、方言、学习者、历史语料库	2014	Japanese Language Variation Observed in Corpora
第二届地球研究所与国语研合作研讨会：从方言与传统生活价值观看地球环境学——话语跟话语的接点	2015	Global Environmental Studies from “Dialects and Traditional Lifestyles”
日语琉球语的体、语态和格	2015	Aspect，Voice and Case in Japanese and Ryukyuan Dialects

续表

会议名	年度	英文名
对比语言学研究类型学学术节	2012	NINJAL Typology Festa 2013
	2013	NINJAL Typology Festa 2014
	2014	NINJAL Typology Festa 3
东京心理语言学研讨会	2017	Mental Architecture for Processing and Learning of Language and Tokyo Conference of Psycholinguistics 2017
第二届利用语料库开发古文教学教材以及学习指导方法研讨会	2017	The 2nd Workshop："Research on Education in Classical Literature Using the Corpus of Historical Japanese"
基于由学习者语料库得出的日语习得难易度构建词汇和语法教学大纲	2013	Symposium Making a Syllabus Scientifically
	2014	Public Symposium "Science the Syllabus Creation：Creation of Multilateral Vocabulary Syllabus Useful for Japanese Language Education"
日语学习者语料库使用研讨会	2016	The 1st Learners' Corpora Symposium and Workshop: Understanding and Using the International Corpus of Japanese as a Second Language（I-JAS）
	2016	The 2nd Learners' Corpora Symposium and Workshop: Linguistic Studies Based on Learners' Corpora
	2017	The 3rd Symposium and Workshop of Learner Corpora and L2 Acquisition Studies
统计的语言研究现状	2015	Statistical Language Research Current
日语语料库研究工作坊	2012	The 2nd Workshop on Corpus Japanese Linguistics
	2012	The 3rd Workshop on Corpus Japanese Linguistics
	2013	The 4th Workshop on Corpus Japanese Linguistics
	2013	The 5th Workshop on Corpus Japanese Linguistics
	2014	The 6th Workshop on Corpus Japanese Linguistics
	2014	The 7th Workshop on Corpus Japanese Linguistics
	2015	The 8th Workshop on Corpus Japanese Linguistics
不同设计风格与设置的对话语料库分享：语言、认知与互动	2012（1） 2013（1）	Symposium Language，Cognition，and Interaction 2

第六章　推进成果转化最新举措

从最新数据来看，日本国语研以往特点进一步彰显，即进一步朝着推动社会转化的方向努力。除了继续增加宣讲活动次数，还专设推进中心，设置高等研究生院，扩大研究生培养规模，推出系列课件，向社会募集项目，设置学术奖项等。

本章我们将中国的社会科学院语言研究所与日本的国语研的语言学研究成果转化工作机制进行比较，从历史沿革、组织架构、科研工作、出版期刊和教学工作几个方面进行对比。

第一节　专设推进中心

2009 年后日本国语研在各研究领域全面开展并深化研究。近十年来随着研究所隶属的变化，国语研跟海外研究机构和国内各个大学合作，加强面向社会的服务。面向专业人士，举办国际研讨会、学术讨论会 / 讲座、沙龙、联合研究报告和专题讨论会等。国语研跟各地大学合作，免费向大学硕士生和博士生提供语言学专业讲义，学完全部讲义并提交读书报告的学生，经过审查可以获得结业证书。面向社会公众，组织专门论坛和讲座，每年 9 月举办语料库资源检索和利用的免费体验型讲座，激发普通人对语言学知识的兴趣，提醒人们关注濒危方言、外来词等问题。面向中小学生，国语研举办语言学相关的职业发现计划讲座、语言学初级课程、日本各地方言探险等。国语研的活动具有语言服务意识，带动了研究项目的多学科交叉，公募型研究、共同利用型研究项目精彩纷呈。

2022 年 4 月改组后的国语研，做出了一系列“大动作”。以往的科研成果向社会转化工作已经取得了一定的成果，形成了一定的传统模式，现阶段的“大动作”强力推动了这种转化。

第二节　继续宣讲活动

第一章的第二节，我们介绍了国语研的研究项目。2022 年 4 月开始第四期研究，研究活动随之展开，宣讲活动更加频繁。表 6-1 中的数据截至 2022 年 8 月底。

表 6-1　改组后宣讲活动次数

检索分类	检索项目	次
形式	研究发表会和讨论会	25
	讲演会	6
	讲习会	6
	展示	1
	面向社会	3
	面向青少年	1
系列	座谈会	3
	教习会	1
	沙龙	6
	论坛	0
	日语教师研讨会	0
	开放日	1
	日语探险	1
研究主题	现代日语	13
	日语史	11
	方言	16
	琉球语	5

续表

检索分类	检索项目	次
研究主题	阿依努语	1
	日语教学	8
	语音音韵	10
	词汇语义	12
	语法	11
	文字	7
	语体	6
	话语	10
	表达	4
	对比语言学	8
	信息处理	10

从数量来看，较以往有所增加；从形式来看，以往的各种类型都保留了下来。

表 6-2　2022 年 4 月改组后的宣讲活动

时间（2022 年）	活动名	说明	英文名
4.23（SAT）	述语的语义语法	面向专业人士的共同研究发表会	The semantics and grammar of predicates
5.10（TUE）	句式建构与相似比喻运用的关系——“あたかも”（恰似）与“さながら”（宛如）的比较	面向专业人士的第 237 届国语研沙龙	Relation between Construction and Simile: From Comparison of “atakamo” and “sanagara”
5.24（TUE）	语言资源开发中心的语料库介绍	面向专业人士的第 238 届国语研沙龙	Introduction to the Corpora of the Center for Language Resource Development
5.28（SAT）	标注、述语的语义和语法、学习者词典的项目联合会议	面向专业人士的 3 个项目的合同研究会	Joint Project-meeting of Annotation, Predicates, and Learner Dictionaries

续表

时间（2022 年）	活动名	说明	英文名
5.31（TUE）	本年度国语研共同研究项目介绍	面向专业人士的第 239 届国语研沙龙	Introduction of Ninjal Collaborative Research Projects Starting This Year
6.07（TUE）	八重山方言又一项三型声调系统的发现：小浜方言的词汇韵律系统的田野调查报告	面向专业人士的第 240 届国语研沙龙	Discovery of Another Ternary Tonal System in Yaeyaman：Fieldwork Report on the Lexical Prosodic System of the Kohama Dialect
6.14（TUE）	政治和语言：首相、（公主）爱子亲王、濑户内市的市长	面向专业人士的第 122 届国语研座谈会	Language and Politics：Prime Ministers，Princess Aiko and Setouchi Jyakuchoo
6.21（TUE）	近期学术研究环境与 Jxiv 预印本网站的进展	面向专业人士的第 241 届国语研沙龙	Recent Academic Research Environment and Trends in Jxiv Preprints
7.02（SAT）	述语的语义和语法	面向专业人士的共同研究发表会	The semantics and grammar of predicates
7.11（MON）	四个岛屿方言的绘本展：看、读、听、画	面向儿童的话语绘本展	Picture Books of the Languages of Four Islands：See，Read，Listen，and Draw
7.16（SAT）	各地方言收集的紧急调查	与文化厅合作的方言谈话资料整备共同项目说明会和讲习会	Tutorial：Preparing for Open-access of the Data Collected Through the Agency of Cultural Affiars' 1977-1985 Research on the Languages/dialects in Japan
7.16（SAT）	夏威夷日系社会资料有关的资料调查与社会调查融合的研究	面向专业人士的共同研究发表会	Japan-related Documents and Artifacts in Hawaii：Historical and Social Survey Interface
7.26（TUE）	从移动到情感语义的变化与因果关系：除去意思的表达“（て）のける”和“（て）しまう”的历时性分析	面向专业人士的第 242 届国语研沙龙	From Motion to Emotion via Causality：A Diachronic Analysis of the Expressions of “displacement”（te-）Nokeru and（te-）Shimau
7.29（FRI）	第 29 届中心语驱动短语结构语法国际会议（HPSG 2022）	面向专业人士的国际会议	The 29th International Conference on Head-Driven Phrase Structure Grammar（HPSG 2022）
8.01（MON）	名词化、性范畴和形式分类	面向专业人士的国际工作坊	International Workshop on Nominalization，Gender and Classifiers

续表

时间（2022 年）	活动名	说明	英文名
8.01（MON）	2022 年日语探险	面向儿童的日语探险活动	NIHONGO TANKEN 2022
8.04（THU）	名词化、性范畴和形式分类	面向专业人士的国际工作坊	International Workshop on Nominalization, Gender and Classifiers
8.06（SAT）	名词化、性范畴和形式分类	面向专业人士的国际工作坊	International Workshop on Nominalization, Gender and Classifiers
2022.08.06（SAT）	基于“语义分类语汇表”的日语研究	第 44 届国语研教习会	Japanese Language Research by “Word List by Semantic Principles”
8.23（TUE）	日语历史语料库——中纳言	面向专业人士的线上讲习会言——初级编	Training Session for Chunagon on the Corpus of Historical Japanese［Beginner’s level］
8.26（FRI）	日语历史语料库——中纳言	面向专业人士的线上讲习会言——中级编	Training Session for Chunagon on the Corpus of Historical Japanese［Excel Intermediate level］
8.30（TUE）	2022 年语言资源工作坊	面向专业人士的工作坊	Language Resources Workshop 2022
9.03（SAT）	第 4 届社会语言学研讨会	面向专业人士的研讨会	The 4th Symposium of the Japanese Association of Sociolinguistic Sciences
9.05（MON）	基于实证的语言学研究	面向专业人士的工作坊	Evidence-based Linguistics Workshop
9.07（WED）	日语评估数据集构建和可用性提升	面向专业人士的研讨会分科会	Workshop on Japanese Evaluation Dataset（JED2022）：Breakout Session
9.09（FRI）	2022 年国语研开放日	面向社会的国语研开放日	NINJAL Open House 2022
9.12（MON）	2022 年共同利用项目研讨会	面向专业人士的研讨会	NINJAL/ROIS-DS Joint Seminar for Collaborative Research 2022
9.13（TUE）	手语方法论	第 123 届国语研座谈会	Sign Language Methodology
9.16（FRI）	韵律标记讲习会	讲习会	Seminar on Intonation Labeling

第三节 扩大研究生培养规模

理论与实践之间的“中间地带”是学校教育，因而“产—学—研”转化及其转化机制的研究，一直令人期待。

一、合作招生

（一）一桥大学研究生院语言社会研究方向

2005年国语研开始与一桥大学语言社会研究科联合招收日语教学硕士研究生，培养具有日语教学、日语语言学和日本文化专业知识的研究人员和日语教师。日本学生和在日留学的国际生都可以申请。

（二）东京外国语大学研究生院综合国际学研究方向

根据国语研与东京外国语大学研究生院国际研究科的协议，自2016年起国语研提供合作研究生院课程，主要负责日本语言学研究领域。

（三）与印度尼赫鲁大学合作开发线上语言学教材 e-PG Pathshala

日本国语研与印度尼赫鲁大学共同编写了印度政府教育部下属的大学教育资助委员会互联网研究生院的日语语言学课程教材 e-PG Pathshala，视频课件共30讲。所有教材均在互联网上免费发布。

本章第二节提到的面向社会的论坛和研讨会，在读研究生（硕士或博士）、从事相关领域专门工作的人员、打算升读研究生的本科生等，都可以提交申请后免费旁听。

为了研究生培养工作，国语研聘请特别联合研究员，即研究生导师。从事日语研究的研究生可以选择自己的导师，经过导师同意，与导师所在的大学协商，再向国语研申请，与国语研签订合作协议。这种特别联合研究员分为长期和短期两类，短期是不超过一年的。

二、与大学以及社会机构签订学术协议

截至 2022 年 6 月 17 日，与国语研签订学术合作协议的机构有 15 家，如表 6-3 所示。

表 6-3　与国语研签订合作协议的机构

机构	英文名	签订时间
一桥大学	Hitotsubashi University	2009.10
信息系统研究机构统计数理研究所	The Institute of Statistical Mathematics，Research Organization of Information and Systems	2011.10
实践女子大学文艺资料研究所	Bungei Material Laboratory，Jissen Women's Educational Institute	2014.2
东京外国语大学国际日本学研究院	Institute for Japan Studies，Tokyo University of Foreign Studies	2015.11
国际交流基金日语国际中心	The Japan Foundation Japanese-Language Institute，Urawa	2016.4
东京外国语大学亚非语言文化研究所	Research Institute for Languages and Cultures of Asia and Africa，Tokyo University of Foreign Studies	2016.6
宫崎县东臼杵郡椎叶村	Shiiba Village，Miyazaki Prefecture	2017.5
鹿儿岛县大岛郡和泊町	Wadomari Town，Kagoshima Prefecture	2019.1
鹿儿岛县大岛郡知名町	China Town，Kagoshima Prefecture	2019.1
神户大学大学院人文学研究科	Graduate School of Humanities，Kobe University	2019.3
鹿儿岛县萨摩川内市	Satsumasendai City，Kagoshima Prefecture	2019.5
弘前大学人文社会科学部	Hirosaki University Faculty of Humanities and Social Sciences	2020.2
小学馆出版局	Shogakukan Inc.	2021.3
东京都教育委员会	Tokyo Metropolitan Board of Education	2021.11
琉球大学岛屿地域科学研究所	Research Institute for Islands and Sustainability，University of Ryukyus	2022.6

在日本国语研的第三期研究工作中，国语研与德国德古意特穆彤出版社

推出联合出版项目，制作语言学图书馆系列丛书，已经出版了12卷本“穆彤—国语研语言学丛书”。之后，将用英文出版关于日本和琉球语言研究的学术系列丛书，把这个项目的成果以单本或合著的研究书籍或论文集的形式出版。国语研还与荷兰博睿学术出版社签署协议，并与美国夏威夷大学马诺阿分校合作推出“濒危以及尚未记录的语言和方言及其变体研究”的在线出版系列丛书。

三、设置高等研究生院

（一）培养计划

设置高等研究生院，即综合研究大学院大学，简称“综研大”（英文简称SOKENDAI），总部位于临近东京的神奈川县叶山小镇。该大学在原来的大学共同利用机关基础上再度调整，主要运作方式是网络课堂，集合国语研和相关的博物馆资源，从事尖端研究。目前该大学有6个学科，20个专业，其中学科有文化与社会研究、物理学、高能加速器科学、多学科综合、生命科学、高级科学，20个专业包含国语研所属的日语语言学。

在日语语言学专业的第一学年，学生通过综合科目（语言研究基础理论III A、语言研究基础理论III B）学习日语语言学的内容，同时通过讲座和实践加深对专业领域的理解。学生在负责论文指导科目（日语语言科学特别研究III）的教师的指导下，明确研究计划，并在研究科目（语言研究练习III）中报告研究计划。

第二学年，学生将继续在负责论文指导科目（日语语言科学特别研究IV）的教师的指导下，继续开展论文写作研究，并在研究科目（语言研究练习IV）中报告进展情况。此外，学生还要通过英语培训，能用英语发表论文。

第三学年，学生学习论文指导科目（日语语言学特别研究V），并进行论文写作。

具体的培养计划如表6-4所示。

表 6–4　高等研究生院培养计划

<table>
<tr><th rowspan="2">年级</th><th rowspan="2">学期</th><th colspan="2">讲义科目</th><th colspan="4">实践科目</th></tr>
<tr><th>包括科目</th><th>分领域讲义科目</th><th>研究科目</th><th>分领域实践科目</th><th>论文指导科目</th><th>其他</th></tr>
<tr><td rowspan="2">一年级</td><td>上半学年</td><td>语言研究基础论Ⅲ A</td><td>讲义科目选修</td><td rowspan="2">语言研究练习Ⅲ</td><td></td><td rowspan="2">前沿学术院特别研究Ⅲ</td><td></td></tr>
<tr><td>下半学年</td><td>语言研究基础论Ⅲ B</td><td></td><td>实践科目选修</td><td></td></tr>
<tr><td rowspan="2">二年级</td><td>上半学年</td><td></td><td></td><td rowspan="2">语言研究练习 IV</td><td></td><td rowspan="2">前沿学术院特别研究 IV</td><td rowspan="2">英语训练</td></tr>
<tr><td>下半学年</td><td></td><td></td><td></td></tr>
<tr><td rowspan="2">三年级</td><td>上半学年</td><td></td><td></td><td></td><td></td><td rowspan="2">前沿学术院特别研究 V</td><td></td></tr>
<tr><td>下半学年</td><td></td><td></td><td></td><td></td><td></td></tr>
</table>

1. 必修课

（1）语言研究基础理论Ⅲ A

国语研专职教师就日语研究前沿内容对学生进行轮训。学生从中获得日语和语言学的基础知识，并加深对研究工作的理解。每堂课的内容都包括研究伦理。评估成绩的主要依据是出勤情况和提问与讨论的积极性。（综合方法考核 / 共 14 回课）

（2）语言研究基础理论Ⅲ B

授课方法、内容和评估成绩的依据同语言研究基础理论Ⅲ A。

2. 选修课

（1）语言资源学

学生从中了解各种语料库的内容和使用方法，学习语料库设计和构建，包括文献材料的电子化、文本标记、语音录入、数据统计分析、语音信息标记等。此外还讨论用于文本分析的电子词典的设计、维护和使用方法。

（2）日语信息处理

学生从中掌握计算机使用和分析日语资源（字典、语料库和档案）的基本知识，了解字符代码、文件格式、元数据、标准化、档案等语言资源的格式、语言学信息的编码以及进一步研究所需的搜索和统计处理软件，了解知识产权的基础。

（3）理论语言学

学生从中学习理论语言学和对比语言学以及语言类型理论，学会分析日语，了解数学语言学、认知语言学和功能语言学等语言理论和方法，能够在比较日语和其他语言时，对语言的普遍性和类型进行研究。

（4）田野语言学

以日语和琉球语的区域和社会变异为分析对象，目标是让学生掌握田野语言学的基础，以便对语言系统进行全面描述或社会语言学分析。学生要通过实地考察掌握实证语言研究所需的知识和技能。学习内容包括调查准备（选择调查地点和创建调查表等）、数据收集和组织技术、音韵形式语法语义分析技术、研究伦理以及研究成果的社会回报。

（5）应用语言学

学生从语言方面（语法、话语、运用等）、心理方面（记忆、认知、习得、情感等）对语言交际研究的应用问题进行探讨。学生根据兴趣选择阅读文献和讨论素材，学习语言学习者数据收集方法，根据研究目的选择工具进行数据分析和教材开发。

（6）日语历史

学生学习如何使用文献材料来捕捉和分析日语的历史变迁，学习如何查找获取语言数据的文献手稿，学习如何使用复制书籍和影印书籍，以及数字存档和数据库，了解从文献资料中获取语言数据的技术，以及数据的组织和分析方法，为进行描写性研究奠定基础。

3. 实习选修

（1）语言资源

研讨会一：实际进行日语文献资料（包括现代日语和古代日语）的电子文本化。标记文献结构，根据适合的辞典进行词素分析。构建小型书面语言的语料库，培养构建自己研究所需的语言资源的能力。利用国语研“通时语料库”进行开发研究实践。

研讨会二：以日语口语为对象，对语言资源建设进行实践性学习。实际记录口语（包括准备工作、获得被访人同意的程序），维护录制的视频和音频数据，创建统计数据库，注释语音、韵律、话语等，构建小型口语语料库，获得建立口语语料库所需的技能，培养建立自己研究所需的语言资源的能力。利用国语研“多世代口语语料库”进行开发研究实践。

（2）日语信息处理

根据在“日语信息处理”科目中掌握的知识，学生将在计算机上进行处理字典、书面语言语料库和口语语料库的练习。通过掌握在计算机上使用和分析日语资源（字典、语料库和档案）的基本技能，练习字典和语料库搜索技术和搜索结果的统计处理技术。

（3）田野语言学

邀请母语为日本某方言区、琉球等地的人，学生通过调查表对其进行面对面调查并收集数据。要求学生掌握组织、存档数据以及阐明语言系统（语音、形式、语法和含义）的技术。学生在收集对话数据、问卷调查（通信调查、网络调查等）的基础上，获得揭示语言变异和变化的技术。

4. 考核

（1）语言研究研习Ⅲ

每周二下午，学生在国语研旁听沙龙、座谈会等，两年间共 15 次以上。一年级学生主要是旁听，参与讨论，二年级以上学生都要安排两次以上的宣讲研究报告，获得学分认证。

（2）语言研究研讨会 IV

在语言研究研讨会 IV 上，二年级和三年级的学生将报告他们的学位论文的进展。

5. 论文指导

（1）特别研究 III A

学生利用导师的学术背景，确定研究项目，了解该项目研究领域的成果现状，了解相关理论的基础。对实际问题有初步的研究后，学生还需要着手研究所需的调查，明确研究方法，制定具体计划并实施。

（2）特别研究ⅣA

学生在课程ⅢA基础上，进一步确定问题和审查研究方向。必要时可重新选择项目，如果进展落后于研究计划，需要注意合理安排时间。

（3）特别研究ⅣB

学生通过在研讨会上展示的机会，进行多角度和创造性的讨论。除了规划整个博士研究外，学生还将了解研究成果在相关领域的学术意义。

（4）特别研究ⅤA

明确所做的研究对研究领域的创新价值。本课程结束时，学生将研究领域的学术论文或联合研究小组、研讨会和学术会议上发表其成果，并获得周围学术领域的客观评价。

（5）特别研究ⅤB

组织必要的数据，致力于获取研究数据，提升学位论文的质量。学生要掌握写作的逻辑性，要注意论文写作的学术伦理。

6. 其他

英语写作和演讲能力训练为选修课，以科学的训练方法提高学生用英语进行阐述的能力。学生通过学习，能用英语写作和演讲，包括阐述国际领先的语言学理论，以及进行讨论问答；能阅读和观看英文学术论文和视频，掌握专业术语。

综研大计划从2022年秋季开设日语语言学博士课程。国语研第四期基干研究项目全部为课程内容。除了传统的语言分析方法，主要内容是计算语言学，利用国语研的语言资源，培养语言分析理论、实验、实地工作、社会调查和计算机模拟等新方法的能力和技能。国语研公开日同样面向青年学生，这些课程内容跟公开日的项目讲座内容一致。

（二）系列课件

现在国语研的这些视频课件已经上传到油管平台。课程共17讲，如表6-5所示。

表 6-5　研究生院视频课件

序号	课程名	英文名	时间
Vol.1	音韵构造和语法 / 语义结构	Phonological Structure and Grammatical/ Semantic Structure	2020.4
Vol.2	语音学入门	Introduction to Phonetics	2020.4
Vol.3	日语中的连词及其多种用法	Conjunctions in Japanese：Expansion of Their Usage	2020.4
Vol.4	日语的语序	The word order in Japanese	2020.9
Vol.5	方言学概述：方言的多样性	Dialectology Overview：Diversity of Dialect Accents	2020.10
Vol.6	数论语言——计量词汇理论	Counting Words：The World of Quantitative Lexicology	2021.3
Vol.7	词语的意义	Semantics of words	2021.3
Vol.8	语言变化的统计学入门	Introduction to the Statistical Theory of Language Change	2021.3
Vol.9	语言地理学初探	Linguistic Geography，First Step	2021.6
Vol.10	转换生成语言学算法	Mathematics of Engagement	2021.10
Vol.11	汉字字体——异体字	Variants	2021.12
Vol.12	未知语言——方言音素分析的田野调查	Phonemic analysis of unknown languages and dialects through fieldwork	2022.2
Vol.13	词汇类型学入门：颜色和温度词汇的系统性和类型学（第一部分和第二部分）	Introduction to Lexical Typology：System and Typology of Color and Temperature Vocabulary（Part 1 and Part 2）	2022.3
Vol.14	语言学导论	Introduction to Linguistics	2022.3
Vol.15	语言分析，第一部分	Analysis of Language，Part 1	2022.3
Vol.16	语言分析，第二部分	Analysis of Language，Part 2	2022.3
Vol.17	日语标注：方向和现状	Japanese Notation：Guidelines and Actual Conditions	2022.8

第四节　推出募集项目

募集项目有跨学科融合型共同研究、共同利用型共同研究。对于跨学科融合型共同研究项目，日本国内的大学（包括国立和私立大学）、大学共同利用机关、短期大学等研究机构所属的专任研究人员（教授、副教授等），以及研究机关退职人员和国语研认可的同等水平研究者都可以申请。这种项目由国语研委托研究机构合作完成，最高资助 200 万日元，含资产费、差旅费等，不含与就业相关的人工成本。研究人员需要签订事业单位经费使用协议。

项目包括但不限于：濒危语言资源技术调查、从语言角度看儿童发育障碍、老龄化语言磨蚀研究、市场经济相关的日语研究、幽默等语言游戏的人工智能研究、熟练技能人员的技能语言化研究、日语研究与脑科学研究、现代语手写文字的 AI 自动识别、日语与日本生死观的关系研究。

第五节　设置学术奖项

2022 年 11 月，日本国家人文科学院国语研设立“宫地裕日语研究基金学术奖”，并开始募集第一期竞选。根据宫地裕遗愿设立基金，奖励日语研究和相关领域的个人或组织在研究活动中的优秀学术成果。

针对过去两年中出版的书籍、同一主题的一系列论文、语料库、语言地图、词典等进行评选，对获奖者授予奖金和奖状。

研究人员自荐参与评选。基金指导委员会和甄选委员会根据申请者的申请资料和研究成果进行审查和评定。每年 11 月开始接受申请，次年 5 月左右公布审查结果，6 月左右颁奖。

第六节　与中国社科院语言学研究工作及机制的比较

经过上文的分析，我们可以看到，日本国语研以项目，尤其是日语二语教学科研项目为抓手，滚动宣讲科研成果，扎实的资料积累工作避免了资源建设的重复性劳动，这些都是值得我们学习借鉴的地方。至此，我们不仅看到了日本国语研发展的过往，也观察到国语研的发展中存在的某些困境，例如研究走向问题、资金问题、国际交流问题，等等。

中国知网显示，进入新世纪以后只有俞晓明的《外来语的使用趋向规范化——〈日本国立国语研究所 2002 年报告〉分析》[①] 对日本国语研做了介绍。日本国语研对中国社科院语言学研究的关注也比较少。

从体量上看，中国社科院语言研究所远远超过日本的国语研。我国的社科院语言研究所和语言文字应用研究所科研成果的社会转化工作受到党和政府的高度重视，研究所的工作体现着国家行为。语言研究学者自觉地贯彻落实党和政府方针政策，把语言研究放到经济社会发展“五位一体”文化建设的大局中，放到理论创新、文化创新的总体任务中来，深入挖掘祖国语言文化传统，在创造性转化和创新性发展上下功夫，在社会主义核心价值的理论构筑上勤用力。他们在公共文化活动中讲述文化传统，阐释语文学理；深入开展汉语方言调查，参与语言保护工程；大力推进古文字和古文献的系统研究和集中攻关；深入探究汉语语法的使用规范及其文化理据；及时修订《现代汉语词典》和《新华字典》等国家通用语言文字的普及、解说型辞书，创编《现代汉语大词典》。在学者们的努力下语言文化创新途径日益宽广，语言文字治理体系的学理支撑日益坚实。我们希望从比较分析中更加明确文化自信，并探寻与其他国家在语言学和语言教学方面交流合作的契机。

---

① 俞晓明. 外来语的使用趋向规范化——《日本国立国语研究所2002年报告》分析［J］. 日语学习与研究，2003（02）：2-6.

一、历史沿革

中国社会科学院语言研究所（前身为中国科学院语言研究所）成立于1950年6月，是中国科学院成立时最早建立的哲学社会科学领域的研究所之一。语言研究所成立时，根据中央人民政府政务院文化教育委员会关于中国科学院基本任务的指示，确定了“有步骤地从事现代汉语、中国语言史、国内兄弟民族语言和亚洲邻近各国语言的研究”的方针和“调查国内各地方言和兄弟民族语言；研究现代汉语的语法，以协助语文教育；辅助识字运动，并协助没有文字的各兄弟民族制定拼音文字方案”等任务。不久，文字改革和少数民族语言研究的专门机构分别成立，语言研究所的工作更主要地集中于汉语语言学研究。

1955年现代汉语规范问题学术会议召开后，语言研究所以汉语规范化的研究为中心任务，主要是编辑现代汉语词典，进行方言调查，继续汉语语法研究，并适当展开汉语史研究。

1977年中国社会科学院成立后，语言研究所归属中国社会科学院。改革开放初期，语言研究所确定的研究方向是：在党的领导下以马克思列宁主义、毛泽东思想为指导，贯彻“古为今用、洋为中用”“百花齐放、百家争鸣”的方针，以提高为主，兼顾普及，为我国语言科学的发展和繁荣而努力，为社会主义四化建设而努力。主要任务是：研究汉语的现状和历史，为解决汉语规范化各方面的问题做出贡献。与此同时，开展语言学理论和应用方面的研究工作，以适应科学技术发展的需要。

二、组织架构

罗常培、吕叔湘、李荣、刘坚、江蓝生、沈家煊、刘丹青曾先后担任语言研究所所长。现任党委书记是陈文学，所长张伯江，纪委书记、副所长李爱军，副所长白晓丽。语言研究所当前的研究方向和任务是：研究汉语的历史和现状，包括语音、词汇、语法、文字等各分支学科的基础研究；同时加强理论语言学的研究以及实验语音学、语料库语言学、心理语言学、辞书编纂等语言学科的应用研究。

语言研究所现有工作人员 86 人，其中在岗正高级研究人员 23 人，在岗副高级研究人员 21 人。组织架构如图 6-1 所示：

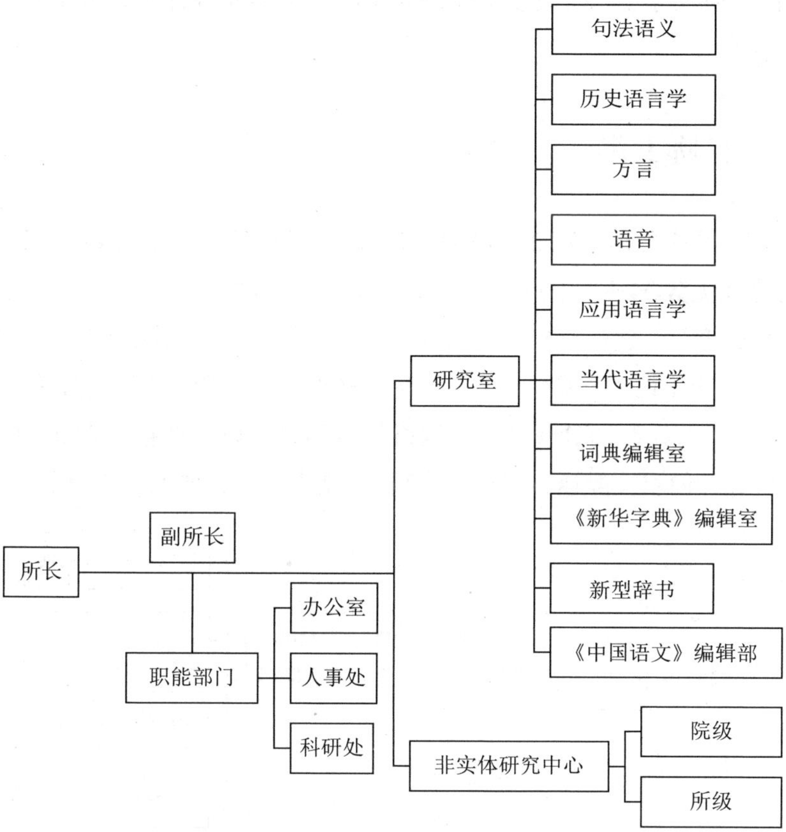

图 6-1　社科院语言研究所组织架构示意图

语言研究所现设 10 个专业研究室：句法语义研究室（主任 暂缺）、历史语言学研究一室（主任 赵长才）、历史语言学研究二室（主任 杨永龙）、方言研究室（主任 谢留文）、语音研究室（语音与言语科学重点实验室；主任 熊子瑜）、应用语言学研究室（主任 暂缺）、当代语言学研究室（主任 完权）、词典编辑室（主任 杜翔、副主任 王伟）、《新华字典》编辑室（主任 王楠）、新型辞书编辑室（主任 储泽祥）、《中国语文》编辑部（主任 刘祥柏，副主任 陈丽）。

语言研究所职能部门设有：办公室（党办、人事处合署办公，主任 董学波）、科研处（处长 张骅）。

语言研究所现有院级非实体研究中心“中国社会科学院辞书编纂研究中心”（主任 陈文学），所级非实体研究中心“语料库暨计算语言学研究中心”（主任 暂缺）。

三、科研工作

根据中国社会科学院2016年起实行的“学科建设登峰计划”，语言研究所设立院级优势学科、重点学科、院级特别支持学科等，包括：院级优势学科“语言类型学”（负责人 刘丹青），院级重点学科“句法语义学”（负责人 王灿龙）、“历史语法与词汇学”（负责人 杨永龙），院级特别支持学科“语音与言语科学”（负责人 李爱军），院级特殊学科“语言获得与发展”（负责人 胡建华）和“简帛文献语言研究”（负责人 赵长才），如图6–2所示。

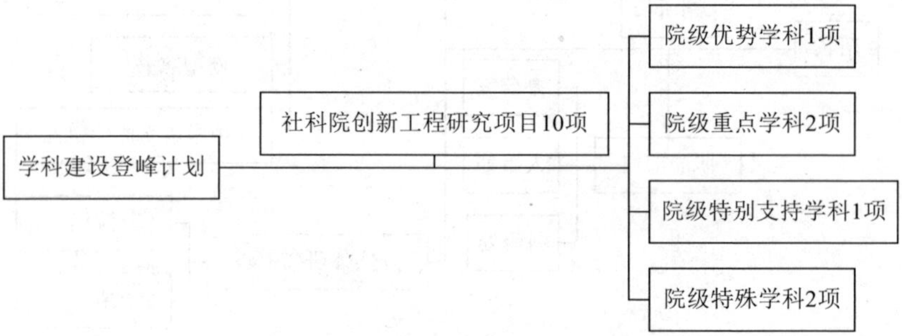

图6–2 社科院语言研究所项目示意图

语言研究所目前承担中国社会科学院创新工程研究项目10个（首席管理 张伯江、陈文学）：“语音与言语科学重点实验室（II）”（首席研究员 李爱军、熊子瑜），“汉语语法专题研究与学科体系建设”（首席研究员 王灿龙），“历史句法语义研究”（首席研究员 杨永龙），“出土文献与上古汉语研究（II）”（首席研究员 赵长才），“汉语方言重点调查研究”（首席研究员 谢留文），“内向、外向型语文辞书的差异比较与编纂实践”（首席研究员 储泽祥），“大型现代语文辞书释义研究”（首席研究员 杜翔），“大型现代汉语词典编纂与研究”（首席研究员 王楠），“汉语古今演变与梵汉比较研究”（首席研究员 刘祥柏），“国家语料库建设”（首席研究员 张伯江）。

四、出版期刊

语言研究所主办三家学术期刊，分别是《中国语文》双月刊（1952 年创刊，主编 张伯江，副主编 方梅 刘祥柏）;《方言》季刊（1979 年创刊，主编 沈明，副主编 谢留文）;《当代语言学》季刊（1961 年创刊，前身为《语言学资料》《语言学动态》《国外语言学》，主编 胡建华，副主编 完权）。另主办定期学术集刊《历史语言学研究》《语法研究和探索》《上古汉语研究》《互动语言学与汉语研究》《方言语法论丛》和《语言类型学集刊》等。

语言研究所为中国语言学会和全国汉语方言学会两家学会的挂靠单位，中国语言学会语音学分会秘书处也设在语言研究所。各学会及分会分别负责编辑中国语言学会会刊《中国语言学报》、全国汉语方言学会会刊《中国方言学报》和中国语言学会语音学分会会刊《中国语音学报》。词典编辑室和辞书编纂研究中心是中国辞书学会语文词典专业委员会主任单位。具体示意图见图 6-3。

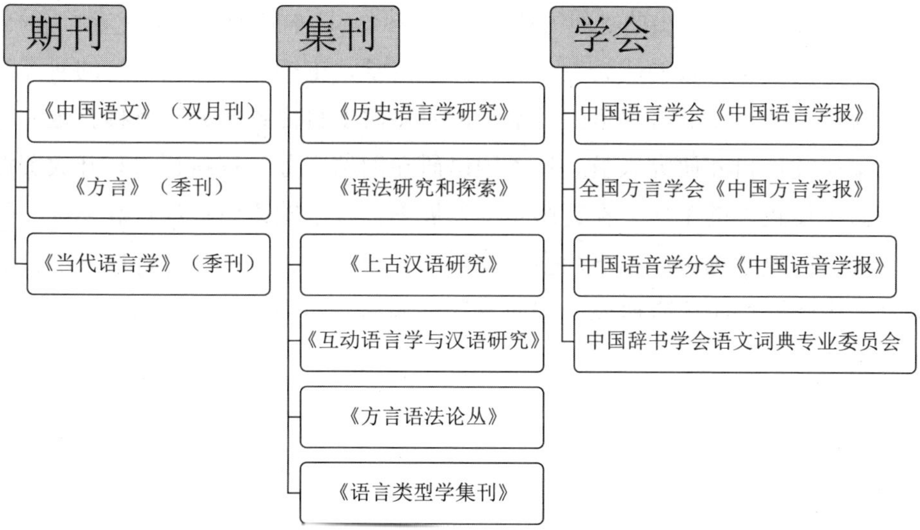

图 6-3　社科院语言研究所各领域出版期刊示意图

五、教学工作

中国社会科学院大学以中国社会科学院研究生院为基础，整合中国青年政治学院本科教育及部分研究生教育资源而组建。

语言研究所承担中国社会科学院研究生院语言学系的教学与管理工作，现任系主任为张伯江。语言学系设有中国语言文学一级学科两个授权专业——汉语言文字学和语言学及应用语言学，招收相关专业的博士、硕士研究生（见图 6-4）。

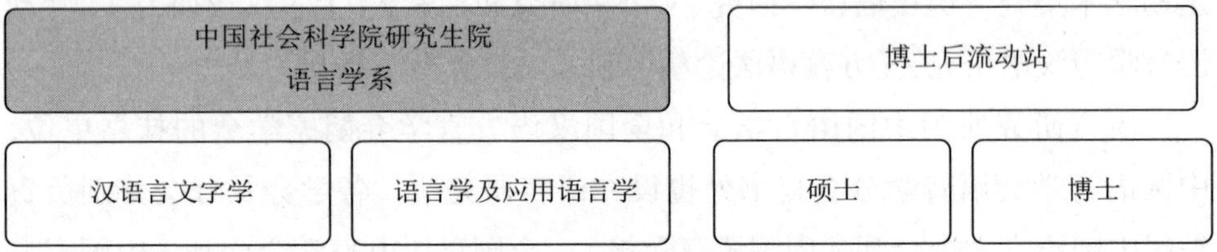

图 6-4　社科院语言教学层次示意图

语言研究所设立汉语言文字学和语言学及应用语言学博士后流动站，招收国资博士后研究人员和项目博士后研究人员等。

从图 6-5 可以看出两家研究机构侧重不同。日本国语研采取专家负责制，现任日本国语研所长的研究专长是认知语言学，主持学界比较领先的研究项目，通过外请专家监督评审。日本国语研科研项目由各研究室承担，也向社会征集研究项目和研究人员。日本国语研在网站服务、资料积累和开放资源方面做了比较多的工作。在近些年的发展中，日本国语研也注意从“纯”学术研究，向教学领域、参与社会公益活动方面开拓，直接针对普通人群开展活动。中国社科院语言研究所则通过辞书编写、期刊出版和教学培养工作与社会贯通。

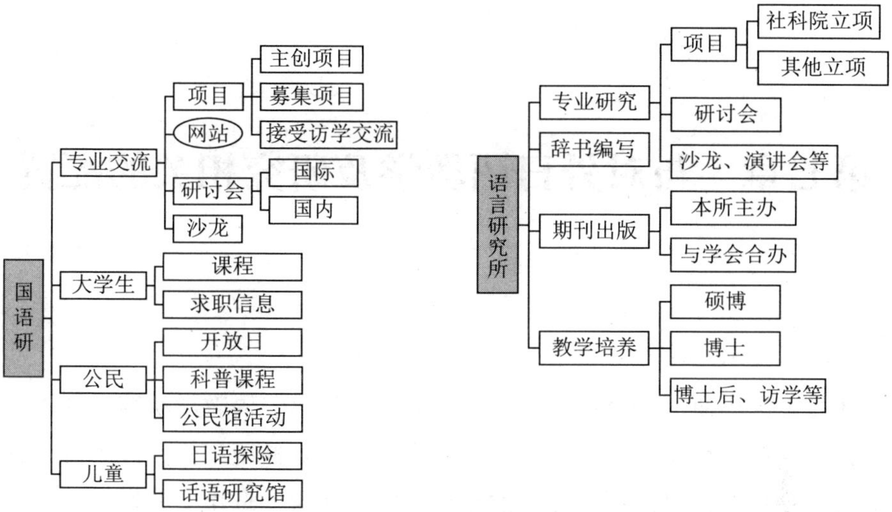

图 6–5　日本国语研与中国社科院语言研究所工作及机制比较示意图

第七章　与对外日语教学及研究相关的配置

在日本国语研的研究项目中，我们最关注日语二语教学研究。外语教学研究是一种应用研究，一头联系理论研究，一头延伸至工作实践本身。日语二语教学是现阶段日本语言政策的重要内容。在这一章里，我们根据日本文化厅官网资料了解日语教学工作行政管理、事业预算和日语教学行业大会等内容，从日本文化厅的工作反观日本国语研研究项目与日语教学工作的交集，包括教学参考框架、教师培养、教学资源、行业组织、学习群体调研，等等。通过观察日本国语研研究成果在日语教学工作中的体现，将其与中国的语合中心的国际中文教育工作进行比较分析。本章内容与全书架构关系如图 7-1 所示：

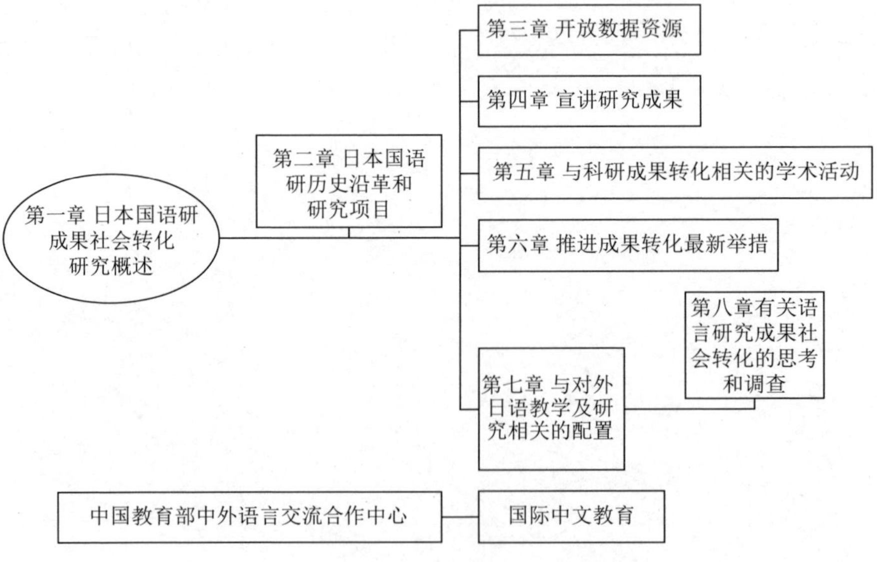

图 7-1　本章内容与全书架构关系示意图

第一节　日语教学工作相关政策以及实施

日本文化厅网站发布的“国语施策和日语教学”是日语教学政策，主要内容包括：制定相关法律法规，规划财政预算，组织行业活动，辅助推广教学资源等。

一、行政管理

2019 年发布的日语教学相关法律概要和条文指出，日语教学有助于实现一个尊重不同文化的充满活力的共生社会，促进与其他国家的交流，并促进友好关系的维持和发展。2020 年日本内阁制定全面有效促进日语教学的措施与基本政策大纲、概要，日本文化厅网站列出本年度的文化厅国语科日语教育相关项目时间表。文化委员会设日语教学小组委员会，审议日语教学工作摘要。

二、事业预算

表 7-1 至表 7-3 分别显示了在线日语教育示范项目预算、日语教育外部资金和其他外部资金情况。

表 7-1　在线日语教育示范项目预算

单位：日元

		2006 年	2007 年	2008 年	2009 年（4 月—9 月）
收入	总计	1,104,860	1,137,562	1,120,611	514,303
	运营费交付金	1,095,999	1,128,524	1,111,392	509,601
	内部收入	8,861	9,038	9,219	4,702
支出	总计	1,104,860	1,137,562	1,120,611	514,303
	事业费	472,149	463,461	455,351	105,368
	一般管理费	59,450	57,829	56,308	21,931
	劳务费	573,261	616,272	608,952	387,004

表 7-2　日语教育外部资金——科学研究费补助金

单位：日元

	2006 年	2007 年	2008 年	2009 年
件数	25	22	27	26
交付金额	107,230	168,146	172,382	111,805

表 7-3　其他外部资金

单位：日元

	2006 年	2007 年	2008 年	2009 年
收入金额	37,311	49,424	41,361	未定

三、行业大会

国际间活动：根据第三国安置难民条约的难民日语教学项目。

日本国内的行业年会：文化厅日语教育会议和其他会议，日语教育研究委员会，日语教育推进会。

第二节　日本国语研研究项目与日语教学工作的交集

一、教学参考框架

日本文化厅提出的教学参考框架包括日语教学参考框架报告和使用指南。日本文化厅主持各种基于“参考框架”的教育模式开发项目。

二、教师培养

日本文化厅负责的教师培养工作包括日语教育人才培养、培训课程，日语教育人才培训计划，区域日语教育协调员培训。日本法务省发布有关日语教学机构、日语教师的相关标准。

三、教学资源

日本文化厅的日语教学资源包括面向定居日本的外国人的日语学习与生活手册，面向这一群体的日语教学内容和方法（课程设置、教学指南、教材示例、日语水平测试、指导水平评估、实用手册等），媒体日语教学共享系统等。

四、行业组织

日本文化厅与相关行业组织密切互动，包括日本国立国语研究所、日语考试机构等。

五、学习群体调研

调研项目包括日语教学实态调查、日语教学综合调查、促进未来日语教学发展的措施调查、日本教师培训进修相关的调查研究合作者会议、日语教师资格调查合作者会议、保证和提高日语教学质量的机制的专家会议、日语教师资格设立现状调查、大学日语教师培训课程视频教材使用调查、“生活日语”指导力评价调查。

就持之以恒的调查来说，中国的有关调查工作也是多层次多角度的，中日两国的调查范围、调查手法等会有不同。

日本国语研的这些研究成果是用日语发布的，所以在其他国家还没有得到充分利用，这就需要国家间的协作。目前一般的大学研究往往要有一定的时限，有些大学以六年为限期。实际上方言调查需要持续地去观察、记录和研究，因此需要设立近期目标和远期目标，需要建立长期的互利互信的合作关系。日本国语研在这种国际合作中也承担着一定的责任和使命。

日本国语研希望延续研究工作，扩大数据资源的使用范围。但是中日两国的学术交流和语言教学研究的交流尚未充分展开。实际上中日两国学术语交流与欧美国家相比有更好的基础，希望今后也有更多的交流合作。

第三节 日语教育与国际中文教育工作的比较分析

国际中文教育事业的历史发展之路，跟日语二语教学工作的沿革，有着很大的不同。2020 年 7 月成立的教育部中外语言交流合作中心，标志着国际中文教育工作进入了新时期。在加强组织保障方面，语合中心建立国际中文教育管理体制，即“政府领导、语合中心主导与统筹、相关部门支持、各教学机构和全社会参与”。政府领导主要是根据国家外交政策强化党的方针对于国际中文教育工作的指导，把坚持和加强党的领导贯穿工作全过程。语合中心主导主要是完善工作体制机制，统筹学术资源，避免重复建设。各个高校等相关单位也需要分工协作履行职责，创新社会参与机制。语合中心官网显示的语合中心架构如图 7-2 所示：

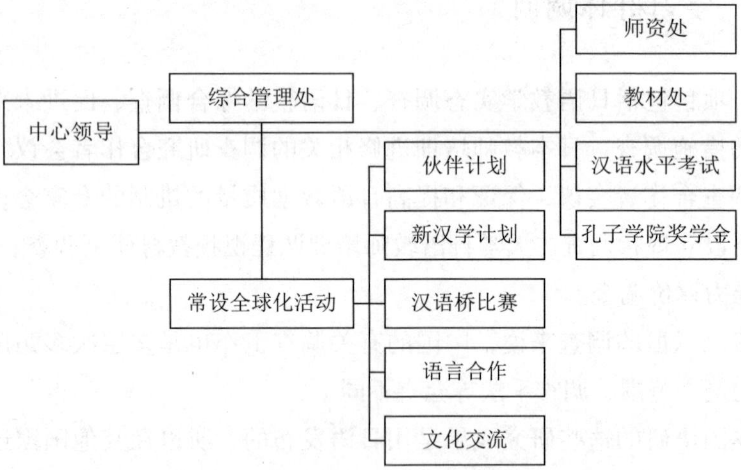

图 7-2 教育部语合中心架构示意图

在汉日两种语言作为第二语言的教学方面，中日两国有很多共同的追求和共同的做法，但是现实中更多地处于“平行”状态，即两种语言在教学方面的探讨和交流还比较少。日本的学术研究也注意跟国外合作，在海外出版反映日本语言研究成果的丛书《日本语言与语言》等12卷，还将继续推出“新国家语言”系列丛书。在保护濒危语言工作方面，日本国语研与其他大学以及出版社合作。日本国语研未来还会扩大研究生教学规模，主要培养具有数字人文基础的日语和日语教育研究人员。然而，从这些交流计划看，所谓“海外”科研和教学机构，主要是欧美国家。目前日本国语研与中国（北京外国语大学北京日本学研究中心）、英国（牛津大学人文科学部、约克大学语言学系）、美国（宾夕法尼亚大学语言学系、科罗拉多大学博尔德分校、密歇根大学日语研究中心、布兰迪斯大学情报学系、夏威夷大学马诺阿分校）、印度（尼赫鲁大学语言学系、马哈拉施特拉邦大学日语系、印度理工学院马德拉斯分校人文社科部）、孟加拉国（孟加拉国立大学现代语言学研究所）、韩国（韩国日语教育学会、首尔大学人文学部）等国家和地区建立合作关系。日本国语研与美国等国家的学术合作侧重于学术研讨，与中国等国家的合作侧重于日语教学及其相关研究。

中国的汉语教学主要体现在来华留学生教育，日本的二语教学面向定居在日本国内的学习者采取了很多举措，包括为在日本各地形成日语教学综合体系，链接各地区日语教学部门列表，县、市、镇日语教学负责人培训，县、政令指定城市日语教学负责人联络会，还包括定居日本的外国人的日语教学网格化项目，日语课程设置研究委员会区域国别日语教学实践计划等。《简易日语》是面向刚刚定居日本的外国人的日语学习指导教材，同时链接到司法部网站有关外国人入境管理的部分。

第八章　有关语言研究成果社会转化的思考和调查

人文科学和社会科学的研究成果的社会转化，跟自然科学不同，涉及社会、个体、主观意识、认知等。我们把理论层面的思考用调查问卷的形式呈现出来，希望通过问卷调查获得广大读者对语言学研究成果社会转化问题的看法，从中提炼规律性问题。

我们先初步设计了一个问卷，通过微信好友进行预调查。除了年龄、性别等基础信息，我们还了解了被访者的职业 / 专业特点，询问被访者对语言学学科性质的认识、作为语言文字工作者对科研成果社会转化的追求、对社会转化现状的态度、获得语言学信息的途径，以及对社会转化创新途径的看法。

根据预调查结果，我们修改问卷，把问卷地址公布在本书最后，读者可以随时登录“问卷星”平台，查看问卷调查结果。

第一节　有关语言研究成果社会转化的思考

为了便于跟进访谈，我们先在交往五年以上的微信好友中进行了初步调查，进而修改完善调查问卷。我们的“朋友圈”里有很多国际中文教育同行，无论是中国外派教师还是海外本土教师，他们都能熟练使用微信的各种功能，汉语水平跟汉语母语者差不多一样。此次调查共收回 135 份问卷，完成率 100%。

一、基础信息

从被访者性别来看，女性占51.11%，略多于男性。从年龄段来看，年龄在51~60岁的最多，占40%。26~30岁的最少，只有1人，是在读学生。具体分布如图8-1所示。

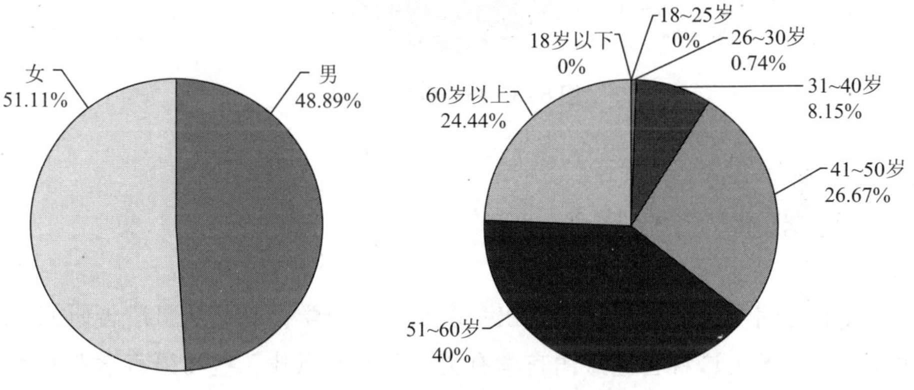

图8-1　被访者性别和年龄分布图

被访者所在区域分布，如图8-2所示。

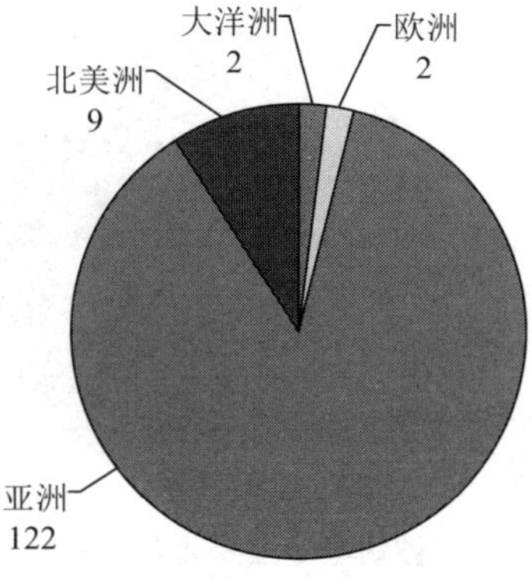

图8-2　被访者所在区域分布图

我们进一步询问被访者是否入职多年，已成为本行业的“前辈”，即不仅有自身的学术研究追求，而且也了解单位、机构。回答“是”的被访者可以被看作对此问卷有一定责任心、有态度的人。被访者的工作状况如图8-3所示。

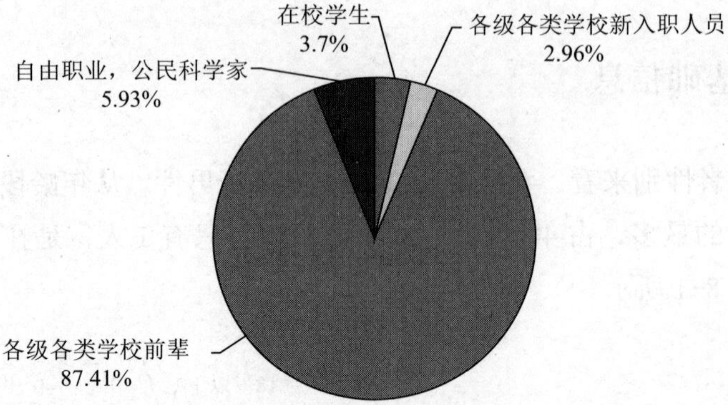

图 8-3　被访者工作状况

二、职业 / 专业特点

我们“朋友圈”好友的学科出身多数是语言学，有些从事广告研究、新闻传播研究的人谦称自己跟语言学有关。我们有意找一些与语言学专业无关的朋友来答卷，希望看到“外行人”对语言研究的看法。被访者的专业如图 8-4 所示：

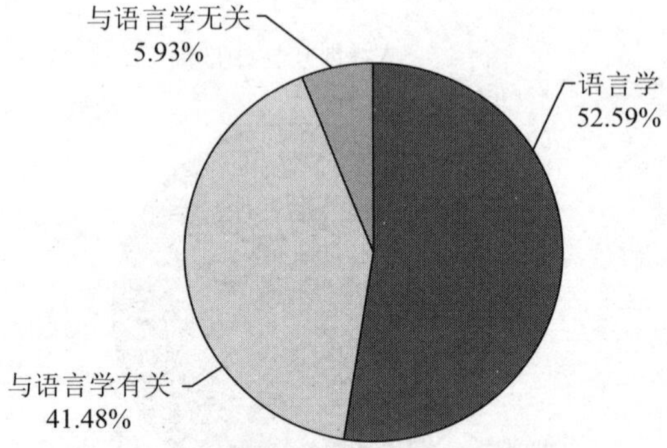

图 8-4　被访者专业是否与语言学有关

在大学学习语言学，毕业以后从事纯粹的语言学研究的人，对语言研究的社会转化问题是否有不同的看法？为此我们又询问了被访者的职业专业特点，如图 8-5 所示。

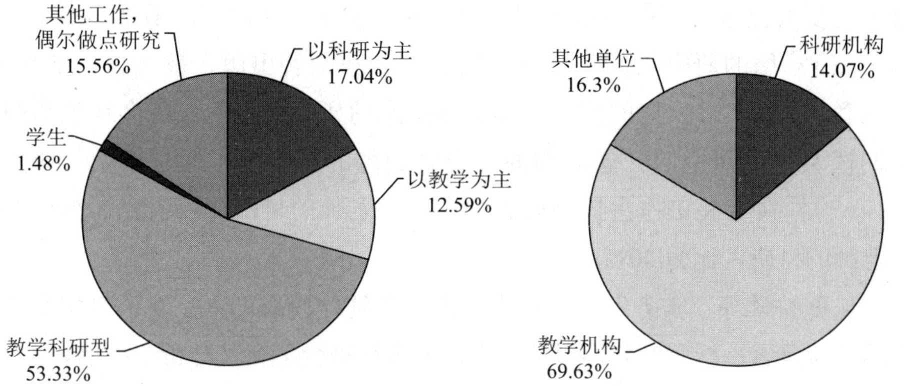

图 8–5　被访者工作性质以及所在单位性质

我们的“朋友圈”中从事国际中文教育的人比较多，单位或者机构的性质以教学为主。

三、学科认识

有关语言学学科性质的讨论已经有很多。由于语言学是比较成熟的学科，走进语言学研究殿堂的人很容易忽略此类讨论。我们将上述两个问题进行交叉分析。

被访者中有 67 人的专业为语言学，占总人数的 52.34%；与语言学无关的有 8 人，占 6.25%。不同专业对语言学学科性质的看法如表 8–1 所示。

表 8–1　“内行人”和“外行人”对语言学学科性质的看法

学科背景	语言学应重视揭示语言规律	语言学应重视实际用途
语言学	58.21%	41.79%
与语言学有关	62.26%	37.74%
与语言学无关	37.5%	62.5%

从上表来看，“外行人”（与语言学无关）更希望语言研究重视实际用途。我们向三位老师提出以下问题：您的工作中科研（论文发表，科研项

目）占多大比重？您的科研工作资料来源于哪里（知网、图书馆、书店、报刊……）？您的研究目的是什么（期刊发表和论著出版，教案和教学交流，学位和求职……）？您的家人、邻居知道您的研究项目吗？您会在生活中跟他们谈及您的研究吗？您周围的人会受到您的影响吗（通过教学、期刊论文……）？在有关工作占比的回答中，一位老师的科研工作占比35%，另一位老师的科研占比为40%。

从事教学等“实务”工作的人，跟从事纯粹研究的人，对语言学学科性质的认识是否一样呢？我们对两类人群的态度进行了交叉分析，结果如表8-2所示。

表 8-2　工作性质对语言学认识的影响

	语言学应重视揭示语言规律	语言学应重视实际用途
以科研为主	54.55	45.45
以教学为主	52.94	47.06
教学科研型	61.43	38.57
学生	0	100
其他工作，偶尔做点研究	64.71	35.29

从上表来看，无论是教学型、科研型，还是教学科研型，对语言学的看法是一边倒的。只有一位“学生”，认为语言研究需要重视实际用途。看来这个问题我们还需要再设计、再调查。

四、情怀所向

被访者多数表示关注语言研究社会转化问题，有少数表示基本不关注，也有不少人表示偶尔关注。如图 8-6 所示：

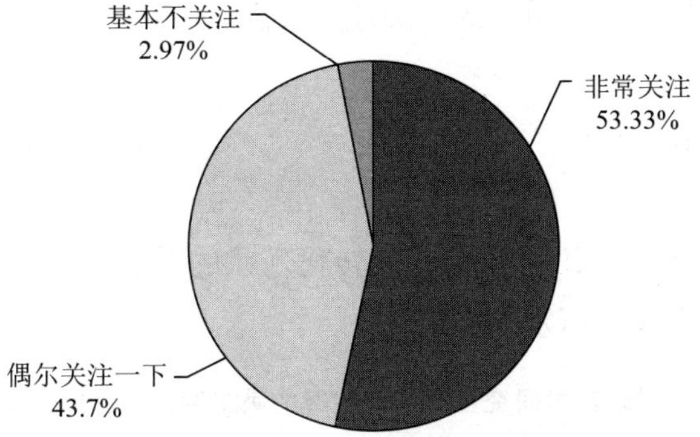

图 8-6　被访者对语言研究社会转化问题的关注程度

基本不关注的被访者是否是因为自己的专业跟语言学无关呢？表 8-3 展示了被访者的专业与关注程度的关系。

表 8-3　被访者的专业与关注程度

	非常关注	偶尔关注	基本不关注
语言学	50.75%	46.27%	2.98%
与语言学有关	50.94%	45.28%	3.78%
与语言学无关	62.5%	37.5%	0

通过关联分析发现，语言学专业的被访者中居然有 46.27% 的人偶尔关注社会转化问题。相反，大多数与语言学无关的人非常关注这个问题。表示基本不关注的被访者恰恰是语言学专业和与语言学有关的人士。这个调查结果非常值得我们深入探讨。

基本不关注是否跟单位或者机构的性质有关呢？我们进行了关联分析，结果如表 8-4 所示：

表 8-4　关注程度与工作性质的关联

	非常关注	偶尔关注一下	基本不关注
科研机构	12（63.16%）	6（31.58%）	1（5.26%）
教学机构	45（48.39%）	46（49.46%）	2（2.15%）
其他单位	12（63.16%）	6（31.58%）	1（5.26%）

上表的数据显示，教学机构本身就是“实务型”的单位，对此问题的关

注度不如科研机构。其他单位的人关注度较高。

五、现状认识

我们询问被访者对语言研究社会转化现状的看法。这是一个开放式的问题，统计结果如表 8-5 所示。

表 8-5　对语言学研究社会转化状况的满意度打分（满分 100 分）

<table>
<tr><th>排位</th><th>打分</th><th>人数</th></tr>
<tr><td>1</td><td>60</td><td>32</td></tr>
<tr><td>2</td><td>70</td><td>27</td></tr>
<tr><td>3</td><td>80</td><td>27</td></tr>
<tr><td>4</td><td>50</td><td>11</td></tr>
<tr><td>5</td><td>65</td><td>7</td></tr>
<tr><td>6</td><td>75</td><td>6</td></tr>
<tr><td>7</td><td>85</td><td>3</td></tr>
<tr><td rowspan="3">8</td><td>90</td><td>2</td></tr>
<tr><td>88</td><td>2</td></tr>
<tr><td>30</td><td>2</td></tr>
</table>

此外 20 分、40 分、59 分、68 分、83 分、84 分的各一人。最低分 20 分，最高分 90 分。除了表示不甚了解的一人之外，满意度分数段如表 8-6 所示：

表 8-6　对语言学研究社会转化状况满意度分数段

档次	分值	投票数	排位
优秀	90 分以上	2	4
良好	80 分—89 分	34	2
及格	60 分—79 分	73	1
不及格	60 分以下	16	3

"您认为影响当下科研成果转化工作的主要因素是什么？"这个问题的回答有多个选项，我们又加上了排序的要求，结果如表 8-7 所示：

表 8-7　影响语言学研究社会转化工作的主要因素

选项	综合得分	第 1 位	第 2 位	第 3 位	第 4 位
国家政策的高层设计	2.93	68（59.13%）	21（18.26%）	14（12.17%）	12（10.44%）
科研人员的自觉意识	2.5	35（29.91%）	39（33.33%）	20（17.09%）	23（19.67%）
学界风气的整体转变	1.98	18（17.82%）	31（30.69%）	36（35.64%）	16（15.85%）
单位领导的真正重视	1.58	7（7%）	25（25%）	31（31%）	37（37%）

国家层面重视科研成果社会转化，学界也呼吁国家政府的重视，现在看来关键问题是"设计"，因此这方面的调查还需要深入。

六、途径

"您所知道的科研成果社会转化的途径"是一个多选题，回答的情况如图 8-7 所示：

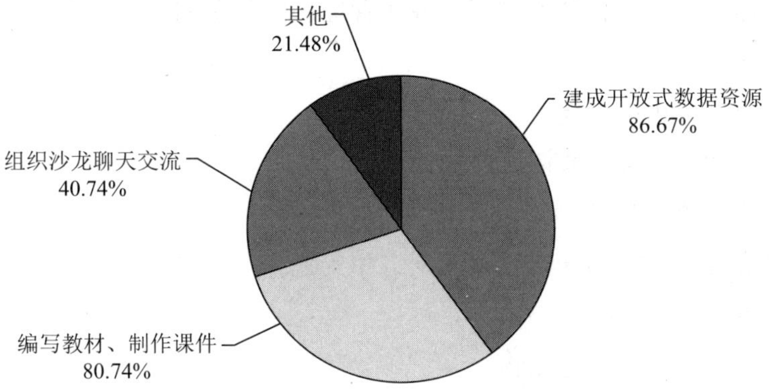

图 8-7　语言学研究社会转化途径

"建成开放式数据资源"，有 111 人选择了这一项，是选择人数最多的一项。我们进一步询问三位老师在研究工作中使用哪种数据库，是本单位的数据库，还有其他单位的，如果都使用，再说明一下比重。有一位老师是都使用，各占一半。有一位老师主要使用外单位的，有北京语言大学的

BCC语料库和北京大学的CCL语料库。一位研究方言的老师表示，数据库一般是自己通过田野调查建立的，此外还使用中国社会科学院和澳大利亚人文科学院合作编纂的《中国语言地图集》和曹志耘主编的《汉语方言地图集》。

"其他"是开放式填空，有24条回答。有些回答与我们设计的选项大致相同，例如：

建成开放式数据资源供大家使用，包含编写词典并构建融媒体辞书；

编写教材、制作课件，向各类人群宣讲；

组织沙龙，包括小型工作坊等；

问卷回答中出现的我们没有提到的途径有：

（1）申报相关应用项目

设定语言传播项目；开展语言应用推广活动。

（2）开发产品

用于自然语言处理和人工智能；申请专利、出版。

（3）多方宣传

相关会议，通过微信群、公众号、小程序宣传；通过出版物、电视网络、社交自媒体进行科普；公益讲座；教研管理部门公布的科研信息。

（4）研讨会

（5）与社会机构合作

合作机构包括方言或语言博物馆。

（6）建言语言政策

通过语言研究推动语言政策的制定和实施。

（7）编写科普读物

编写面向大众的科普读物。

此外，有被访者指出，语言学科研成果主要是在期刊上发表，发表后一般就不再关注。

我们追问被访者：您做的研究通过哪些途径宣传？这里我们用排序题的方式，希望进一步确认转化途径的具体实施状况。期刊发表位列第一，有94.07%的人选择这一项，如图8-8所示：

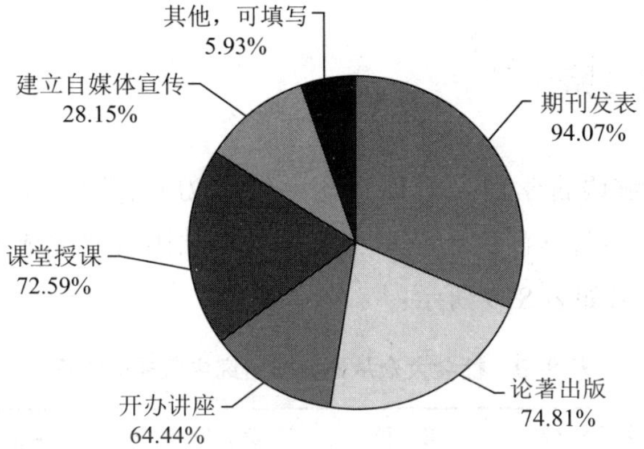

图 8–8　语言学研究社会转化途径

我们的被访者中有 71.88% 的人在教学机构工作，但是两项调查的关联分析仍然指出，身处教学机构的人也把期刊发表作为科研成果宣传的第一途径。如表 8–8 所示：

表 8–8　工作性质与语言学研究社会转化途径认识的关系

	期刊发表	论著出版	开办讲座	课堂授课	建立自媒体宣传	其他
科研机构	100%	70.59%	52.94%	58.82%	41.18%	11.76%
教学机构	95.65%	77.17%	70.65%	80.43%	25%	4.35%
其他单位	84.21%	68.42%	47.37%	47.37%	36.84%	5.26%

而且在教学机构的老师中，选择建立自媒体形式宣传科研成果的人数最少。我们追问了几位被访者：您的研究成果如何向外界宣讲？由结项单位宣传，由期刊出版单位宣传，还是通过教学宣讲？如果都有，请说一下比重。一位没有担任教学工作的专职研究人员回答，以上三项的比重是 4∶5∶1。有一位教授硕士和博士课程的老师说，一般没有主动宣讲，但是单位网站会要求实时更新个人信息，包括论著信息。另一位教授大学本科基础课、硕士和博士课程的老师回答没有宣讲。三位老师中一位是担任二语教学的老师，她的研究成果涉及国际中文教育的。另外两位是语法研究的老师和方言研究的老师，他们的研究都没有涉及国际中文教育。

七、求索之路

"学习和了解语言学研究可以助您一臂之力吗?"(排序题)想问的是，每个人都可以从语言学研究中获取什么好处，从语言研究成果中获得哪些收益？综合排序结果如表 8-9 所示：

表 8-9　社会大众从语言学研究中获益的方面

选项	综合得分	第 1 位	第 2 位	第 3 位	小计
辅助教学工作	2.42	81(69.23%)	31(26.5%)	5(4.27%)	117
加强语言修养	1.88	38(36.54%)	61(58.65%)	5(4.81%)	104
提高社会地位	0.81	9(10.98%)	4(4.88%)	69(84.14%)	82

第二节　问卷的改进和调查的动态更新

初步调查和分析之后，我们将扩大调查范围，广泛征询，了解社会大众对语言学研究社会转化的需求，以及语言学研究社会转化机制的规律性认识。

一、基础信息修改

删除了原来的性别调查题以及被访者是否是所在单位或者机构的"前辈"的问题。询问年龄段。询问国家和地区。询问从事的职业，用下拉框方式给出 5 种选择：在校学生、文职人员、教师、专职研究人员、从事兴趣所致的研究。

二、职业 / 专业特点与学科认识的关联分析

对语言学学科性质的认识会影响学者对科研成果社会转化工作的态度和努力程度。上一节中，很多被访者告诉我们，他们认为理论与实际都很重要，

都要重视。为了得到调查结果，我们强调在二选一的情况下，哪个排序在前：

（1）语言学应重视揭示语言规律，例如，数学、哲学等，很多研究并非社会大众所关注的。

（2）语言学应重视普及，跟老百姓沾边，任何学问如果不能面向大众就白做了。

这个问题的调查结果可以反映有关语言学学科性质讨论的现状。我们需要调查所有人对于科研成果社会转化问题的态度和重视程度。被访者对语言学科性质的认识和自身的工作性质、所在机构的性质有关。我们会将被访者的专业、职业和所在机构的性质进行关联分析。

职业或者专业特点仍然是我们需要了解的，下面几个问题是了解对语言研究的社会转化态度的关联项。一是是否从事科研工作，二是所在单位是否是科研单位，三是专业是否与语言学相关。需要分别回答。

您的工作性质：以科研为主，以实务为主，实务加科研（例如教学科研型），根据兴趣偶尔做点科研（例如退休），其他（开放式填空）。

单位性质：科研单位，非科研单位。

专业：语言学，与语言学有关，与语言学无关。

三、现状认识以及排序

（一）对语言研究的社会转化现状的评价

我们用五级量表的形式，希望了解语言学对社会的干预度，即语言研究的社会转化的满意度。

（二）社会大众对语言研究成果的期待

了解社会大众对语言研究的需求，是非常必要的。目前这些需求比较分散，还有很多对语言研究的误解。

（1）增加语文知识，辅助日常事务工作

（2）加强语言修养，提升与人沟通的能力

（3）深入阅读钻研，反思生活中的语言智慧

（4）了解古今沟通，强化对民族文化传播的责任感

（5）获得语言学养，获取专业的升学就业机会

这几项应该都是社会大众能从语言研究成果中获益的方面，我们希望被访者按照重要程度排序，以便更清楚地了解最强烈的需求。

（三）应该对语言研究中的哪些成果进行有效的转化

语言学的研究对象很多，要了解语言研究的社会转化，不得不分主题和专题进行探讨，否则我们的调查研究会比较空泛。由于本研究跟日本国立国语研究所的成果相关，我们尝试按照前面的5个部分进行分类。

（1）很想了解语言学研究的各种流派。

（2）很想了解语言的发展变化，例如古代汉语知识。

（3）很想了解语言的各种表现，例如各地方言、网络流行语等。

（4）很想了解语言教学领域的信息，例如外语教学、国际中文教育等。

（5）很想了解跟语言有关的现代科技，例如电子辞书，语料库等。

要求最少选一项，最多选五项，每项后面可以自由填空。

四、途径以及难点和重点

根据上一节的调查，语言研究的宣传途径主要有建成开放式数据资源供大家免费使用，编写和出版辞书，编写教材、制作课件进行课堂教学，组织沙龙、工作坊等吸引和培养语言研究爱好者，与产业合作开发产品，在各级各类媒体上宣传，面向社会大众举办公益讲座，编写科普读物，与社会机构合作，建设博物馆等。

在扩大范围的调查中，我们除了要了解语言研究向社会大众宣传的途径，还要了解语言学与其他学科交叉而获得的创新途径，以及这些途径是否通畅。

（一）社会大众了解语言研究成果的途径

无论您是否是语言研究专业人员，您觉得语言研究成果可以通过什么途径去宣传？该问题为多选题，最少选两项，最多选四项，这样就避免了无原则乱选。选择最后的“其他”选项，可以填写其他途径。

（1）阅读语言学期刊论文

（2）阅读语言学专著

（3）从各类科研项目中了解

（4）线下线上的各种语言学课程

（5）阅读各类媒体相关新闻

（6）参与社区举办的有关活动

（7）其他

（二）通过语言学研究了解其他推动转化的途径

我们罗列了5种通常的途径，给出提示，每一项后面都设有开放式填空，非必填。这样可供各个专业领域的人提供线索。5种途径中哪种更需要去探索？我们请被访者依照重要程度排序，这样可以提示我们重点关注那些途径。

（三）语言学研究成果的跨语种跨文化传播

对于语言学研究成果的跨语种跨文化传播以及转化，您觉得主要难点在哪里？可多选。

（1）意识形态差异

（2）术语和基本原理难以一致

（3）各种历史遗留问题

（4）不同的习惯做法

（5）其他

（四）全开放式回答

根据上一节的调查我们知道，针对“您认为影响当下科研成果社会转化工作的因素主要是什么？”这一问题，近130份答卷中国家政策的高层设计排在首位。这提示我们要将国家政府的倡导、社会大众的实际需求，以及语言研究的实际状况结合起来。修改后的问卷最后一题为非必答题：如果您对上面的问题有兴趣，请留下您宝贵的意见。包括回答如下问题：有关语言研究的社会转化，您的困惑是什么？您觉得难点是什么？重点是什么？

我们希望通过大范围调查，获得以下方面的信息：

（1）困惑是什么？

纵观语言学科性质的讨论，人们的共识是语言学是一个交叉的学科。每个研究者的认识就会有偏向，研究者的个人兴趣不同，对学科性质的看法会有偏差，那么兴趣不同的同行如何互相认可呢？这也关涉自上而下的评价标准如何制定。

（2）难点是什么？

由于我们进行的是“民意调查”，结果显示研究者无法摆脱潮流，不得不跟风；研究者无法摆脱单位的评价机制，不能自行其是。研究者不知道或者无法关心社会大众的需求，自己的研究没有真正聚集。

（3）重点是什么？

语言学对社会的干预度很低，研究的空泛程度较高，思想的诉求分散，与其他学科交叉而获得的创新途径不够通畅，这种状态应当尽快改变。

以下是改进后的“语言学研究的社会转化”调查问卷全文。这个调查问卷常年开放，读者可以随时查看结果。网址是：https://www.wjx.cn/vm/tIyrCIJ.aspx。

改进后的“语言学研究的社会转化”调查问卷

语言是交际交流的工具，语言研究覆盖了社会生活的方方面面，有关语言研究的社会转化问题，您或多或少都会有所接触。我们正在做一项研究，很想了解社会大众对这一问题的所思所想。

整个问卷共有 15 道题，您不需要花费太多时间就可以完成。

敬请支持我们的研究，我们保证您的意见只是用于无记名统计，您的个人信息绝不会泄露。

1. 您的年龄段：[单选题]

○ 18 岁以下　○ 18~25　○ 26~30　○ 31~40

○ 41~50　○ 51~60　○ 60 以上

2. 国家及地区：请点击，选择地区，然后选择所在国家。[填空题]

____

3. 您目前从事的职业，在下拉框中单选：[单选题]

○在校生，包括本科、硕士、博士

○行政、文职等，如出版社编辑、媒体记者等

○教师，承担一些科研任务

○专业研究人员

○自由从事有兴趣的科研，如退休等

○以上都不是

下面几个问题是了解您对语言研究的社会转化态度的关联项。一是您是否从事科研工作，二是您的单位是否是科研单位，三是您的专业是否与语言学相关。需要您分别回答。

4. 您的工作性质：[单选题]

○以科研为主

○以实务为主

○实务加科研，例如教学科研型

○根据兴趣偶尔做点科研，例如退休

○其他，开放式填空 ________________

5. 您的单位或者机构的性质 [单选题]

○科研单位

○非科研单位

6. 您的专业是否与语言学有关 [单选题]

○语言学

○跟语言学有关

○跟语言学无关

7. 语言学研究的理论研究和实际应用都很重要，这是多数人的共识。为了得到更清晰的调查结果，看到大家鲜明的态度，我们请您给出二选一的答案，也就是说理论研究和实际应用方面非要有排序的话，您会把哪个方面放在前面。[单选题]

○语言学应重视揭示语言规律。

例如，数学、哲学等，很多研究并非社会大众都能关注。

○语言学应重视普及，跟老百姓沾边。

任何学问如果不能面向人民就白做了。

8. 您关注研究成果社会转化问题吗？关注程度如何？[单选题]

○非常关注

○偶尔关注一下

○基本不关注

9. 您对语言研究社会转化的现状的满意度[单选题]

○很不满意　○不满意　○一般　○满意

○很满意

10. 下面几项都应该是社会大众能从语言研究成果收获的方面，每一项后面都可以自由填空，非必填。如果一定要有重要程度排序，您会怎样排序？[排序题，请在中括号内依次填入数字]

我们需要透过您的意见，了解社会大众对语言研究的诉求。

[　]增加语文知识，辅助日常的事务工作

[　]加强语言修养，提升与人沟通的能力

[　]深入阅读钻研，反思生活中的语言智慧

[　]了解古今沟通，强化对民族文化传播的责任感

[　]获得语言学知识，获取专业的升学就业机会

11. 下面的 5 个选项，或许都是您想了解的语言研究的一些内容，最少选一项，最多选五项。请您根据自己的需求的迫切性进行排序。[排序题，请在中括号内依次填入数字]

[　　] 很想了解语言学研究的各种流派

[　　] 很想了解语言的发展变化，例如古代汉语

[　　] 很想了解语言的各种表现，例如各地方言、网络流行语等

[　　] 很想了解语言教学领域的信息，例如外语教学、国际中文教育等

[　　] 很想了解跟语言有关的现代科技，例如电子辞书、语料库等

12. 无论您是否是语言研究专业人员，您觉得语言研究成果可以通过什么途径去宣传？ [多选题，最少选两项，最多选四项。]

□阅读语言学期刊论文

□阅读语言学专著

□从各类科研项目成果中了解

□线上线下的各种课程

□听各种类型的专题讲座

□阅读媒体新闻

□参与社区举办的有关活动

□其他 ________________

13. 无论您是否从事语言研究，就您所知，语言学专业学者获取其他学科成果的创新途径有哪些？请按照频次排序。[排序题，请在中括号内依次填入数字]

[　　] 阅读专著、期刊论文

[　　] 查询各专业发表的白皮书等开放信息

[　　] 听课，以及专家讲座

[　　] 参加研讨会以及沙龙等活动

[　　] 阅读各类媒体新闻

14. 语言学研究成果跨语种跨文化传播以及转化，您觉得主要难点在于哪

里？请从下列选项中选择您认为最重要的两项。[多选题，选择“其他”时，请填写您的想法。]

□意识形态差异

□术语和基本原理难以一致

□各种历史遗留问题

□不同的习惯做法

□其他 ________________

15. 最后一个问题非必答。如果您对上面的问题有兴趣，时间允许的话，请留下您宝贵的意见。有关语言研究的社会转化，

您的困惑所在？

您觉得难点是什么？

重点是什么？

可输入多行，也可语音录入。[填空题]

____

结　语

东京市郊西部的立川市有热闹的中华街，日本国语研新址在立川市中心的外围，出车站要步行十分钟。这家研究所的环境好像一个普通的高校，但是没有师生走动，非常安静整洁。研究所出入自由方便，步入大厅就可以看到展示的讲座信息、宣传手册，对语言学专业感兴趣的人会觉得非常亲切。

通常说文学即人学，语言学何尝不是人学？人们也说语言学是跨越文理的科学，是领先的科学，语言学的重要性无论怎么说都不过分！语言学来自生活，语言学成果转化为社会大众所需是必然的，不管是日本、中国，还是世界上其他任何地方，都是如此。但是不同的学术团体，有不同的做法，在转化机制上形成自身特色，这就是本书希望观察和描写的。

搜索日本国语研官网资料，从中得到的信息，一是国语研的主要项目，二是国语研的学术活动，这是本书第二章内容。同时本书第二章在国语研官网日语和英语对译基础上分析了汉日英语言学术语问题。

在第二章基础上我们分析国语研项目和活动的类型，找到“机制”，这是本书第三章功能转化和第四章范围转化的内容。功能转化指的是公开提供语言学和语言教学研究相关的数据，便于学界以及社会大众查询。范围转化指的是宣讲活动，包括向日本人文科学院提供跨学科研究素材，向青少年学生宣讲语言学科普知识的活动。第五章分析了与科研转化相关的其他学术活动，包括与海外和国内同行的交流，还有国语研内部的交流，资料积累和项目延续方面的工作。第六章是 2022 年 4 月国语研组织架构改组后改版的国语研官网资料分析，全新的举措恰恰是对以往努力的强化，即朝着科研成果社会转化的方向前行。

我们希望在第八章问卷调查部分体现出不同国家地区、不同专业的人们对语言学科研成果转化内在规律或者说理论问题的思考。问卷调查可以回应国语研官网资料的梳理结果：一是途径（做法、活动），二是做法和活动的类型。做法和活动的类型是从参与调查的人的年龄、地区、单位、职业和专业中得到的。

外语教学与人际交往的发展如影随形，当今世界对外日语/汉语教学的需求都在日益增加。中日两国语言学和语言教学研究的交流势在必行。日本国语研的所长强调日本的语言学研究与海外同行的交流。从已经签约的合作机构看，国语研与欧美的交流侧重学术交流，与东南亚的交流侧重（对外）日语教学。区域国别的外语教学研究带动着语言学研究的区域国别交流。日本的语言学研究国际化程度比较高，对于古代日语发展史、日语学习者调研等项目的研究，跟中国实施的国际中文教育项目有许多交集。"日本国立国语研究所成果社会转化机制研究"是语合中心项目，旨在学习海外语言研究机构和语言教学组织机构中有关语言政策、语言教育政策的实施经验，为我们的国际中文教育工作提供参考。通过整理日本国语研官网的资料，我们不仅能看到日本的语言学研究现状，更希望提取科研成果向社会转化的机制，对我们国内的科研成果社会转化的问题提供创新思路。本书第六章，我们将日本的国语研与中国的社科院语言研究所进行比较，包括历史沿革、组织架构、科研工作、出版期刊和教学工作的比较。本书的第七章我们将日本文化厅与中国的语合中心进行比较分析，包括政策以及实施（行政管理、事业预算、行业大会），与国语研的研究项目的交集（教学参考框架、教师培养、教学资源、学习群体调研）。相比之下，中国的语合中心在上述两个方面的工作更为突出，这跟中国近些年的经济发展势头密不可分。

科研成果的社会转化机制，具体来讲是科研项目的管理机制，是历史传统的沿袭，这是本书第一章所要体现的。日本以明治维新为历史节点，明治维新前日本的文史研究比较重视实用性，明治维新之后全盘西化，研究热点由主要专家说了算。国语研官网的所长致辞，强调研究机构的工作主要是做资料工作和服务工作。

本书作者才疏学浅，书稿中罗列材料多，自己的论证少。日本国语研官网信息翻译，有很多靠不住的地方，我们没有请外语专业人员来把关审核。其实我们希望中日两国的语言学硕士、博士能借助语言学词典等工具进行频繁的交流，借助“笔谈”，让语言学的学问更加大众化，而不是让深奥的术语增加交流的难度。

日本的语言学成果的转化研究是一种区域研究。我们从事国际中文教育工作，尤其关注其中的领域研究。日语二语教学研究是针对语言学的研究，也是针对语言生活的研究。我们希望这种研究在国家语言规划、国际语言格局的宏观背景下，形成语言研究和语言教学研究合力，避免语言冲突。在尊重彼此历史形成的语言秩序和语言格局基础上，在新的形势下依据语言生活发展规律互动与调整。语言服务是近些年发展出来的重要理念。广义的语言服务是指利用语言学研究成果及其衍生品来满足语言生活需求。李宇明谈道，要全面精准地做好语言服务，了解区域语言需求，包括信息特殊人群的语言需求和应急救援的语言需求，利用各语种及手语、盲文满足语言需求，防止信息手段带来新的“技术交际障碍”；要认识语言的经济属性，努力发展语言产业，特别是要利用语言智能促进传统语言产业智能化，要发展语言数据产业，推进数字经济的发展。李宇明注意到，2020 年正式签署生效的《区域全面经济伙伴关系协定》（*Regional Comprehensive Economic Partnership*），涉及东盟 10 国和中国、日本、韩国、澳大利亚、新西兰 5 国。该协定对 15 个成员国全面生效之后，将建成世界最大的自由贸易区，其语言问题，包括中文在这个区域的传播应用问题都值得研究。相信未来的语言研究成果转化机制将朝着更加明确的目标迈进。

参考文献

费尔伯．术语学、知识论和知识技术［M］．邱碧华，译．冯志伟，审校．北京：商务印书馆，2011.

布斯曼．语言学词典［M］．陈慧瑛，编译主编．北京：商务印书馆，2003.

克里斯特尔．现代语言学词典［M］．沈家煊，译．北京：商务印书馆，2000.

鲍艳．地方高校科技成果教学转化策略与机制研究［J］．吉林工程技术师范学院学报，2018，34（10）．

段忠贤，黄月又．从"案例研究"走向"案例教学"：科研成果转化教学实践的路径［J］．教育文化论坛，2019，11（04）．

段作章，卢艳春．教学理念向教学行为转化机制研究：进展与趋势［J］．教育理论与实践，2012，32（07）．

冯志伟．现代术语学引论［M］．北京：商务印书馆，2011.

高江．提升基层干部教育培训成果转化机制研究［J］．中共伊犁州委党校学报，2021（02）．

何华珍．日本汉字和汉字词研究［M］．北京：中国社会科学出版社，2004.

何声清．职前数学教师的专业信念及其内部转化机制研究——以S师范大学为例［J］．现代基础教育研究，2022，45（01）．

黄小燕，陈燕．民办高职院校科研成果教学转化机制研究［J］．知识文库，2018（06）．

君方．日本"计量国语学会"及其最近活动［J］．语言学资料，1962（09）．

劳宁．日本最近十年的语言研究情况［J］．语言学资料，1965（Z1）．

李栋 . 教育理论的实践转化机制研究——基于教育主体“情感体验”生成的维度［J］. 教育科学，2022，38（01）.

李栋 . 教育理论的实践转化机制研究——基于教育主体“行动策略”生成的维度［J］. 高等教育研究，2021，42（04）.

李栋 . 教育理论实践转化机制的结构维度与动力模型——基于教师群体的扎根理论分析［J］. 教育发展研究，2022，42（20）.

李强，董建国 . 教育科学学科研究基地科研成果转化机制的探讨［J］. 湖南工业职业技术学院学报，2012，12（05）.

李蓉芳 . 科研成果向本科教学内容转化的机制研究［D］. 武汉：武汉理工大学，2020.

李宇明 . 中国的话语权问题［J］. 河北大学学报（哲学社会科学版），2006（06）.

李宇明 . 区域语言规划与区域发展［J］. 广州大学学报（社会科学版），2023，22（05）.

林景渊 . 日本语文国际化问题之观察与思考［J］. 汉字文化，1995（02）.

林敬平 . 大学生社会主义核心价值观知行转化及其机制研究［D］. 福州：福建师范大学，2020.

刘刚 . 基于隐性技能转化机制的商务英语习得过程研究［J］. 价值工程，2012，31（04）.

刘桂敏 . 语言与社会：日本社会语言学研究概述［J］. 日语学习与研究，1996（04）.

刘海燕 .《千字文》在日本汉语教学历史上的教材价值［J］. 日本问题研究，2016，30（02）.

刘海燕 . 传媒技术影响下的对外汉语教学［J］. 现代传播（中国传媒大学学报），2012，34（05）.

刘海燕 . 日本汉语教学历史研究［M］. 北京：中国传媒大学出版社，2017.

刘海燕 . 社会语文观对汉语新媒体语言的选择［J］. 现代传播，2016，38（10）.

刘双清，王俊琳，文鼎，等 . 高校科研成果转化为本科教学资源的改进途径和机制创新［J］. 吉林省教育学院学报，2022，38（08）.

刘晓红 . 科技日语中“汉字词”的特点及其翻译［J］. 华东冶金学院学报（社会科学版），1999（04）.

刘晓丽 . 基于中日常用字对比的对日汉字教学［M］. 北京：中国社会科学出版社，2010.

刘晓楠，尹美娟，陈岩，等 . 探索军队院校科研成果向教学转化的有效机制［J］. 计算机工程与科学，2016，38（S1）.

孟瑾 . 教学研究成果认定与转化机制的探讨［J］. 教学与管理，2012（33）.

欧阳迪 . 我国高校科技成果转化机制的比较研究［D］. 曲阜：曲阜师范大学，2010.

潘呈，张文碧 . 试论体育术语的日译汉策略——以《天声人语》社论新闻栏目的体育术语为例［J］. 戏剧之家，2018（14）.

裴亚军 . 科技名词审定工作的性质、任务和组织［J］. 中国科技术语，2020，22（01）.

史君方 . 日本国立国语研究所及其最近科研项目［J］. 语言学动态，1978（04）.

史有为 . 英制度量衡单位与中西日交流［M］//《南大语言学》编委会 . 南大语言学：第三编 . 北京：商务印书馆，2008.

王红 . 日语外来语的进程与现状研究［J］. 陕西师范大学学报（哲学社会科学版），1997（S1）.

王金玲 . 日汉机器翻译系统中术语自动翻译技术的研究［D］. 沈阳：沈阳航空工业学院，2010.

徐一平，曹大峰 . 中日对译语料库的研制与应用研究［M］. 北京：外语教学与研究出版社，2002.

杨培明 . 以组织变革助推学校教育立德树人转化机制形成［J］. 江苏教育，2021（19）.

杨荣波 . 学何以能致用：教师培训效果转化的内在机制与实践路径研究［D］. 兰州：西北师范大学，2022.

俞晓明 . 外来语的使用趋向规范化:《日本国立国语研究所 2002 年报告》分析［J］. 日语学习与研究，2003（02）.

张迪，王琦．产教融合科研成果转化体制机制研究——以智能建造技术专业教学体系研究为例［J］. 科技风，2022（27）.

张麟声．汉日语言对比研究［M］. 北京：北京大学出版社，1993.

张学敏，侯佛钢．从理论到实践有多远？——专业学位研究生案例教学的知识转化机制探讨［J］. 现代大学教育，2020（01）.

赵琪．创建多语言学术交流环境［N］. 中国社会科学报，2021-03-22（002）.

赵科林．生活问题与数学问题的双向转化机制及其应用研究［D］. 成都：四川师范大学，2020.

赵舒妮．教育公平理念转化为教学行为的内隐机制探析——以“学习共同体”实践学校 S 小学为例［J］. 福建基础教育研究，2020（06）.

赵文文．网络教学环境中大学生网络知识与网络学习能力有效转化机制与衔接路径研究［D］. 武汉：武汉工程大学，2021.

周茂平．高校教学研究成果转化机制构建实践研究［J］. 江西理工大学学报，2011，32（06）.

朱小峰．高职院校科研成果教学转化机制与评价体系研究［J］. 职业技术教育，2013，34（23）.

附录　初步问卷调查结果

截至 2022 年底

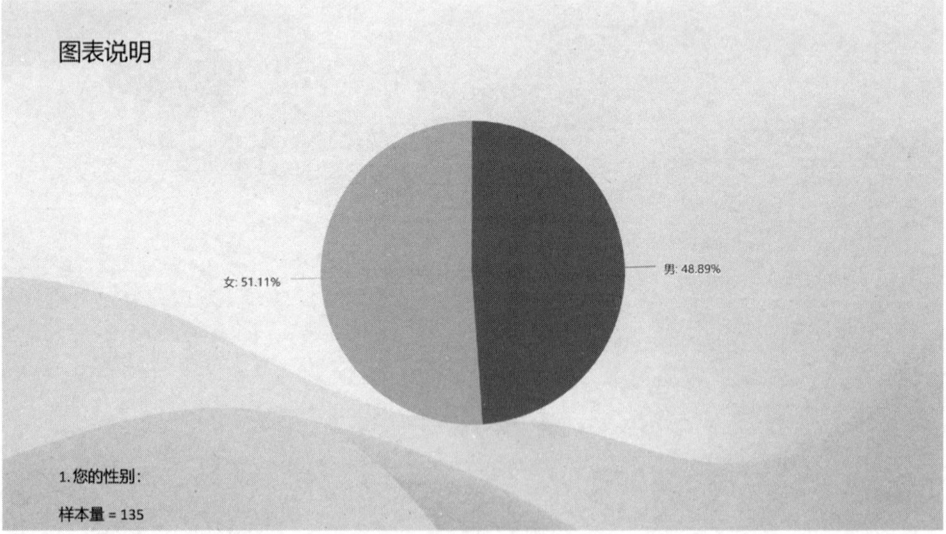

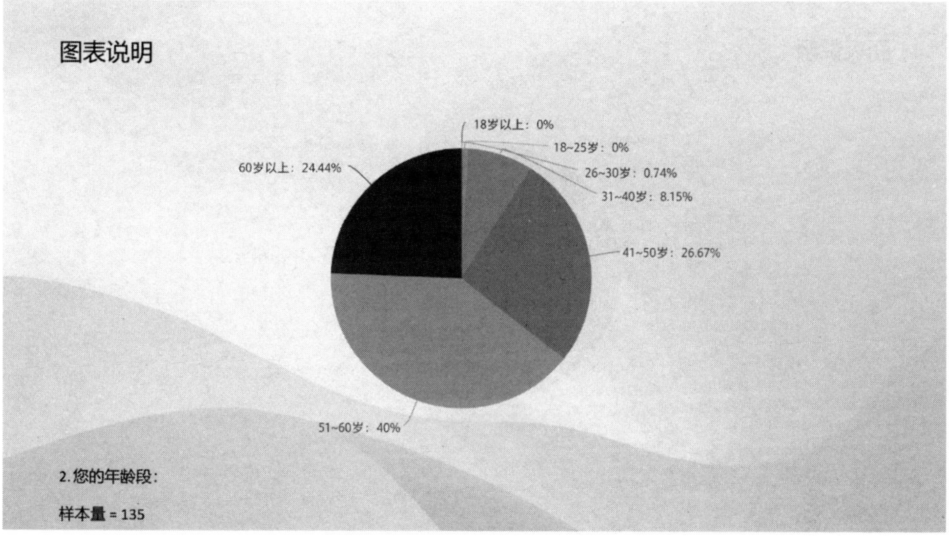
图表说明
18岁以上：0%
18~25岁：0%
26~30岁：0.74%
31~40岁：8.15%
41~50岁：26.67%
51~60岁：40%
60岁以上：24.44%
2.您的年龄段:
样本量 = 135

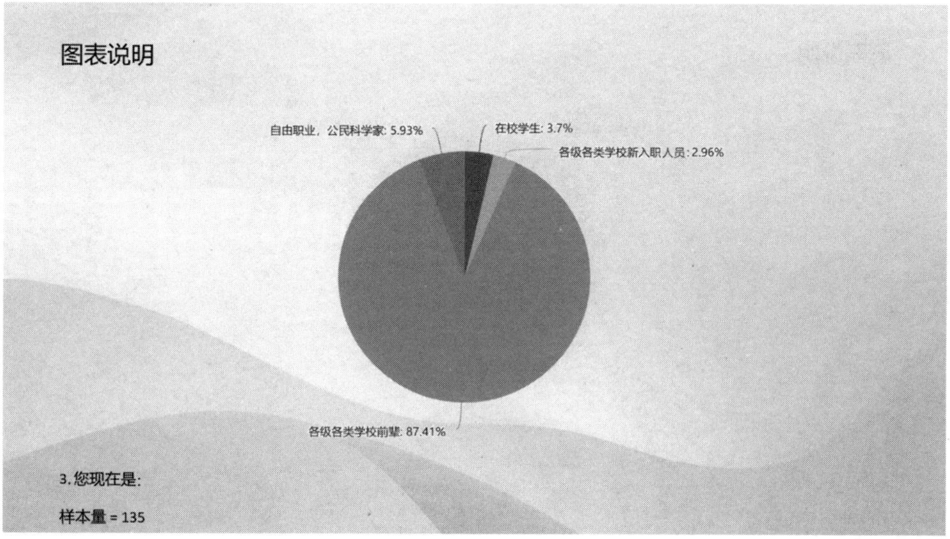
图表说明
自由职业，公民科学家: 5.93%
在校学生: 3.7%
各级各类学校新入职人员: 2.96%
各级各类学校前辈: 87.41%
3.您现在是:
样本量 = 135

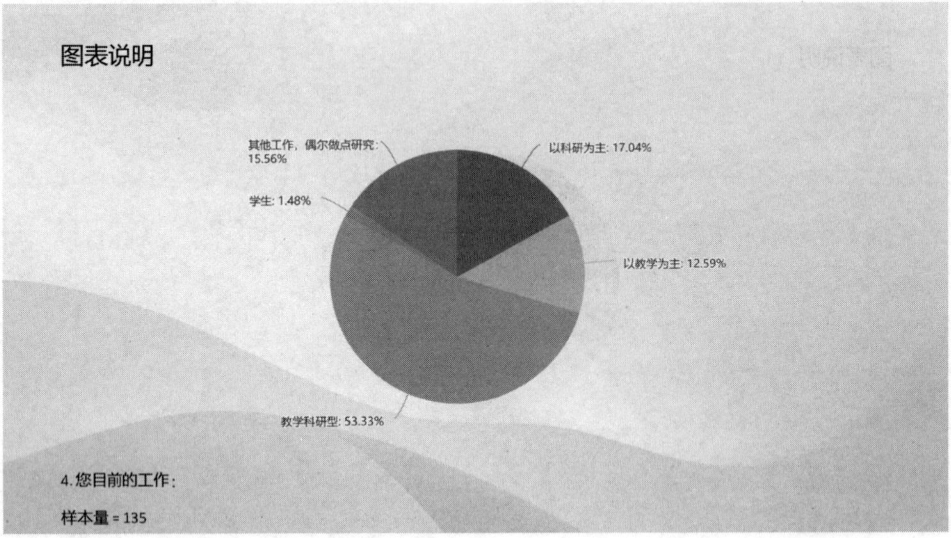
图表说明
其他工作，偶尔做点研究：15.56%
以科研为主：17.04%
学生：1.48%
以教学为主：12.59%
教学科研型：53.33%
4. 您目前的工作：
样本量 = 135

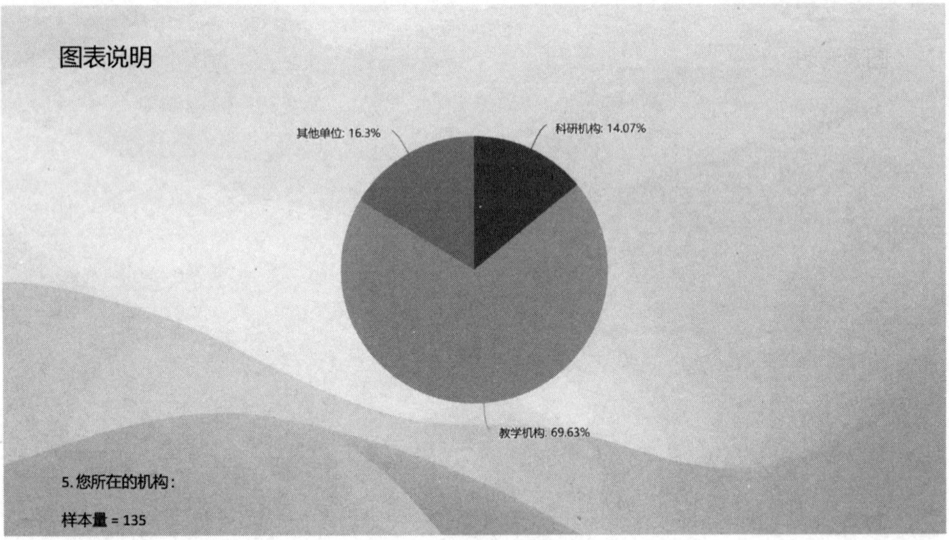
图表说明
其他单位：16.3%
科研机构：14.07%
教学机构：69.63%
5. 您所在的机构：
样本量 = 135

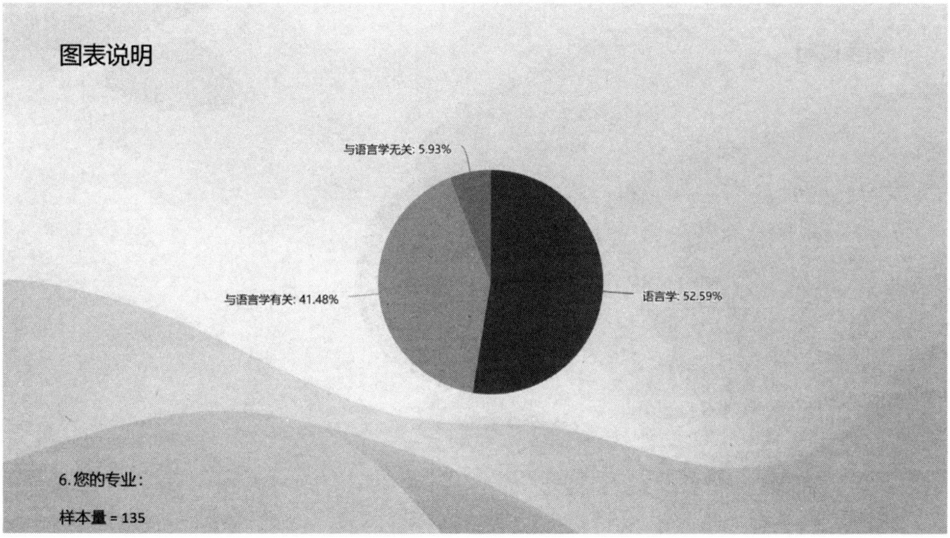
图表说明
与语言学无关: 5.93%
与语言学有关: 41.48%
语言学: 52.59%
6. 您的专业:
样本量 = 135

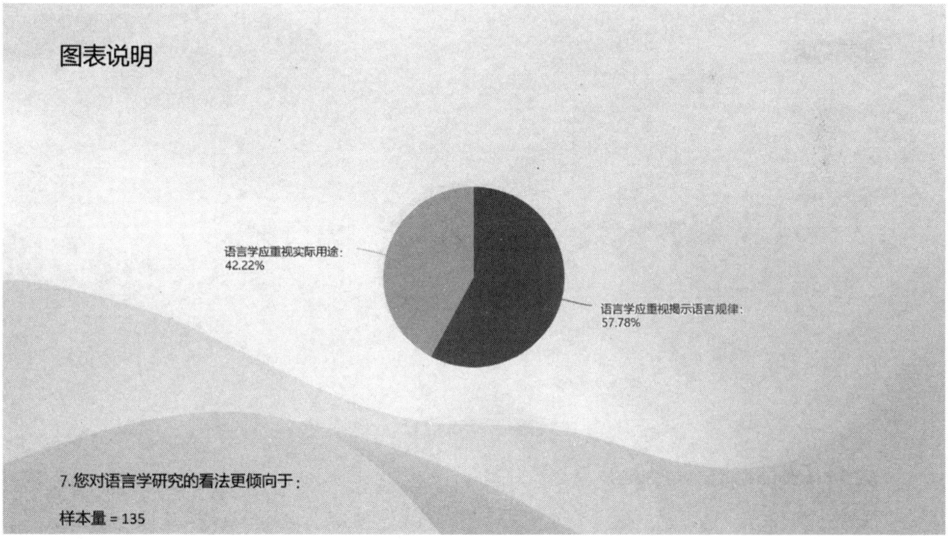
图表说明
语言学应重视实际用途:
42.22%
语言学应重视揭示语言规律:
57.78%
7. 您对语言学研究的看法更倾向于:
样本量 = 135

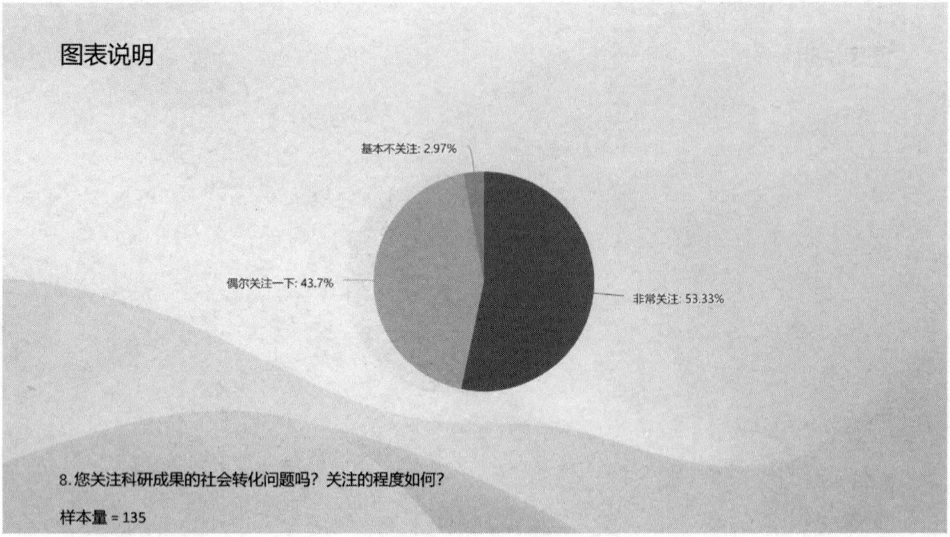
图表说明
基本不关注: 2.97%
偶尔关注一下: 43.7%
非常关注: 53.33%
8. 您关注科研成果的社会转化问题吗？关注的程度如何？
样本量 = 135

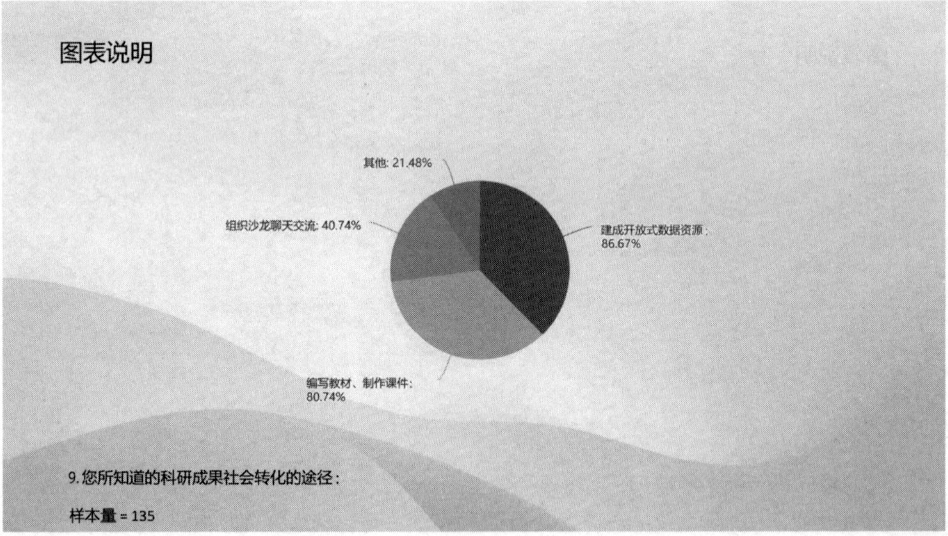
图表说明
其他: 21.48%
组织沙龙聊天交流: 40.74%
建成开放式数据资源: 86.67%
编写教材、制作课件: 80.74%
9. 您所知道的科研成果社会转化的途径：
样本量 = 135

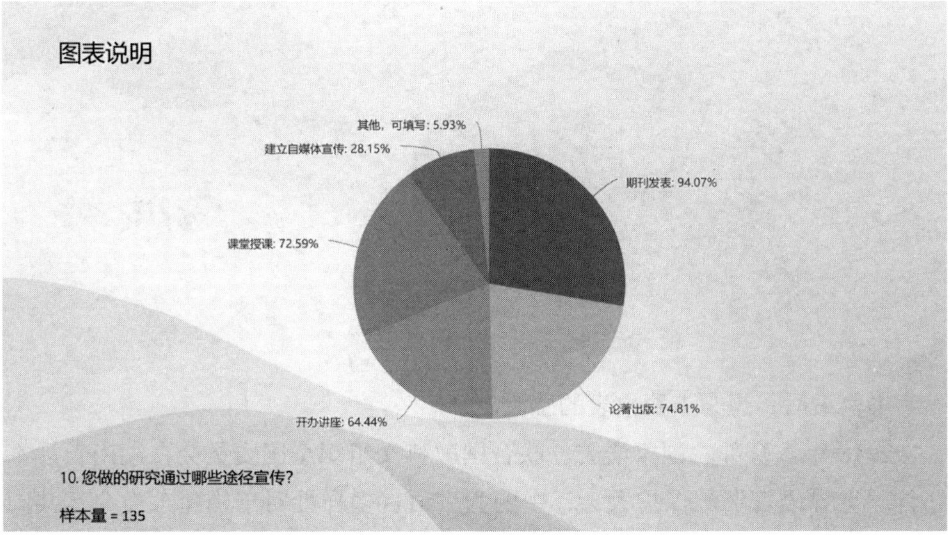
图表说明
其他，可填写: 5.93%
建立自媒体宣传: 28.15%
期刊发表: 94.07%
课堂授课: 72.59%
论著出版: 74.81%
开办讲座: 64.44%
10. 您做的研究通过哪些途径宣传?
样本量 = 135

后 记

书稿最后，想写下我由衷的感激之情。

2018 年教育部、国家语委、联合国教科文组织全国委员会在湖南长沙举办首届世界语言资源保护大会，主题为“语言多样性对于构建人类命运共同体的作用——语言资源保护、应用和推广”，会议期间发布了教科文组织的正式文件《岳麓宣言》，作为联合国的行动依据。李宇明老师是此次大会的主要组织者。我第一次到日本国立国语研究所的时候，在门厅看到“拯救濒危语言”的讲座广告，赶快拍下来发给了李宇明老师。李宇明老师很快回复我说:“日本国立国语研究所，你可以写一本书。”听到李老师这样说，我吃了一惊，那时我的反应是“我能写吗？”但由此也在心里埋下了一颗种子。感谢李老师!

2004 年我国开始创办孔子学院，2020 年教育部设立语合中心，标志着 16 年间国际中文教育事业又有了长足的发展。这一年的科研立项课题指南，第 20 项“国际语言文化机构最新动态研究”正是我心中酝酿已久的课题。我的这项研究得到了批准，感谢语合中心！我的书稿还得到了中国传媒大学孔子学院处的资助，感谢孔子学院的领导!

我的博士毕业论文是《日本汉语教学历史研究》。论文最后意外得到史有为老师的审阅。史老师还为本书写了序言。这篇序言实际上给了我一个温和的压力，告诉我不要躺平，不能懈怠，无论如何都要尽力而为。感谢史老师!

中国传媒大学出版社的编辑张嵘老师工作一丝不苟，特别耐心地阅读了我的原稿。她指出书中存在的不足，使得原书稿中汉、日、英混杂的问题得到了有效的解决。在她的帮助下，书稿的质量有了提升。感谢张嵘老师!

中日两国一衣带水，因汉语汉字的传播打下的交流基础，使得两国语言文化交往，有着优于其他区域国别研究的便利。日本国语研在上世纪70年代就把日语教学研究列为一个专门的研究领域。随着国际中文教学的迅猛发展，汉语和日语教学以及研究都有了更紧迫的需求。中日两国的语言教师、二语习得者，是一个数量庞大的群体。这个群体急需中日语言学交流，需要掌握平易有用的术语，交换学习和教学实践的经验和心得。但由于各种原因，语言学交流在术语上存在不少绊脚的障碍。许多术语过于“严谨”、深奥，不考虑急用先学的要求。我们注意到，日本国语研官网的日语有汉字提示，又有英文对译，读者借助词典，应该可以读懂，可以从中获益。硬要在术语的细枝末节上较真，这种“掉书袋”的做法并不可取。也许这是我为自己才疏学浅、行文疏漏的无力狡辩，然而，我还是真诚地希望得到读者们直率的批评！

最后还要补充说明的是，原先由日本文化厅管辖的外国人的日语教学工作，2024年4月移交给了日本文部科学省。日本国语研网站的内容也更新了不少，很多变动的内容本书稿没能全部体现出来，敬请谅解。我们的国际中文教育事业也是日新月异啊，相关的研究工作一直在路上！